Édouard Vuillard & Ker-Xavier Roussel

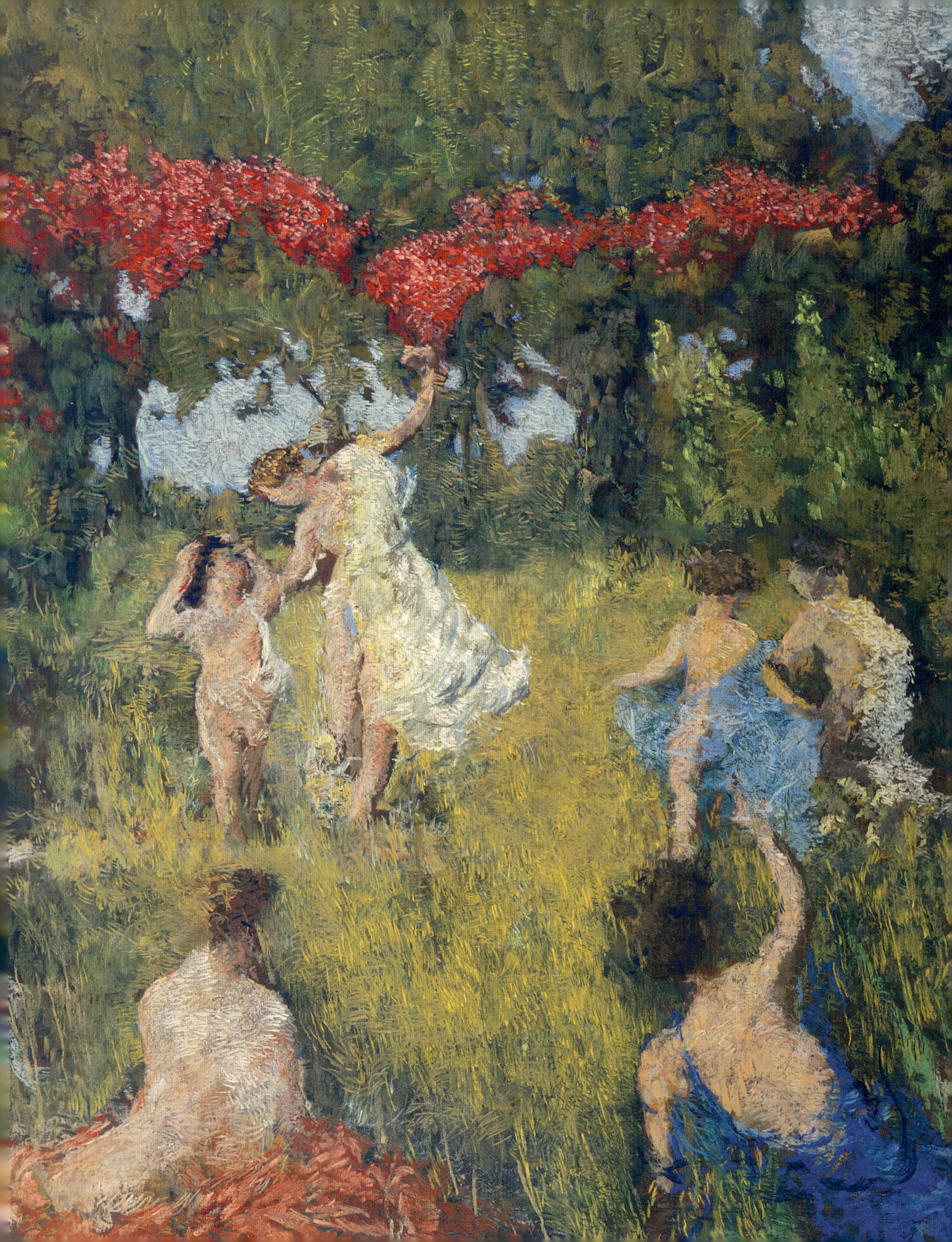

Intimités en plein air / Private Moments in the Open Air

Édouard Vuillard & Ker-Xavier Roussel

Paysages / Landscapes

(1890-1944)

SilvanaEditoriale

Ce catalogue est publié à l'occasion de l'exposition *Intimités en plein air : Édouard Vuillard et Ker-Xavier Roussel - Paysages (1890-1944)*, présentée au musée de l'Abbaye / donations Guy Bardone - René Genis, Saint-Claude, du 30 juin au 31 décembre 2017, et au musée d'art Roger-Quilliot, Clermont-Ferrand, du 2 mars au 24 juin 2018.

This catalogue has been published on the occasion of the *Private Moments in the Open Air: Édouard Vuillard and Ker-Xavier Roussel - Landscapes (1890-1944)* exhibition, presented at the Musée de l'Abbaye / Guy Bardone - René Genis Donations, Saint-Claude, from the 30th of June to the 31st of December 2017, and at the Musée d'Art Roger-Quilliot, Clermont-Ferrand, from the 2nd of March to the 24th of June 2018.

L'exposition est coproduite par la Communauté de communes Haut-Jura Saint-Claude et Clermont Auvergne Métropole.

The exhibition has been co-produced by the Haut-Jura Saint-Claude Communauté de Communes and Clermont Auvergne Métropole.

Cette exposition est organisée avec le soutien exceptionnel du musée d'Orsay.

This exhibition has been organised with the particular support of the Musée d'Orsay.

Elle reçoit le soutien financier des Directions régionales des affaires culturelles de Bourgogne – Franche-Comté et d'Auvergne – Rhône-Alpes, du Conseil Régional Bourgogne – Franche-Comté et de la Fondation de France.

It has had the financial backing of the Bourgogne – Franche-Comté and Auvergne – Rhône-Alpes Regional Directorate of Cultural Affairs, the Bourgogne – Franche-Comté Regional Council and the Fondation de France.

REGION BOURGOGNE FRANCHE COMTE

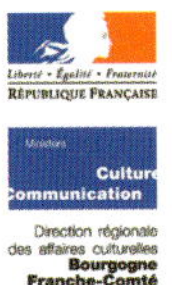

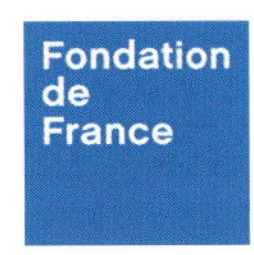

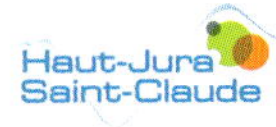

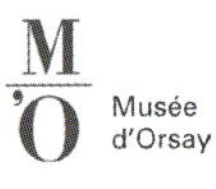

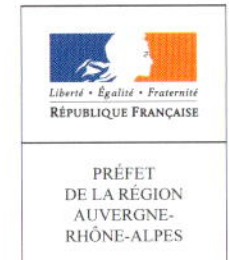

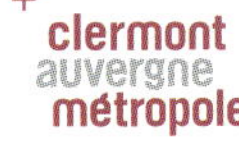

Commissariat scientifique / Scientific curatorship
Mathias Chivot, *historien de l'art / art historian*

Commissariat général / General curatorship
Valérie Pugin, *attachée de conservation, directrice du musée de l'Abbaye / conservation attaché, Director of the Musée de l'Abbaye*
Amandine Royer, *conservatrice, directrice adjointe du musée d'art Roger-Quilliot / curator, Deputy Director at the Musée d'Art Roger-Quilliot*

Mise en œuvre de l'exposition / Mounting of the exhibition

Au musée de l'Abbaye / At the Musée de l'Abbaye:
Service des publics, communication et conservation / Front of house services, communication and conservation: Julie Delalande
Médiation, conservation et accueil / Mediation, conservation and front of house: Christophe Paget
Webmaster, médiation, accueil / Webmaster, mediation, front of house: Laurent Kempen
Administration, régie / Administration, registrar: Sandrine Flament
Accueil du public / Front of house: Ghislaine Scozzaffave
Ateliers de pratiques artistiques / Art practice workshops: Camille Gris
Agent technique, montage des expositions / Technician, exhibition installation: Franck Nicolas

À la Communauté de communes Haut-Jura Saint-Claude / At the Haut-Jura Saint-Claude Communauté de Communes:
Raphaël Perrin, *Président de la Communauté de communes Haut-Jura Saint-Claude / President of the Haut-Jura Saint-Claude Communauté de Communes*
Isabelle Heurtier, *vice-présidente chargée de la culture / Vice-President in charge of culture*
Laure Chervet, *directrice générale des services / General Director of Services*
Les agents et services de la Communauté de Communes Haut-Jura Saint-Claude qui participent à l'organisation de l'exposition. / The officers and services of the Haut-Jura Saint-Claude Communauté de Communes who have participated in organising the exhibition.
L'ensemble des partenaires, publics et privés, qui contribuent à la réussite de cette manifestation. / All of the public and private partners who have contributed to the success of this event.

Au musée d'art Roger-Quilliot / At the Musée d'Art Roger-Quilliot:
Direction / Direction: Nathalie Roux
Pôle scientifique / Scientific team : Jocelyne Hiret, Frédéric Manuch *et / and* Christelle Meyer
Pôle des publics / Public services team : Floriane Cheymol, Julia Flayac, Camille Vlérick ; Caroline Roux, *professeur missionné par le Rectorat / teacher mandated by the Local Education Authority*
Pôle technique, surveillance, sécurité / Technical team, surveillance,

security: Laurence Condat, Laurent Cuzin, François Da Costa, Marc Dourdouille, Michel Peyron, Patrice Rollet *et / and* Christian Spinozzi
Pôle accueil / Front of house team: Isabelle Gibert *et / and* Stéphane Monnet
Gestion administrative et financière / Administrative and financial management: Martine Bastide

Le musée d'art Roger-Quilliot remercie tous ceux qui soutiennent ou participent à l'organisation de cette exposition, en particulier / The Musée d'Art Roger-Quilliot would like to thank all those who have supported and participated in this exhibition and in particular :
Olivier Bianchi, *Président de Clermont Auvergne Métropole / President of Clermont Auvergne Métropole*
Isabelle Lavest, *vice-présidente chargée de la culture et de la communication de Clermont Auvergne Métropole / Vice-President in charge of culture and communication at Clermont Auvergne Métropole*
Jean-Michel Bossard, *directeur général des services / General Director of Services*
Les agents et services de Clermont Auvergne Métropole qui participent à l'organisation de l'exposition. / The technicians and services of Clermont Auvergne Métropole who have participated in organising this exhibition.
L'ensemble des partenaires, publics et privés, qui contribuent à la réussite de cette manifestation. / All of the public and private partners who have contributed to the success of this event.

Remerciements aux prêteurs de l'exposition / Acknowledgements for those who have loaned works for the exhibition

L'exposition ne pourrait avoir lieu sans la collaboration et la générosité de nombreuses personnes et institutions que nous remercions chaleureusement / The exhibition couldn't have taken place without the collaboration and generosity of a number of people and institutions whom we thank warmly:

La galerie Bérès, Paris
Mme Annabelle Cocteau
M. Patrick Dewez
M. Nicolas Langlois
M. Daniel Malingue
M. Henri Masurel
Mme Marie Roussel
M. et Mme Jacques et Patricia Roussel
M. Georges Winter

Le musée Albert André à Bagnols-sur-Cèze
Le musée des beaux-arts et d'archéologie de Besançon
Le musée d'art et d'histoire de Genève
Le musée du Petit Palais à Genève
La Fondation de l'Hermitage à Lausanne
Le musée d'art moderne André Malraux, Le Havre
Le musée des Arts décoratifs, Paris
Le musée d'Orsay, Paris et les musées dépositaires d'œuvres du musée d'Orsay : musée Dominique Vivant Denon à Chalon-sur-Saône, musée des beaux-arts de Limoges, musée d'Allard à Montbrison, musée d'art et d'industrie André Diligent – La Piscine de Roubaix, musée départemental Maurice Denis à Saint-Germain-en-Laye
Le musée des beaux-arts de Rouen
Le musée de l'Annonciade à Saint-Tropez
La Kunsthaus de Zürich

Remerciements du commissaire scientifique / Scientific curatorship acknowledgements
Je tiens à remercier Nicolas Langlois de Bazillac et Jacques Roussel, arrière-petits-neveux d'Édouard Vuillard et de Ker-Xavier Roussel, pour le précieux soutien qu'ils m'ont apporté dans la conception de cette exposition. / I would like to thank Nicolas Langlois de Bazillac and Jacques Roussel, Édouard Vuillard and Ker-Xavier Roussel's great-nephews, for the precious support they have given me in creating this exhibition.

Remerciements du commissariat général / General curatorship acknowledgements
Nous remercions tout particulièrement Mathias Chivot pour ses recherches, qui nous ont permis de présenter un ensemble tout à fait remarquable d'œuvres inédites de Vuillard et Roussel sur la question du paysage, plaçant cette exposition, en deux volets, comme l'une des plus importantes explorant les relations fortes entre les Nabis, l'intimité et la nature. / We would like to particularly thank Mathias Chivot for his research that has allowed us to present a rather remarkable group of previously unseen works by Vuillard and Roussel on the theme of landscape, making it one of the key exhibitions, in two parts, to explore the strong relationship between the Nabis, intimacy and nature.

Nous remercions également chaleureusement les auteurs du catalogue pour leurs contributions : Claude Arnaud ; Isabelle Cahn, conservateur en chef des peintures au musée d'Orsay ; Leïla Jarbouai, conservatrice des dessins au musée d'Orsay. / We would equally like to warmly thank the authors of the catalogue for their contributions: Claude Arnaud; Isabelle Cahn, head curator of the painting department at the Musée d'Orsay; Leïla Jarbouai, curator of the drawing department at the Musée d'Orsay.

Pour cette exposition ambitieuse de 2017, intimités et paysages *sont les thèmes proposés au musée de l'Abbaye / donations Guy Bardone - René Genis autour d'œuvres d'Édouard Vuillard et Ker-Xavier Roussel. Cette belle aventure se poursuivra au musée d'art Roger-Quilliot à Clermont-Ferrand en 2018.*

Le paysage est un sujet que le musée de l'Abbaye cultive depuis plusieurs années lors de ses expositions temporaires. Il est également fortement représenté au sein de ses collections, tout en étant un élément central de son cadre architectural. Le bâtiment en lui-même entretient une ambiance forte avec ce thème. Dans un environnement urbain, le regard peut s'échapper, au travers de ses larges baies ouvertes, sur le paysage montagneux voisin.

Cette année encore, le paysage sera revisité de manière inédite, en rassemblant grâce au concours de son commissaire scientifique un ensemble d'œuvres jamais réunies autour de ce thème mis en valeur chez les Nabis. Cette exposition permettra de dévoiler à nos publics des peintures et dessins méconnus d'Édouard Vuillard et Ker-Xavier Roussel, artistes incontournables de la modernité, et amis de Bonnard, figure tutélaire de nos collections permanentes.
Ce sera également, pour le musée de l'Abbaye, la première fois que ces artistes du XIXe siècle – bien que représentés dans la collection – seront pleinement exposés, révélant différentes étapes et séquences de leurs propres parcours jusque dans les années 1940, dernière période de leur vie.

Les projets mutualisés et coproduits sont une ligne d'avenir, qui permet de mettre en œuvre de grandes expositions pour faire pleinement rayonner notre culture au-delà de nos territoires. Je remercie vivement la Communauté urbaine Clermont Auvergne Métropole, et son musée, de s'engager avec dynamisme dans ce projet commun et d'en permettre sa concrétisation. Le premier volet dévoilé à Saint-Claude en 2017 augurera, nous n'en doutons pas, de belles perspectives en 2018 dans la capitale historique de l'Auvergne.

Raphaël Perrin
Président de la Communauté de communes Haut-Jura Saint-Claude

The ambitious 2017 exhibition at the Musée de l'Abbaye / Guy Bardone – René Genis Donations focuses on private moments *and* landscape *in the work of Édouard Vuillard and Ker-Xavier Roussel. This exciting adventure will continue in 2018 at the Musée d'Art Roger-Quilliot in Clermont-Ferrand.*

Landscape is a theme that the Musée de l'Abbaye has already focused on over the last few years in its temporary exhibitions. It is also well represented at the heart of the permanent collections, whilst at the same time being a central feature in the architectural context of the museum. The building itself enjoys a strong relationship with this genre. In an urban environment, the visitor's eye is drawn through the vast open bays to the nearby mountain landscapes.

Once again this year, landscape will be revisited in a new way by bringing together, with the help of its scientific curatorship, a group of works that have never been exhibited together before on this theme and one often highlighted in the work of the Nabis. This exhibition will allow us to unveil to our visitors some lesser-known paintings and drawings by Édouard Vuillard and Ker-Xavier Roussel, major modern artists, and friends of Bonnard, the figurehead of our permanent collections.
For the Musée de l'Abbaye, it will also be the first time that these nineteenth century artists – even though they are represented in the collection – have had an exhibition devoted exclusively to their work, revealing the different stages and sequences in their individual artistic careers right up until the 1940s, the last period of their lives.

These co-produced projects and partnerships are the way forward for the future, allowing large exhibitions to be organised and spreading our cultural heritage far beyond the boundaries of our regions. I would like to sincerely thank the Clermont Auvergne Métropole Communauté Urbaine, and its museum, for being so enthusiastically committed to this joint project and allowing it to come to fruition.
The first part, unveiled in Saint-Claude in 2017, will give us a taster, we are sure, of the exciting perspectives in store in 2018 in the historical capital of Auvergne.

Raphaël Perrin
President of the Haut-Jura Saint-Claude Communauté de Communes

Cette nouvelle grande exposition de beaux-arts présentée au musée d'art Roger-Quilliot s'appuie sur une thématique centrale de ses collections : le paysage. Sous forme de complément et d'ouverture, cet événement consacré aux paysages d'Édouard Vuillard et Ker-Xavier Roussel fera le lien avec le fonds conservé au musée.

Pour la première fois, des œuvres de ces deux grands artistes sont exposées à Clermont-Ferrand, plaçant ainsi notre territoire au cœur d'une forte actualité artistique autour des Nabis et du thème du paysage dans la peinture de la fin du XIXe au milieu du XXe siècle. En effet, les donations Marcie-Rivière et Marlene et Spencer Hays en 2016 au musée d'Orsay ont remis les artistes Nabis sur le devant de la scène. Cette année, les expositions La Nature silencieuse. Paysages d'Odilon Redon *à Bordeaux et à Quimper,* Au-delà des étoiles. Le paysage mystique, de Monet à Kandinsky *au musée d'Orsay témoignent de l'intérêt majeur et contemporain de ces thématiques.*

Je me réjouis qu'il s'agisse à nouveau d'une coproduction, cette fois avec la Communauté de communes Haut-Jura Saint-Claude et son musée de l'Abbaye / donations Guy Bardone - René Genis, ce qui permet de proposer au public une manifestation d'envergure, en fédérant les énergies et les savoir-faire.

Comme à son habitude, le musée d'art Roger-Quilliot saura mettre en œuvre toutes les actions de médiation culturelle permettant aux visiteurs de découvrir, comprendre et apprécier l'art de ces deux peintres, qui se sont attachés plus que leurs autres confrères Nabis au sujet du paysage.

Je remercie la Communauté de communes Haut-Jura Saint-Claude et son musée pour la collaboration fructueuse qui nous permet de produire une telle exposition, ainsi que Mathias Chivot, commissaire scientifique de ce projet. Je remercie aussi sincèrement, par anticipation, les partenaires qui travailleront avec le musée d'art Roger-Quilliot pour faire de cette exposition, en 2018, un bel événement culturel sur notre territoire.

Olivier Bianchi
Président de Clermont Auvergne Métropole

This great new exhibition of fine art presented at the Musée d'Art Roger-Quilliot focuses on the central theme of its collection: landscape. As a way of both complementing and broadening the existing collection, this event devoted to landscapes by Édouard Vuillard and Ker-Xavier Roussel creates a link to the works housed at the museum.

This is the first time that works by these two great artists have been exhibited in Clermont-Ferrand, putting our region at the centre of a strong current-day artistic interest in the Nabis and the theme of landscape painting from the late nineteenth to the mid-twentieth century. Indeed, donations by Marcie-Rivière and Marlene and Spencer Hays to the Musée d'Orsay in 2016 have put the Nabis back in the spotlight. This year, the La nature silencieuse. Paysages d'Odilon Redon *exhibition in Bordeaux and in Quimper, and* Au-delà des étoiles. Le paysage mystique, de Monet à Kandinsky *at the Musée d'Orsay testify to the broad contemporary interest in these themes.*

I am delighted that it is once again a coproduction, this time with the Haut-Jura Saint-Claude Communauté de Communes and its Musée de l'Abbaye / Guy Bardone – René Genis Donations that has allowed us to offer the public a large-scale exhibition, reuniting a shared enthusiasm and savoir-faire.

As always, the Musée d'Art Roger-Quilliot is committed to implementing all the different aspects of cultural mediation in order to allow visitors to discover, understand and appreciate the art of these two painters, who took a greater interest than their Nabis brothers in the subject of landscape.

I would like to thank the Haut-Jura Saint-Claude Communauté de Communes and its museum for the fruitful partnership that has enabled us to hold such an exhibition, as well as Mathias Chivot, scientific curator for this project. I would also like to sincerely thank, in advance, those working in partnership with the Musée d'Art Roger-Quilliot to make this 2018 exhibition a wonderful cultural event in our region.

Olivier Bianchi
President of the Clermont Auvergne Métropole

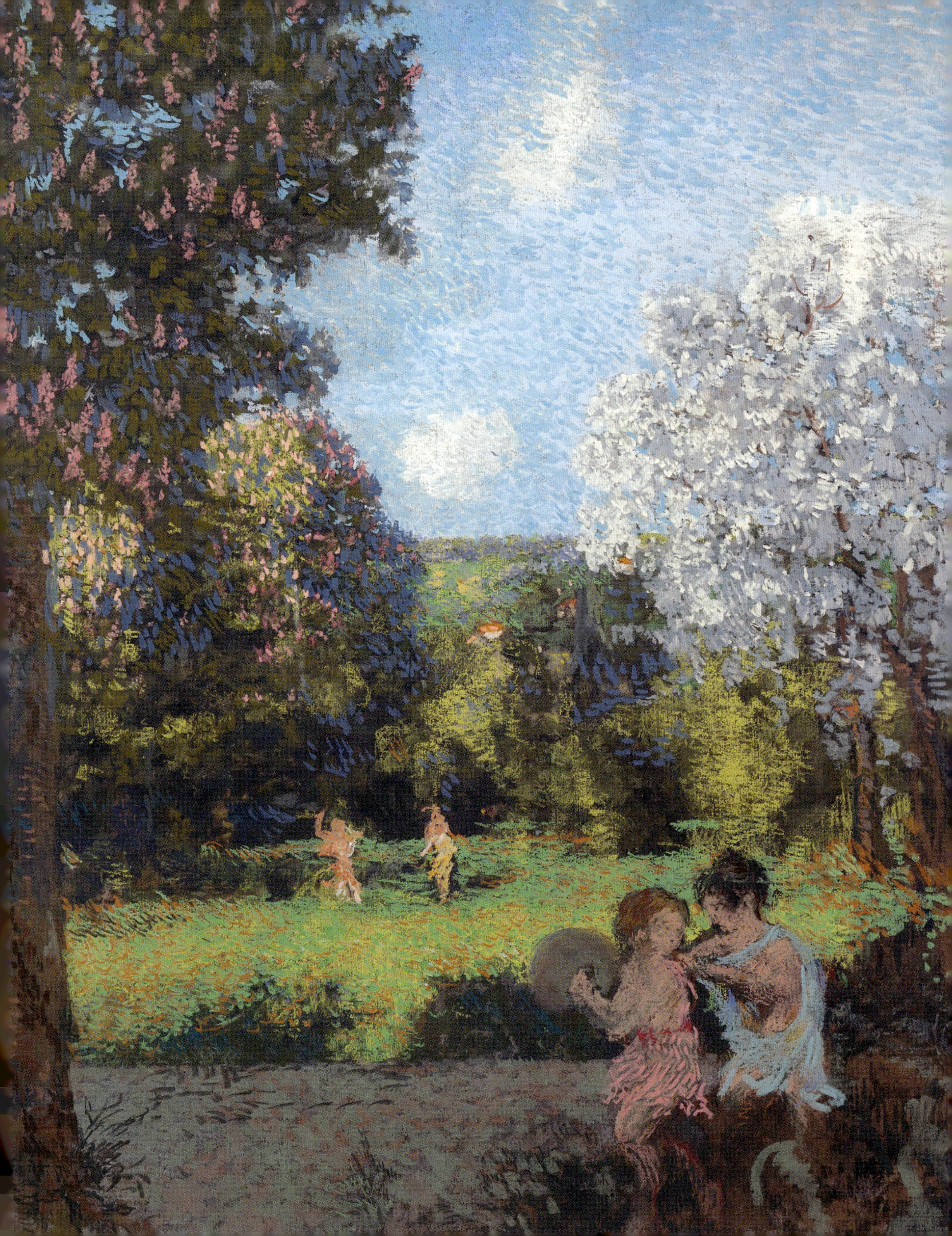

Sommaire / Contents

« Si le destin le veut, la postérité, sois en sûr Portera nos deux noms sur la liste des amis célèbres »

ISABELLE CAHN

Édouard Vuillard et Ker-Xavier Roussel cheminèrent côte à côte pendant plus de cinquante ans, liés par une solide amitié – renforcée par un lien familial qui les rendit beaux-frères – et par une connivence artistique au long cours. La célébration de leur complicité constitue néanmoins un défi tant l'asymétrie dans la reconnaissance des deux artistes est flagrante : à Vuillard le succès et les compliments pour son talent de peintre de l'intimité et de portraits ; à Roussel l'oubli, suite de la destruction volontaire d'une partie de ses œuvres des années 1890 et à l'incompréhension de ses sujets mythologiques au temps des avant-gardes.

Les commissaires ont opté pour le thème du paysage, un genre classique mais néanmoins ouvert aux innovations et à l'expression de la subjectivité, pour les réunir le temps d'une exposition. Ce choix se révèle pertinent car il permet de montrer les affinités mais aussi les différences entre ces deux virtuoses, « doués d'une rare sensibilité et d'un profond amour de la nature »[1]. Leur ressemblance est confondante dans les paysages de jeunesse, à l'époque où ils étaient sous l'influence du synthétisme de Gauguin. Les peintures et les pastels présentés dans la première section de l'exposition, dont un nombre important d'œuvres provenant de collections particulières, en font une démonstration efficace.

À partir de la fin des années 1880, Vuillard et Roussel prirent leurs distances vis-à-vis de l'impressionnisme en adoptant un style simplifié composé d'aplats de couleurs contrastées et de formes élémentaires disposées dans un espace plat. Cette vision synthétique du motif leur permit d'échapper au naturalisme pour se tourner vers une conception plus intellectuelle de la peinture. Les personnages qui figurent dans leurs paysages apparaissent comme des présences lointaines et secondaires placées dans un environnement conçu comme un décor. Cette impression est confirmée par les liens étroits qu'entretenaient alors Vuillard et Roussel avec le théâtre et, plus particulièrement, les scènes d'avant-garde comme le théâtre d'Art de Paul Fort et le théâtre de l'Œuvre de leur ami et condisciple du lycée Condorcet, Aurélien Lugné-Poe. L'intérêt de Vuillard pour les mises en scène du répertoire symboliste l'encouragea dans l'expression du mystère, de l'intériorité, de l'imaginaire. Avec ses enjeux moins contraignants que les scènes avec personnages, le paysage se révéla un genre expérimental fécond pour les deux peintres qui adoptèrent toutes sortes de techniques – huile, détrempe, colle, technique mixte avec du pastel – et de supports – bois, carton, toile. Certains cadrages de Vuillard évoquent la photographie, comme la vue en contre-plongée sur *La Maison de Roussel à la Montagne*, ou encore la frise naïve représentant *La Grangette* – la maison de campagne de

"If our fates allow it, be sure that our two names will be on a list of famous friends for posterity"

ISABELLE CAHN

Édouard Vuillard and Ker-Xavier Roussel followed the same paths for more than fifty years, linked by a solid friendship – reinforced by family ties that made them brothers-in-law – and through their long-standing artistic complicity. Celebrating their complicity is nevertheless something of a challenge as the recognition the two artists received was flagrantly different: for Vuillard success and compliments for his talent as a painter and the intimacy of his portraits; Roussel was forgotten, following the voluntary destruction of part of his own works in the 1890s and the incomprehension of his mythological subjects during the avant-garde period.

The curators have opted for the theme of landscape, a classic genre but nevertheless one that is open to innovations and subjective expression, uniting them together just for the duration of the exhibition. This is an appropriate choice as it allows both the affinities and differences between the two virtuosos to be revealed, "gifted with a rare sensibility and a deep love of nature."[1] The resemblance is almost staggering in the landscapes they did in their youth, at a time when they were under the influence of Gauguin's syntheticism. The paintings and pastels presented in the first part of the exhibition, which includes a large number of works from private collections, are the perfect demonstration.

From the end of the 1880s, Vuillard and Roussel moved away from Impressionism by adopting a simplified style made up of contrasting flat tints and elementary forms arranged in a flat pictorial space. This synthetic vision of the motif allowed them to escape from naturalism and turn towards a more intellectualised conception of painting. The characters that figured in their landscapes appeared like distant and secondary presences placed in a setting designed more like a decor. This impression was reinforced by the close links that Vuillard and Roussel had with the world of theatre and, more specifically, avant-garde venues such as Paul Fort's Art Theatre and the Théâtre de l'Œuvre directed by their friend and fellow student from Lycée Condorcet, Aurélien Lugné-Poe. Vuillard's interest in staging symbolist repertoires encouraged him to express mystery, interiority and imagination in his work.

With less-restricting concerns than scenes with characters in them, landscape revealed itself to be a fertile experimental genre for the two painters who adopted all kinds of techniques – oil, tempera, glue, mixed media with pastel – and supports – wood, card, canvas. Some of Vuillard's frames also evoke photography, like the low-angle view of *La Maison de Roussel à la Montagne* (Roussel's House in La Montagne), or the naive frieze representing *La Grangette* – Misia and Thadée Natanson's country house in Valvins – with its screen of

Misia et Thadée Natanson à Valvins – avec son écran d'arbres aux branches dénudées (collection particulière). Ces instantanés fixés sur la toile d'une main agile à l'aide de petites touches tantôt floues, tantôt précises, confèrent une dimension sentimentale au sujet. Vuillard ne cherchait pas seulement à représenter un motif mais à conserver le souvenir d'un lieu où il avait vécu heureux et inspiré par sa muse Misia. L'attitude coquette de celle-ci, surprise dans les bois par le peintre amoureux de son modèle, n'est pas sans évoquer le badinage léger des fêtes galantes de Watteau.
Ni Roussel, paysagiste aguerri, ni Vuillard, paysagiste occasionnel, n'ont peint de lieux remarquables liés à des voyages ou à des sites touristiques. Le paysage leur permettait de conserver la mémoire subjective d'une géographie intime et des villégiatures qu'ils fréquentèrent en Normandie, en Bretagne, sur les bords de la Méditerranée et dans les environs de Paris. Délaissant le genre du paysage historique, ils se sont appuyés sur l'observation du monde contemporain pour développer une fantaisie personnelle. Les notes rapides prises sur le motif par Vuillard en Bretagne, sans souci d'exactitude topographique, sont des esquisses réalisées pour lui-même qui manifestent une recherche d'effet décoratif que l'artiste poussa davantage dans ses vues de ports mélancoliques.

Chez Roussel, la nature a servi d'écrin à des narrations mythologiques en complet décalage spatio-temporel avec le lieu représenté. Ses nymphes et ses faunes s'ébattent en liberté dans les bosquets de L'Étang-la-Ville, une commune de la banlieue parisienne où l'artiste et sa famille s'installèrent en 1899. Ces compositions sortaient tout droit de son imagination stimulée par la lecture des textes de Virgile qu'il récitait par cœur. Entre Poussin et Monet, deux peintres qu'il admirait profondément, les compositions décoratives exécutées par Roussel à partir des années 1920, expriment une sensibilité cardinale aux éléments naturels comme la lumière, les couleurs vives de la végétation, le bleu profond de la mer, la fraîcheur légère de l'air ou le plomb d'un ciel d'orage. Plus l'humeur de l'artiste s'assombrissait en raison d'une dépression chronique, plus sa palette brillait et s'enflammait aux couleurs des saisons.
Roussel et Vuillard – deux anachorètes exilés volontaires, l'un à la campagne, l'autre à la ville – ne cessèrent d'échanger sur la peinture et ses procédés. À aucun moment cependant, leurs conceptions irréductibles de l'art n'entrèrent en rivalité. C'est cette connivence subtile que l'exposition organisée au musée de l'Abbaye de Saint-Claude et au Musée d'art Roger-Quilliot de Clermont-Ferrand démontre admirablement.

[1] La Boétie, *Poemata*, 1568-69 publié en 1571, poème en latin adressé à Montaigne.

bare-branched trees (private collection). These fleeting moments captured on canvas with an agile hand and the help of little touches that were sometime blurry, sometimes precise, brought a sentimental dimension to the subject. Vuillard was not only looking to represent a motif but also to conserve memories of places where he had felt happy and inspired by his muse Misia. Her stylish pose, surprised in the woods by the painter, in love with his model, evokes the light-hearted banter of Watteau's gallant celebrations.

Neither Roussel, the experienced landscape painter, nor Vuillard, the occasional landscape painter, painted outstanding travel destinations or touristic sites. Landscape allowed them to conserve the subjective memory of intimate locations and the holiday spots they frequented in Normandy, Brittany, on the Mediterranean coast and in the Paris region. Neglecting the genre of historical landscape, they relied on the observation of the contemporary world to develop their personal fantasies. The rapidly-executed drawings made in the open air by Vuillard in Brittany, with little concern for topographical exactitude, were sketches he made for himself and which reveal a desire for decorative effect that the artist pushed even further in his melancholic port views.

In Roussel's work, nature served as a setting for his mythological narrations that were spatially and temporally completely out of sync with the place represented. His nymphs and fauns frolic freely in the copses of Étang-la-Ville, a suburban Parisian village where the artist and his family settled in 1899. These compositions came straight out of his imagination, stimulated by readings of texts by Virgil that he recited by heart. From the 1920s on, Roussel's decorative compositions, somewhere between the work of two painters he deeply admired, Poussin and Monet, express a cardinal sensibility for natural elements like light, bright colours and vegetation, the deep blue of the sea, the light freshness of the air or the heaviness of a stormy sky. The more the artist's mood darkened due to his chronic depression, the more his palette shone and came alive with seasonal colours.

Roussel and Vuillard – two voluntarily-exiled hermits, one in the countryside, the other in the town – never stopped discussing painting and its methods together. But never were they in competition over their irreducible conception of art. It is this subtle complicity that the exhibitions at the Musée de l'Abbaye in Saint-Claude and the Musée d'Art Roger-Quillot in Clermont-Ferrand reveal in an admirable way.

[1] La Boétie, *Poemata*, 1568–1569 published in 1571, poem in Latin addressed to Montaigne.

Un paysage, une architecture *in situ*

VALÉRIE PUGIN

Le paysage est l'un des éléments constitutifs de l'architecture du musée de l'Abbaye, comme il l'est de sa collection. Les coursives qui desservent l'accès aux différents niveaux du musée, apportent une lumière zénithale, grâce à ses larges baies ouvertes sur la topographie particulière de la ville et son environnement naturel prégnant. L'abbaye bénédictine, qui jadis existait en cette place, et dont le musée conserve les vestiges dans sa partie basse, a été construite sur un lieu stratégique, au cœur des montagnes. Sa façade orientée au sud favorisant l'exploitation des jardins en terrasse permettait d'apporter les ressources naturelles nécessaires à la communauté monastique. Sa situation privilégiée surplombant le fond de la vallée où sinue le Tacon, et s'ouvrant sur les sommets du Haut-Jura, apportait, là encore, une vision panoramique, encourageant les échanges et permettant d'étendre l'influence de l'abbaye sur un vaste territoire. Il est d'ailleurs attribué aux Pères du Jura, dès le Ve siècle, la paternité d'autres monastères, dont celui de Romainmôtier en Suisse.

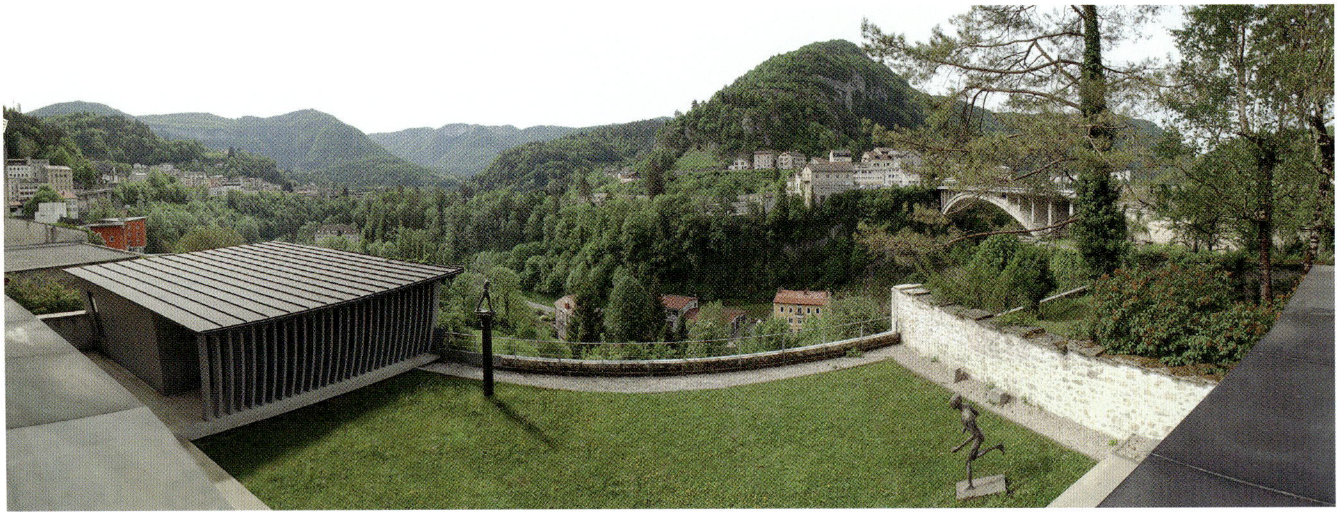

Vue extérieure, rez-de-jardin, façade sud / Outside view, garden level, southern facade

A Landscape, an Architectural Context

VALÉRIE PUGIN

Landscape is one of the key elements of both the architecture of the Musée de l'Abbaye and its collection. The walkways that access the different levels of the museum are flooded with light thanks to the large picture windows with their views over the very unique topography of the town and its dominant natural surroundings. The Benedictine abbey that once existed on this site (of which you can still see the vestiges in the lower part of the museum), was built on this strategic site in the heart of the mountains. The south-facing facade was perfect for cultivating the terraced gardens, providing all the natural resources the monastic community needed. Its privileged location overlooking the valley and the twists and turns of the Tacon river, and opening out onto the peaks of the Haut-Jura, offered panoramic views, encouraged trade and allowed the monastery to spread its influence over a vast area. Moreover, it is said that from the fifth century on, the Pères du Jura, were responsible for the creation of other monasteries, including the one at Romainmôtier in Switzerland.

During the building's renovation, this idea was reflected through the architectural elements. For example, the permanent exhibition room devoted to landscape, with its large openings cut into the walls overlooking the bays and framing the landscape like a living artwork that changes with the seasons. The inside and the outside enrich our gaze that darts to and fro between the viewpoints, the panorama, and the representations of landscape on show in the exhibition rooms.

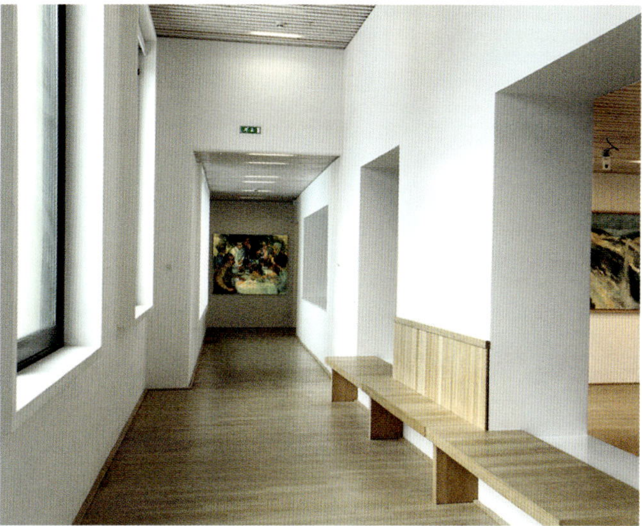

Salle "Paysage" / "Landscape" room

The genre of landscape makes up nearly half of all the works in the collection, initially the legacy of donations from the artist-collectors Guy Bardone

Pierre Bonnard
Toits à travers les mimosas, c. 1925
Huile sur toile / Oil on canvas, 61,7 x 50,7 cm
Inv. 2002.1.26 - Donation Guy Bardone, 2002

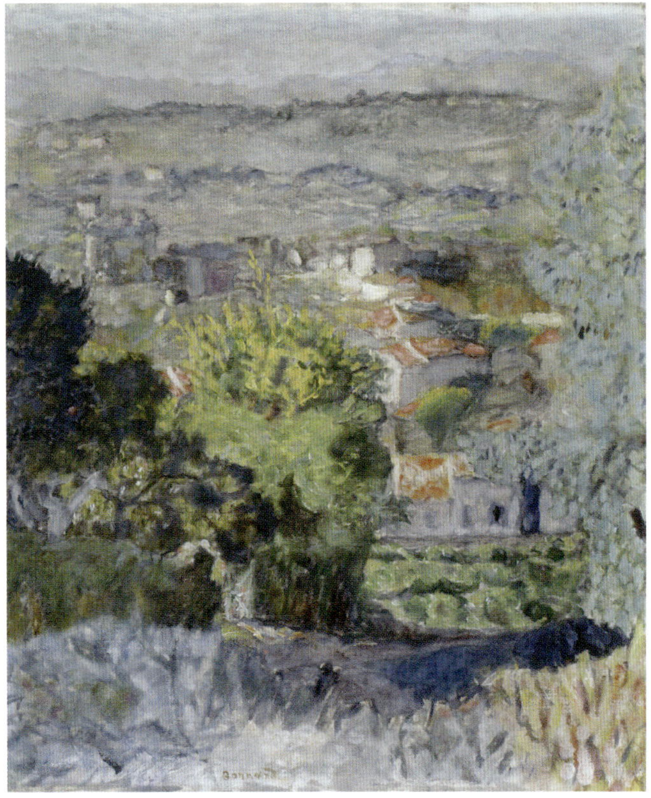

Pierre Bonnard
Le Jardin, 1945
Huile sur toile / Oil on canvas, 63,5 x 53 cm
Inv. 2016.3.3 - Donation Guy Bardone, 2016

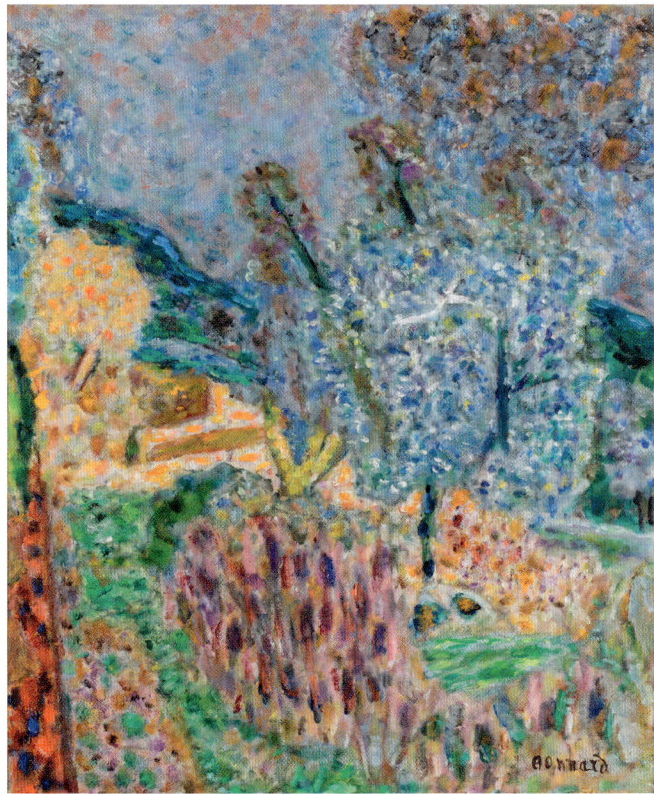

Les éléments architecturaux, lors de la réhabilitation du bâtiment, ont pleinement intégré ces aspects, jusque dans la salle permanente dédiée aux paysages dans laquelle de larges ouvertures découpées dans les murs donnent sur les baies de la coursive, cadrant le paysage en tableaux vivants renouvelés au gré des saisons. L'intérieur et l'extérieur enrichissent notre regard de va-et-vient entre les points de vue, le panorama, et les représentations paysagères exposées dans les salles.

Le genre du paysage dans la collection, initialement héritée des donations en 2002 des artistes collectionneurs Guy Bardone et René Genis, représente près de la moitié de la totalité des œuvres. Après un détour à la fin du XIXe siècle, à travers la salle dédiée à Bonnard et la salle "À l'aube de la modernité", les œuvres sont principalement ancrées dans le XXe siècle.
Les Nabis sont représentés au musée de l'Abbaye par Pierre Bonnard, Édouard Vuillard, Ker-Xavier Roussel, Félix Vallotton et Paul Sérusier qui, selon leur sensibilité, peindront leur accointance avec la nature, à l'exception de Vallotton dont l'huile sur carton représente une scène de genre.

Des *Toits à travers les mimosas*, c. 1925, au *Jardin*, 1945, Bonnard nous transporte dans la plénitude de son regard porté sur la nature. De ses débuts davantage dessinés à la luxuriance de la végétation où la clarté de la lumière acide du sud envahit la toile, la maturité et la libre exploration picturale de l'artiste se transposent en

Paul Sérusier
Étude d'arbres en fleurs
Crayon noir, sanguine et craie blanche / Black pencil, sanguine and white chalk, 31 x 23,5 cm
Inv. 2002.1.176 - Donation Guy Bardone, 2002

Raoul Dufy
Vue du Havre, c 1930
Gouache et mine de plomb / Gouache and lead pencil, 50 x 64 cm
Inv. 2002.1.95 - Donation Guy Bardone, 2002

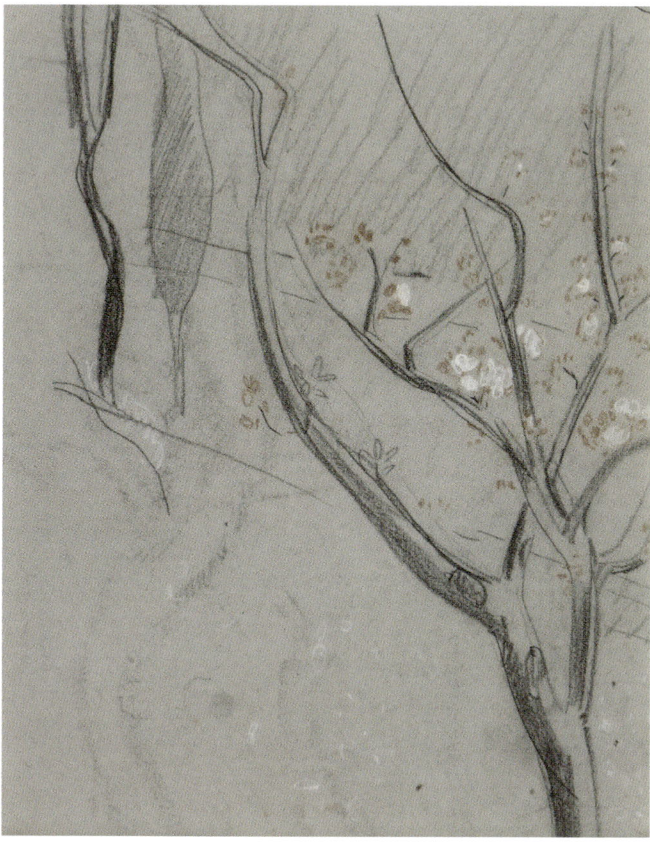

and René Genis in 2002. Besides a short detour via the late nineteenth century, through the room dedicated to Bonnard and the room "At the dawn of modernity," the majority of the works are firmly anchored in the twentieth century.
The Nabis are represented at the Musée de l'Abbaye by Pierre Bonnard, Édouard Vuillard, Ker-Xavier Roussel, Félix Vallotton et Paul Sérusier who, according to their different sensibilities, painted their relationship with nature, with the exception of Vallotton whose oil painting on card shows a genre scene.

From *Toits à travers les mimosas* (Rooftops through the Mimosas), c. 1925, to *Le Jardin* (The Garden), 1945, Bonnard transports us into the plenitude of his vision of nature. From the more sketchy debuts, to more luxuriant vegetation where the brightness of the sharp southern light floods the canvas, the artist's maturity and free pictorial exploration are transformed into a ballet of dazzling touches scattered over the canvas.
In *Étude d'arbres en fleurs* (Study of Flowering Trees), Sérusier reduces his motif down to several more or less well-defined lines where the chalk highlights suggest the first signs of the fruit trees coming into blossom. As for Vuillard, his modest formats give us a more intimate and condensed vision of nature: the sparse trees seen through the window frame in *La Fenêtre en hiver* (Window in Winter, cat. 4) and a delightful little *Jardin au chemin blanc* (Garden with White Path, cat. 9) in which the staggered and compact treatment of the various shades of green, particularly well-mastered by the artist, explores the Île-de-France countryside and its chalky light. Roussel's soft pastel chosen by Guy Bardone is yet another landscape made around 1940 that bears witness to the artist's ability to capture, from life, an exalted vision of nature in full bloom.

Pierre Lesieur
Les Alpilles, Saint-Rémy-de-Provence, 1980
Huile sur toile / Oil on canvas, 25 x 25 cm
Inv. 2002.1.129 - Donation Guy Bardone, 2002

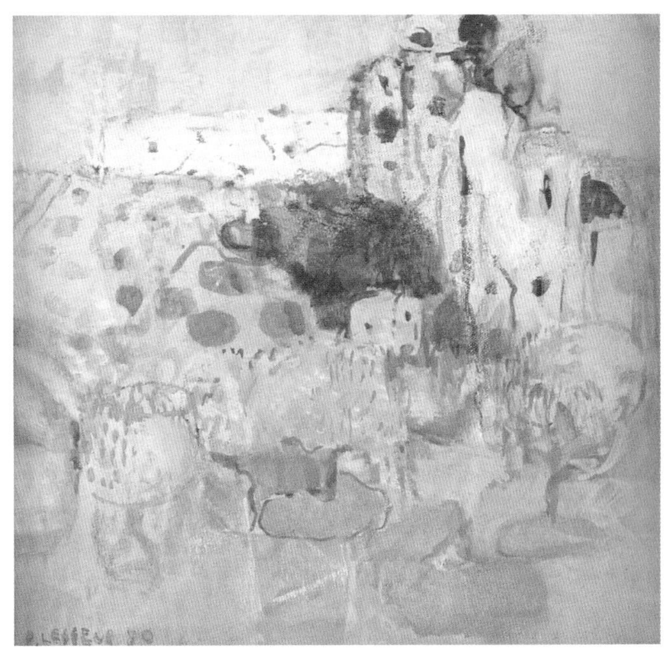

un ballet de touches éclatantes et diffuses sur la toile. Sérusier résume le motif dans son *Étude d'arbres en fleurs* à quelques traits plus ou moins appuyés où les rehauts de craie suggèrent l'éclosion des premières fleurs des arbres fruitiers. Quant à Vuillard, ses formats modestes condensent une nature intime : les arbres décharnés vus à travers le cadrage d'une *Fenêtre en hiver* (cat. n° 4) et un charmant petit *Jardin au chemin blanc* (cat. n° 9) dans lequel le traitement échelonné et compact des gammes de verts, particulièrement bien maîtrisé par l'artiste, explore la campagne de l'Île-de-France et sa lumière crayeuse. Le pastel sec de Roussel choisi par Guy Bardone est encore un paysage réalisé vers 1940 qui témoigne de l'aisance de l'artiste pour saisir sur le motif une nature vivante et davantage exaltée.
Mais la Première et Seconde École de Paris demeurent le vivier de la collection du musée de l'Abbaye qui décline une traversée variée de la nature et de ses interprétations selon les aspirations des artistes : brossée à grands traits chez Dufy, croquée sur le vif lors des voyages de Lesieur, structurée et travaillée longuement dans l'atelier par Beaudin, poétique et éloignée de l'exactitude de la représentation du réel chez Szenes ... autant de regards croisés qui en font sa richesse.

André Beaudin
L'Oiseau des rivières, 1960
Huile sur toile / Oil on canvas, 54 x 65 cm
Inv. 2002.1.10 - Donation Guy Bardone, 2002

Arpad Szenes
Basse mer, 1973
Huile sur toile / Oil on canvas, 73 x 54 cm
Inv. 2002.1.178 - Donation Guy Bardone, 2002

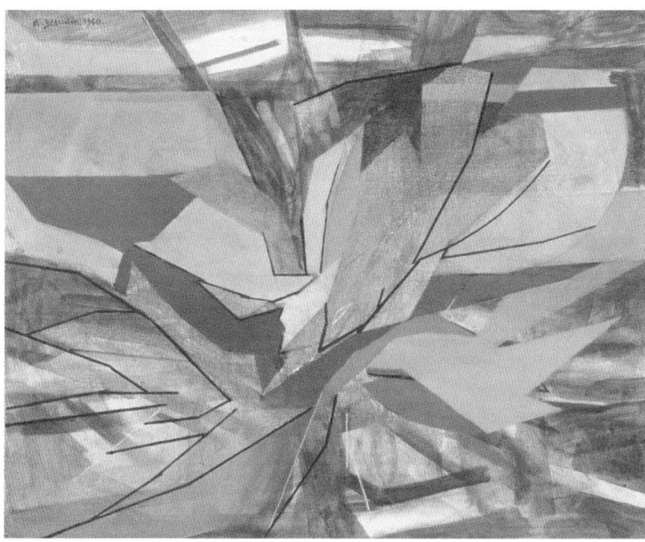

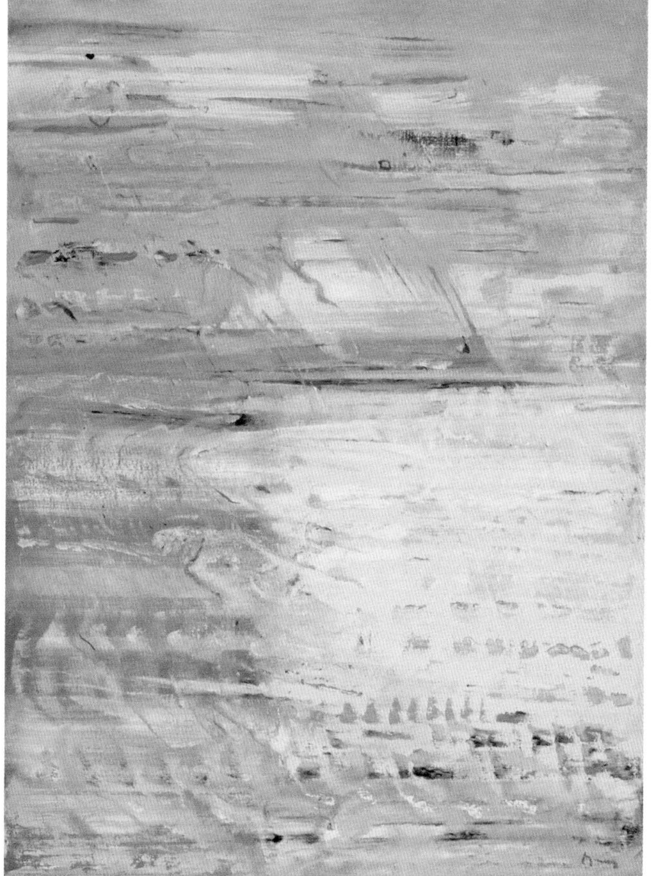

And so the First and Second Paris Schools offered a wealth of talent for the Musée de l'Abbaye's collection, one that takes us on a journey through a variety of interpretations of nature depending on the artist's aspirations: broad brushstrokes in Dufy's work, sketched from life by Lesieur during his travels, painstakingly structured and reworked by Beaudin in his studio, poetic and far-removed from the exactitude of representations of reality in Szenes work, fragmented ... the many differing perspectives that make this such a rich collection.

Vuillard et Roussel à Clermont-Ferrand : un précieux complément à la collection de paysages du musée d'art Roger-Quilliot

AMANDINE ROYER

Le musée d'art Roger-Quilliot (MARQ), musée des beaux-arts de Clermont-Ferrand, conserve un fonds important de peintures, dessins et estampes relatifs au genre du paysage, si bien que ce thème a été ciblé comme un axe fort et transversal (croisant à la fois l'enrichissement, l'étude, la valorisation et la médiation des collections) du projet scientifique et culturel de l'établissement pour la période 2014-2018.
Ce fonds s'est constitué et enrichi continuellement depuis l'origine des collections clermontoises, au début du XIXe siècle, jusqu'à aujourd'hui, s'appuyant sur le caractère hautement pittoresque du territoire auvergnat.

La nature auvergnate attire des artistes français et étrangers dès la fin du XVIIIe siècle, et tout au long du siècle suivant. Au sein du parcours permanent du musée, une salle dédiée à cette Auvergne pittoresque présente l'évolution de la peinture de paysage du début du XIXe à celui du XXe siècle. Après le paysage historique

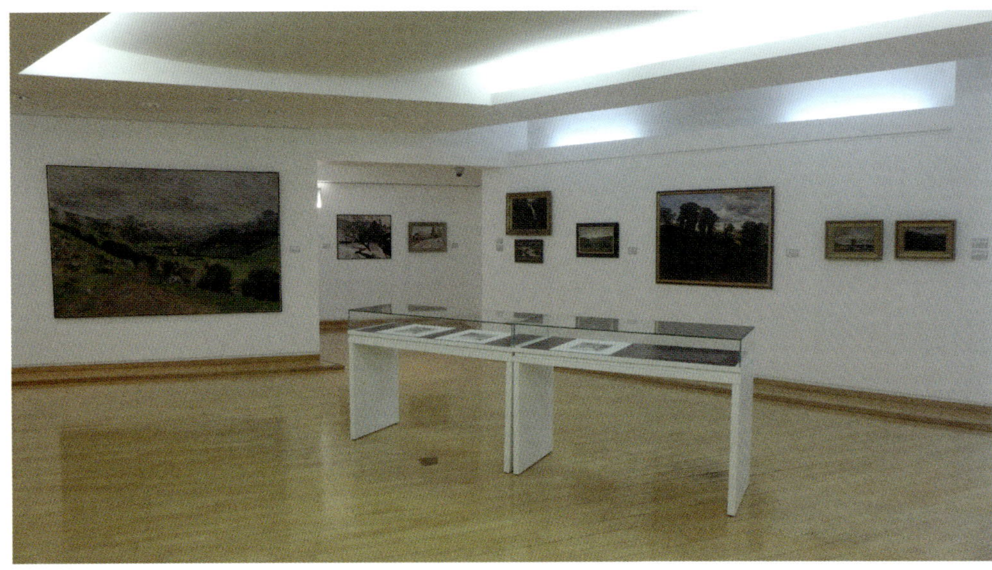

La salle consacrée aux paysages d'Auvergne au MARQ / Landscape room at the MARQ

Vuillard and Roussel in Clermont-Ferrand: A Precious Addition to the Landscape Collection at the Musée d'Art Roger-Quilliot

AMANDINE ROYER

The Musée d'Art Roger-Quilliot (MARQ), Fine Arts Museum in Clermont-Ferrand, houses a very large collection of paintings, drawings and prints relating to landscape and it is with this in mind that the genre has been selected as a key and transversal theme (centred around the enrichment, study, promotion and mediation of the collection) in the establishment's scientific and cultural project for the 2014–2018 period.

Since collections in Clermont Ferrand began in the early nineteenth century, the MARQ has continued growing and enriching its collection of works focusing on the extremely picturesque character of the Auvergne region.

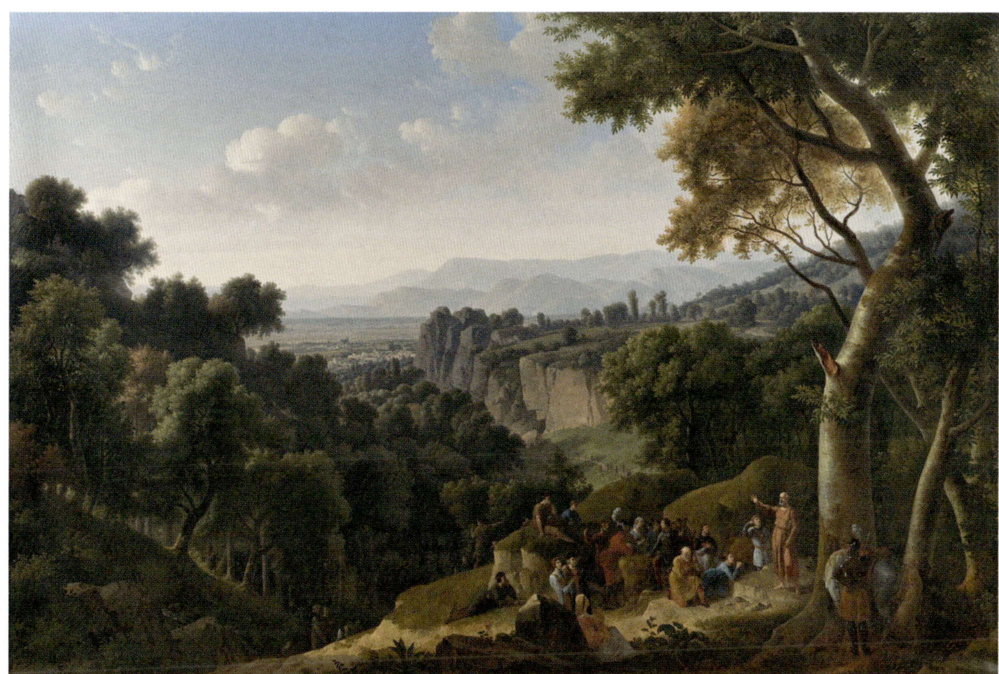

Alexandre-Hyacinthe Dunouy
Pierre l'Ermite prêchant la première croisade dans les montagnes de l'Auvergne près de Clermont et Montferrand, 1819
Huile sur toile / Oil on canvas, 200 x 80 cm, MARQ, inv. 2517

(Alexandre-Hyacinthe Dunouy, *Pierre l'Ermite prêchant la première croisade dans les montagnes de l'Auvergne près de Clermont et Montferrand*, 1819) viennent le paysage romantique et les peintres de l'école de Barbizon (Paul Huet, Théodore Rousseau, Prosper Marilhat, Camille Corot, Jean-Achille Bénouville, Léon-Germain Pelouse avec une *Vue du Mont Dore* de 1880), les naturalistes (Jean-Alfred Desbrosses avec *Le Mont Dore après l'orage* en 1887, Léon Lhermitte) et les impressionnistes (Albert Lebourg puis Armand Guillaumin, qui vint en Auvergne à plusieurs reprises, dans les années 1890 et 1900). L'école régionale dite « école de Murols », qui s'épanouit au cœur des montagnes du Sancy, prolonge les préoccupations impressionnistes dans les années 1910-1920.

Les paysages d'Édouard Vuillard et Ker-Xavier Roussel présentés dans cette exposition viennent donc compléter l'histoire du paysage telle qu'elle est délivrée au visiteur à partir des collections du MARQ. Ils montrent comment l'esthétique nabie renouvelle la peinture de paysage dans les années 1890, puis comment le postimpressionnisme et le symbolisme demeurent, jusque dans les années 1930, des pôles de référence entre lesquels les paysagistes ne peuvent manquer de se situer.

Que ce précieux complément d'histoire de l'art, à partir d'œuvres majeures, d'autres presque inédites ou méconnues, présentées pour quelques mois à Clermont-Ferrand, soit apprécié par nos visiteurs !

From the end of the eighteenth century and throughout the following century, the Auvergne countryside attracted both French and foreign artists. At the heart of the museum's permanent exhibition, a room devoted to this picturesque Auvergne presents the evolution of landscape painting from the start of the nineteenth to the early twentieth century. After historical landscape (Alexandre-Hyacinthe Dunouy, *Pierre l'Ermite prêchant la première croisade dans les montagnes de l'Auvergne près de Clermont et Montferrand* [Peter the Hermit Preaching the First Crusade in the Auvergne Mountains Near Clermont Ferrand], 1819) comes Romantic landscape and the painters from the Barbizon School (Paul Huet, Théodore Rousseau, Prosper Marilhat, Camille Corot, Jean-Achille Bénouville, Léon-Germain Pelouse with *Vue du Mont Dore* [View of Mont Dore] from 1880), the Realists (Jean-Alfred Desbrosses with *Le Mont Dore après l'orage* [View of Mont Dore after the Storm] in 1887, Léon Lhermitte) and the Impressionists (Albert Lebourg then Armand Guillaumin, who came to Auvergne several times in the 1890s and 1900s). The regional school known as "the Murols school," which blossomed at the heart of the Sancy mountains, prolonged the work of the Impressionists in the years from 1910–1920.

The landscapes of Édouard Vuillard and Ker-Xavier Roussel shown in this exhibition complete then the history of landscape as it is presented to visitors in the collections at the MARQ. They reveal how the Nabis aesthetic renewed with landscape painting in the 1890s, then how Post-Impressionism and Symbolism remained, right up to the 1930s, poles of reference for landscape artists to identify themselves with.
Let us hope that this precious addition to the history of art on show here in Clermont-Ferrand over the next few months and made up of key works, some of which have rarely been exhibited before or are unknown, will be appreciated by our visitors!

Essais / Essays

Ensemble

MATHIAS CHIVOT

« Le seul véritable voyage, le seul bain de Jouvence, ce ne serait pas d'aller vers de nouveaux paysages, mais d'avoir d'autres yeux, de voir l'univers avec les yeux d'un autre. »
Marcel Proust, *La Prisonnière*

Toute une vie ensemble. Du lycée à la mort. Ce pourrait être la définition du *fatum* ; pour Ker-Xavier Roussel et Édouard Vuillard, cela aura été une « providentielle rencontre » faite de « mystérieuses affinités » selon les mots de Jacques Salomon qui les côtoya pendant vingt ans[1]. Leur amitié aura été indéfectible et leur complicité en peinture constante. Roussel et Vuillard ont vécu près de soixante ans jamais très loin l'un de l'autre, toujours dans une estime sans nuage ; la flamboyance à éclipses du premier se conjuguait finalement bien avec la paix discrète qui émanait du second. Cet étonnant binôme a traversé uni la fin d'un siècle, a dépassé le tarissement de l'aventure nabie puis une guerre mondiale et a assisté, plus sceptique que médusé, à l'entrée fracassante d'une nouvelle avant-garde artistique. La mort de Vuillard en juin 1940 clôt le dialogue entre les deux hommes ; Roussel lui survivra encore quatre ans, amoindri par les épreuves et isolé par la guerre. Rendre un hommage posthume à son ami et perpétuer sa mémoire en donnant à l'État français 55 de ses œuvres sera l'ultime geste qui réactivera pour le temps qu'il reste les contours de son amitié avec Vuillard.

La vie en commun

Leur rencontre se fait pendant l'année scolaire 1882-1883, sur les bancs du lycée Condorcet, l'incubateur de la future élite intellectuelle et artistique à la fin du XIXe siècle. L'amitié a dû naître d'emblée et s'est renforcée rapidement les années suivantes. Jacques Salomon a souligné le curieux attelage que les deux jeunes gens formaient alors : « Le contraste était grand entre le bel et élégant fils du docteur Roussel et son jeune camarade au teint pâle, court de taille et les joues précocement pourvues d'une barbe rousse[2] ». Leur milieu respectif ne les destine pas à la même aisance : le fils Roussel, issu de la bourgeoisie éclairée, a la désinvolture d'un jeune homme bien fait, quand l'enfant de la petite bourgeoisie industrieuse qu'est Vuillard reste hésitant et pudique. C'est d'ailleurs l'enthousiasme effervescent de Ker qui sauve Édouard du fourvoiement ; celui-ci avait d'abord songé à la carrière militaire, sur les traces de son défunt père et de son frère Alexandre, mais Roussel l'en dissuade, en 1885, et l'aide à sortir du doute dans lequel sa nature anxieuse le confine trop souvent. La maïeutique providentielle de Roussel évite ainsi à Vuillard une vie de caserne et l'entraîne sur la voie des académies et des beaux-arts, changement radical que la famille Vuillard accueillera avec surprise et encouragements.

Together

MATHIAS CHIVOT

"The only true journey, the only real fountain of Youth, is not travelling to other landscapes, but to have a different vision, to see the universe through somebody else's eyes."
Marcel Proust, *The Prisoner*

A whole life together. From high school to death. This could be a definition of *fatum*; for Ker-Xavier Roussel and Édouard Vuillard, it was a "providential encounter" made up of "mysterious affinities" according to Jacques Salomon who was friends with them for around twenty years.[1] Their friendship was indestructible and their complicity in painting constant. For more than sixty years Roussel and Vuillard never lived too far away from each other and always held the same unfailing esteem for each other. In the end, the former's inconstant flamboyance complemented the latter's discreet calmness. United, this astonishing pair experienced the end of the century together, overcame the gradual demise of the Nabis adventure, lived through a world war and then witnessed, more sceptically than dumbfounded, the sensational entrance of the new avant-garde onto the art scene. Vuillard's death in June 1940 brought the dialogue between these two men to its close; Roussel outlived him by four years, weakened by the test of time and isolated by the war. Vuillard paid a final homage to his friend, perpetuating his memory by donating 55 of Roussel's works to the French nation and thus reactivating, for the time he had left, the memories of his friendship with Vuillard.

Life Together

They met during the 1882–1883 school year, on the benches of the Lycée Condorcet, a hot house for the upcoming intellectual and artistic elite at the end of the nineteenth century. Their friendship blossomed straightaway and rapidly strengthened over the following years. Jacques Salomon has highlighted the curious team formed by the two young men: "There was a huge contrast between the handsome and elegant son of doctor Roussel and his young, short, pale-complexioned friend, cheeks covered with a premature ginger beard."[2] Their respective social *milieu* did not afford them both the same financial affluence: Roussel's son, from an enlightened bourgeois family, had all the casualness of a well-made young man, whilst Vuillard, a child of the industrial *petite bourgeoisie* remained unsure and modest. It was moreover Ker's enthusiastic effervescence that would save Édouard from losing his way; he had already toyed with the idea of a military career, following in the footsteps of his dead father and his brother Alexandre, but in 1885 Roussel dissuaded him, and helped him shake off the doubts that only too often restrained his over-anxious nature. Roussel's providential maieutic philosophy saved Vuillard then from life in the barracks and drew him instead to the Academies and the

Cet épisode décisif dans la vie de Vuillard montre l'ascendant qu'a dû exercer Roussel sur lui pendant ses années d'apprentissage.

Ils font tout ensemble. Ils suivent les mêmes cours à l'atelier de Diogène Maillart, installé dans l'atelier de Delacroix place Fürstenberg. Vuillard – avec Maurice Denis – suit Roussel quand il se présente aux Beaux-Arts ; ils s'inscrivent tous les deux à l'académie Jullian qu'ils décident de concert de quitter rapidement, effarés par la médiocrité ambiante des cours du soir. Et c'est encore ensemble qu'ils se frottent pour la première fois aux réunions du passage Brady, pendant lesquelles Sérusier, acquis aux visions de Gauguin, transmet les premiers préceptes au groupe d'amis – Bonnard, Ibels, Denis, Ranson, Roussel et Vuillard – qui prennent bientôt le nom de Nabis et théorisent le corpus de leurs idées sous la plume de Maurice Denis[3]. Les deux amis gardent une réserve prudente et ne participent que de loin aux débats doctrinaires. Ils louent un atelier rue Pigalle en 1890, qu'ils partagent avec Bonnard et Aurélien Lugné-Poe, leur camarade de Condorcet et futur fondateur du théâtre de l'Œuvre. Si Vuillard y travaille assidûment, avec le sérieux qui le caractérise, Roussel n'y apparaît que parfois et montre déjà cette difficulté à être constant dans l'effort qui tient en partie à une complexion psychique proche de la dépression. Jan Verkade, dans *Le Tourment de Dieu*, fait état dès cette époque d'une émotivité sans doute extrême : « Malheureusement, sa santé délicate l'empêchait souvent de suivre la fougue de son tempérament. Fréquemment il était obligé de déposer son pinceau, mais prenait alors le fusain ou le pastel, les maniaient l'un l'autre de façon magistrale[4] ».

En effet, plusieurs indices laissent entrevoir que l'apparente assurance de Roussel cache une certaine confusion, un désarroi par intermittence que seul Vuillard saura contenir à force d'écoute et de soutien. Roussel aurait beaucoup détruit sa production pendant la période nabie, signe de son attraction saturnienne, signe aussi d'une insatisfaction réelle que l'on peut lire à même ses œuvres. Il n'a pas encore eu sa « révélation mythologique », bien qu'on en sente de plus en plus les prémisses à mesure qu'on s'approche du XXe siècle. Pour le moment, il s'en tient à un champ lexical qui oscille entre les *mystères* de Maurice Denis (ill. 1 et 2) et les intimités de Vuillard (ill. 3). Pierre Georgel, dans un commentaire très critique de *La Vierge au sentier*, y voit même une charge, une parodie des théories de Denis[5]. Cette lecture ironique de la torsion denisienne chez Roussel est tentante quand on connaît sa facilité à la dérision : les archives de l'artiste conservent en effet de petites œuvres sur papier qui, chacune, moque par le style le cubisme ou le surréalisme[6]. On sait aussi par Jacques Salomon qu'une de ses estampes les plus fortes vient en fait d'une contrefaçon, à la manière de Rouault avec lequel il partageait les ateliers de lithographie chez Vollard, dans les années trente (ill. 4). L'influence de Vuillard pendant la période nabie est également manifeste : le synthétisme de Roussel, comme son symbolisme, sont nettement emprunts du vocabulaire de son ami. Le temps du travail en atelier, le magistère pictural de Vuillard, indiscutable, inverse la tendance de la réalité quotidienne qui tourne d'habitude en faveur de Roussel.

On l'a vu, Roussel fragile n'en est pas moins audacieux, surtout avec les femmes. Ses commentateurs ont tous évoqué ses conquêtes galantes, et il a dû se mouvoir bien plus facilement dans les dédales de la séduction que Vuillard, paralysée par la timidité. Le *Journal* que celui-ci tient depuis 1888 fait référence, quelques dizaines d'années plus tard, à des complexes apparemment nombreux. En somme, Vuillard nourrissait des sentiments maintenus soigneusement à distance quand Roussel jetait toute son ardeur à vivre une histoire, même fugace. Tant d'ardeur que Vuillard a dû « sauver » son ami, vers octobre 1892, des assiduités d'une certaine Caro. Il organise pour

Fine Arts, a radical change that the Vuillard family welcomed with much surprise and encouragements. This decisive episode in Vuillard's life shows the influence that Roussel must have had on him during his apprenticeship years.

They did everything together. They followed the same lessons with Diogène Maillart, held at Delacroix's studio in Place Fürstenberg. Vuillard – along with Maurice Denis – followed Roussel when he applied to the Fine Arts; they both enrolled at the Jullian Academy which then they both rapidly decided to leave, shocked by the ambient mediocrity of the evening classes. And it was once again together that they first encountered meetings at Le Passage Brady, during which Sérusier, completely taken with Gauguin's visions, transmitted the first precepts to the group of friends – Bonnard, Ibels, Denis, Ranson, Roussel and Vuillard – who would soon become the Nabis and theorise their body of ideas through the writings of Maurice Denis.[3] The two friends remained wisely cautious and only participated in the doctrinal debates from a distance. In 1890, they rented a studio in Rue Pigalle that they shared with Bonnard and Aurélien Lugné-Poe, their friend from Condorcet and future founder of the Théâtre de l'Œuvre. Whilst Vuillard worked assiduously there, with the conscientiousness that characterised him, Roussel only sometimes turned up and already showed a difficulty for constant effort which was in part due to a psychological constitution not far from depression. In *Le Tourment de Dieu*, Jan Verkade remarked at this time an almost extreme emotionalism: "Unfortunately, his delicate health often stops him from following his arduous temperament. Frequently he is forced to put down his brush, trying instead charcoal or pastel, handling both in a skilful way."[4]

Indeed, several clues allow us to see that Roussel's apparent self-assurance hid a certain confusion, an intermittent helplessness that only Vuillard knew how to contain for having listened and supported him so much. Roussel destroyed much of his work during the Nabis period, a sign of his saturnine leanings, and also the sign of a real dissatisfaction that can even be read in his works. He hadn't yet had his "mythological revelation" even though we can feel the growing premises of it as the twentieth century moved nearer. For that period of time he clung to a lexical field that swayed between Maurice Denis's *mystères* (ill. 1 and 2) and Vuillard's intimacy (ill. 3). In a very critical commentary on *La Vierge au sentier* (The Virgin on the Path), Pierre Georgel even saw an attack, a parody of Denis's theories.[5] This ironic reading of a Denis-style tension in Roussel's work is tempting when we understand his facility for derision: indeed, the artist's archives conserve some small works on paper which mock, through style, cubism or surrealism.[6] We also know, thanks to Jacques Salomon, that one of the most critical of these prints in fact comes from a fake, in the style of Rouault with whom he shared the lithography workshop at Vollard's, in the 1930s (ill. 4). Vuillard's influence during the Nabis period is also equally evident: Roussel's synthesism, just like his symbolism, is clearly borrowed from his friend's formal vocabulary. During the time they spent in the studio, Vuillard's pictorial skill, indisputable, inverted the everyday reality that usually went in Roussel's favour.

We have seen that, although Roussel was fragile, he was nonetheless audacious, especially with women. His commentators have all evoked his romantic conquests and he must have moved much more easily in the labyrinth of seduction than Vuillard, paralysed by his timidity. A dozen or so years later, the *Journal* that Vuillard had kept since 1888 made reference to a number of complexes. In short, he nourished sentiments that he kept carefully at a distance whilst Roussel threw all his ardour into living a relationship, however fleeting. So great was his ardour that

Ill. 1 : Ker-Xavier Roussel
La Vierge au sentier, 1891-1892
Huile sur toile / Oil on canvas
54 x 37 cm
Collection particulière / Private collection

Ill. 2 : Ker-Xavier Roussel
Communiantes, 1891-1892
Huile sur toile / Oil on canvas
40 x 32 cm
Collection particulière / Private collection

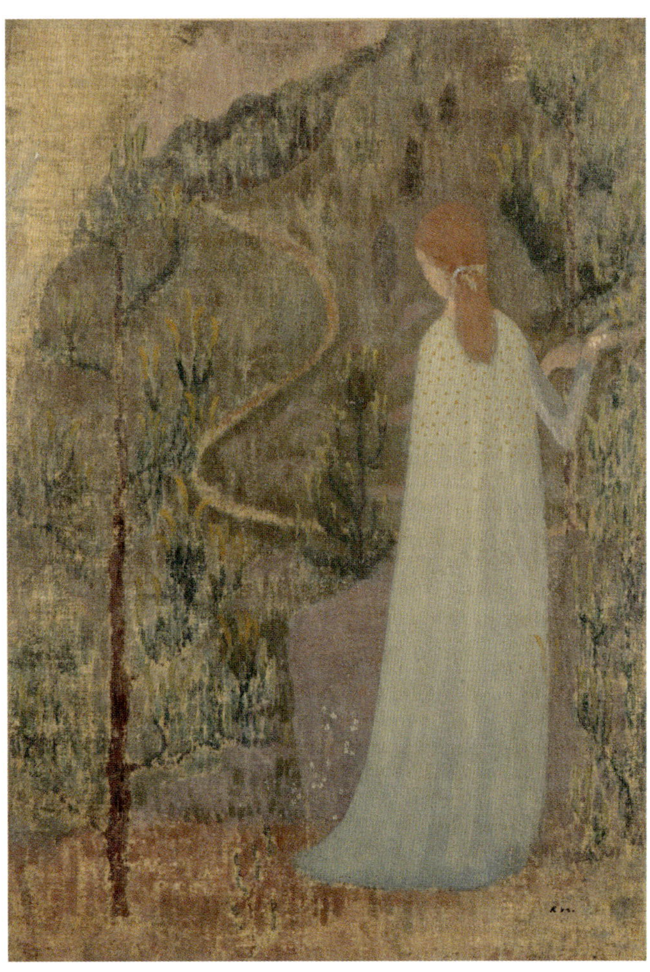

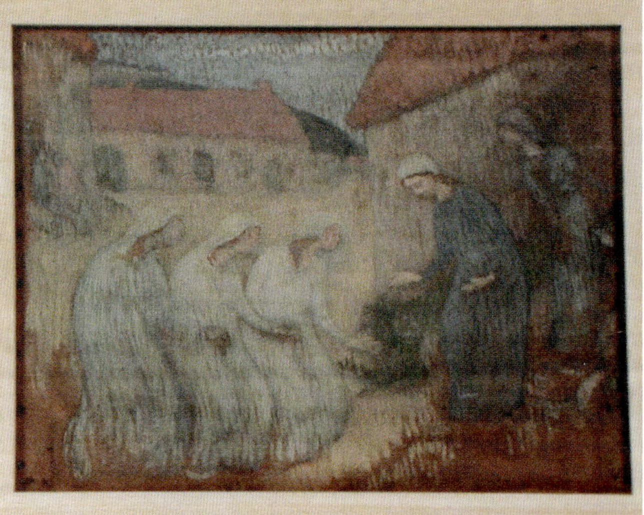

Roussel une fuite en Belgique puis en Hollande à laquelle il participe pour ne pas laisser son ami seul dans l'épreuve. Toute la famille fut complice du forfait, y compris Madame Vuillard, comme elle l'évoque dans une lettre adressée à son fils en 1892[7], qui bonimente jusqu'à la mère de Ker pour protéger sa disparition. L'« affaire Caro », un peu navrante, montre en tout cas la propension de Vuillard à faire écran pour dévier les tracas de son ami, devenant entreprenant à l'occasion, n'hésitant pas à utiliser la connivence de sa mère et de sa sœur – Marie – qui ont dû trouver que ce Ker si sympathique requérait décidément beaucoup d'attentions autour de lui. Les tourments du jeune homme à succès ont en tous cas sorti Marie de la douce torpeur qui baignait son célibat. Moins scéniquement tragique que Vuillard ne l'a peint, l'espace familial ressemblait pour sa sœur à une antichambre sans fin du bonheur conjugal. Et Vuillard, dans un à-coup propre aux timides, a soudainement osé la solution syncrétique en proposant sa sœur à Ker. En *deus ex machina* qu'il est soudainement devenu, il a dû trouver ingénieux de rendre l'une heureuse en gardant l'autre à ses côtés, indéfectiblement. Mais le calcul ne s'est pas révélé très bon. Rapidement, le jeune ménage Roussel connaît des complications. Pour comble d'infortune, Marie a accouché d'un enfant mort-né le 13 décembre 1894[8] et vit une convalescence douloureuse. La situation se dégrade encore un peu plus quand est découverte la liaison secrète qu'entretient Ker avec la sœur de France Ranson, Germaine Rousseau. Cette fois, le scandale se porte jusqu'au sein des Nabis qui, *sub rosa*, décident d'éloigner un temps le séducteur sans non plus l'ostraciser clairement. France Ranson fulmine, Paul

Ill. 3 : Ker-Xavier Roussel
L'Atelier de couture, c. 1893-1894
Huile sur toile / Oil on canvas
112 x 76,5 cm
Collection particulière / Private collection

Ill. 4 : Ker-Xavier Roussel
Satyre portant une bacchante, c. 1930
Lithographie / Lithograph
Collection particulière / Private collection

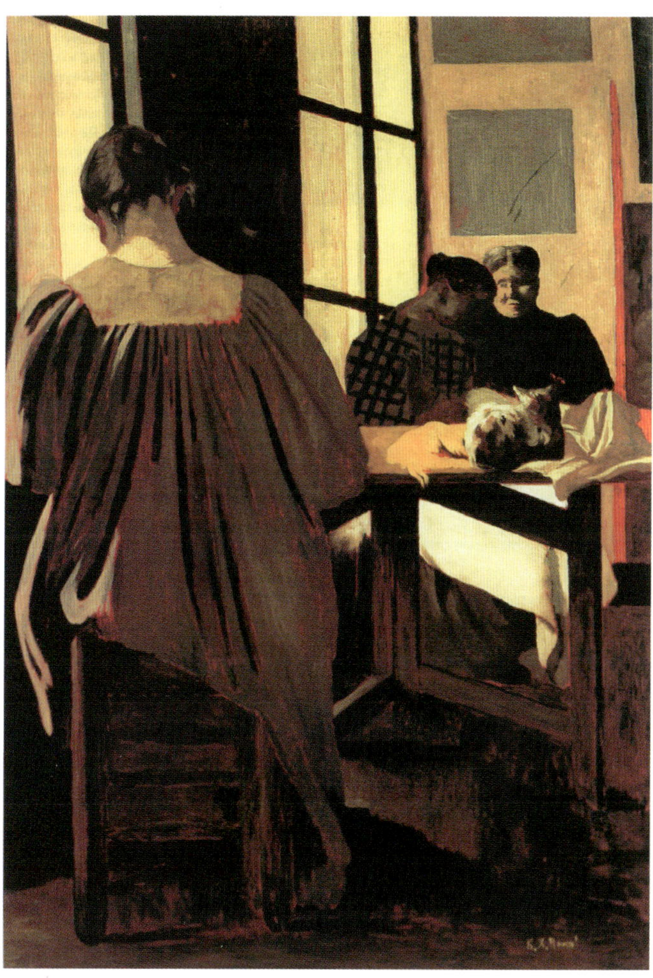

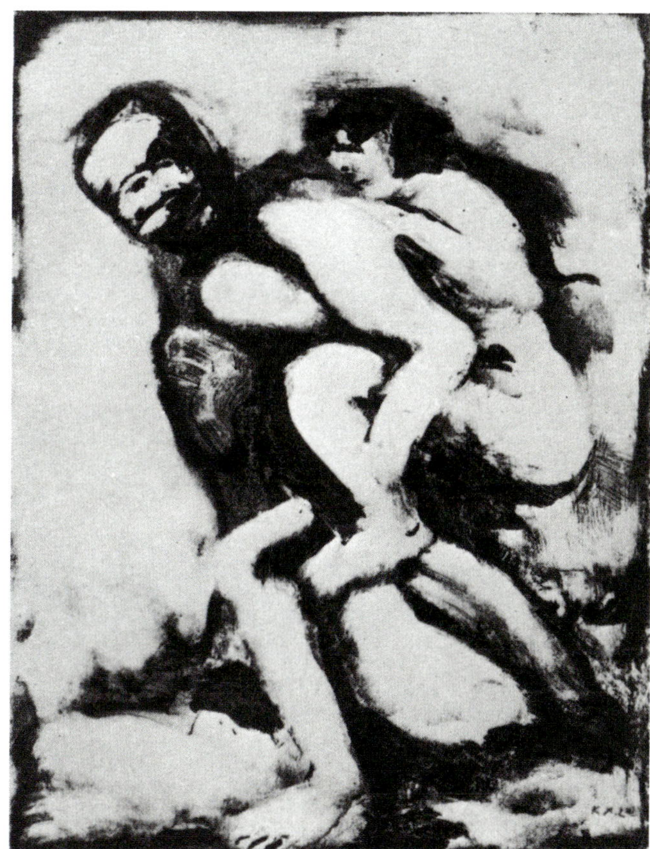

Vuillard had to "save" his friend from the assiduous attentions of a certain Caro around October 1892. He organised an escape plan for Roussel to Belgium then Holland in which he participated himself so as not to let his friend live through the experience alone. The whole family knew about the arrangement, including Madame Vuillard, as she evoked in a letter addressed to her son in 1892,[7] who even gave some spiel to Ker's mother to protect his disappearance. The rather deplorable "Caro affair" shows in any case Vuillard's propensity to create a smokescreen in order to deflect his friend's troubles, becoming quite enterprising in the task to the point of conniving with his mother and sister – Marie – who must have thought that the very likeable Ker required a lot of attention. The torments of the successful young man appeared in any case to draw Marie out of the sweet slumber that had dominated her singlehood. Less tragic than Vuillard made it out to be, for his sister, the family space resembled a never-ending antechamber to conjugal happiness. And then Vuillard, in a move quite unique to timid people, suddenly dared the syncretic solution of suggesting his sister to Ker. He must have thought he was very clever in his new role as *deus ex machina*, making one of them

Ranson lui-même évite toute confrontation gênante avec Roussel ; c'est Vuillard qui jouera les bons offices pour travailler à la réintégration de son beau-frère au sein de la famille et de la confrérie. La correspondance conservée dans les archives Roussel-Vuillard est éclairante sur le rôle joué à ce moment-là par Vuillard qui s'est ingénié autant à retisser les fils d'une histoire conjugale en berne qu'à défendre *malgré tout* son ami. Sa permanence à prendre parti en faveur de Roussel allait d'ailleurs jusqu'à minimiser le dol fait à sa sœur, en dépit de la solidarité avec les personnes de son sang. Son refus d'une posture conventionnelle, en rupture avec l'atavisme de la petite bourgeoisie de l'époque, fait de lui un homme de principe pour lequel l'amitié prime sur tout.

La naissance d'Annette le 30 novembre 1898 (ill. 5) sera vécue comme une détente salutaire par les Roussel et les Vuillard, après la mort prématurée d'un second enfant, Jean, qui n'aura vécu que quelques semaines en 1896. Un fils, Jacques, naîtra le 6 février 1901. La famille Roussel quitte Paris en juin 1899 pour préserver la santé d'Annette et s'installe dans la campagne de Marly, à L'Étang-la-Ville. Le déménagement coïncide avec le tournant bucolique que prend la peinture de Roussel au début du XXe siècle. Vuillard, même s'il est resté à Paris avec sa mère, partage cette évolution artistique vers plus d'espaces et moins de théorie.

Féerie bourgeoise et rêveries antiques

Le début du XXe siècle marque une césure nette à plus d'un titre pour les deux complices. Si leur destinée prend un chemin différent – Roussel devient *pater familias* et choisit la vie rustique quand Vuillard protège son célibat et continue de vivre avec sa mère à Paris – les grands traits de leur nouvelle vie sont à bien des égards similaires.

La décennie nabie les a souvent vus réunis pour exposer ensemble dans des galeries d'avant-garde. Leur exposition collective à la galerie Le Barc de Boutteville en décembre 1891 sera la première d'une longue série : dans les locaux de *La Revue Blanche* et chez Siegfried Bing en 1894 pour les projets de vitraux de Louis Comfort Tiffany, chez Ambroise Vollard à partir de 1897 ou à la première exposition de la Société Internationale des Sculpteurs, Peintres et Graveurs de Londres en 1898. Roussel et Vuillard suivent les mêmes chemins pour montrer leur art. Et le changement, assez radical au tournant du siècle, s'opérera pour les deux en même temps et dans les mêmes termes.

À peu près à la même époque, ils passent tous les deux contrat avec la galerie Bernheim-Jeune qui les met à l'abri des soucis financiers. Les frères Vallotton et Jos Hessel se sont montrés d'efficaces intermédiaires. La galerie Bernheim achète à l'avance une partie des œuvres de chacun et assure un calendrier régulier d'expositions thématiques ou individuelles. Mais le système emprisonne Vuillard qui a dû se trouver piégé. S'il livre plusieurs portraits des dames Bernheim et leurs enfants ou travaille en 1911 à la décoration de leur maison normande de Villers-sur-Mer, « Bois-Lurette » (cat. n° 31), il finit par rejoindre Jos Hessel, cousin des frères Bernheim, quand il installe sa propre galerie, au 26 rue La Boétie. Vuillard a respecté son contrat et a longtemps hésité à quitter les Bernheim – il s'était notamment brouillé avec Félix Fénéon, exigeant directeur artistique de la galerie et en avait éprouvé un réel désarroi ; Roussel ne mettra ni la même ponctualité dans ses engagements ni la même clarté à décider quoi faire avec Josse et Gaston Bernheim. Le pacte avec la galerie le contraint mais lui assure aussi des rentrées d'argent presque uniques qu'il n'a pas pu diversifier par d'autres commanditaires, car son naturel, à l'inverse de Vuillard, le porte peu vers une urbanité bien sentie. Il tient donc à en respecter les garanties tout en préservant sa liberté de création et surtout son rythme de production. Les crises

happy whilst keeping the other one unfailingly at his side. But the calculation turned out to be a bad one. Rapidly, the young Roussel household experienced complications and to top it all Marie had a still-born baby on 13 December 1894 followed by a painful convalescence.[8] The situation grew slightly worse when Ker's secret liaison with France Ranson's sister, Germaine Rousseau, was discovered. This time, even members at the heart of the Nabis learnt about the scandal and, *sub rosa*, decided to keep the seducer at a distance for a time without nonetheless completely ostracising him. France Ranson fulminated, Paul Ranson himself avoided any embarrassing confrontation with Roussel; it was Vuillard who played the mediator in trying to bring his brother-in-law back into the family and the brotherhood. Letters kept in the Roussel-Vuillard Archives are very enlightening on the role played by Vuillard at this time, striving so hard to renew the threads of a fading marital relationship whilst *despite everything* defending his friend. His persistent side taking with Roussel went as far as minimizing his sister's deception, despite any notion of family solidarity. His refusal of a conventional stance, breaking with the atavism of the *petite bourgeoisie* of the time, made him a man of principle for whom friendships were the most important thing of all.

The birth of Annette on 30 November 1898 (ill. 5) was seen as a new chapter for the Roussel and the Vuillard families, after the premature death of a second child in 1896, Jean, who only survived a few weeks. A son, Jacques, was born on 6 February 1901. The Roussel family left Paris in June 1899 to preserve Annette's health and settled in the countryside in Marly, at L'Étang-la-Ville. The move coincided with the bucolic turn in Roussel's painting at the start of the twentieth century. Vuillard, even though he stayed in Paris with his mother, shared this artistic evolution, moving towards greater space and less theory.

Ill. 5 : Édouard Vuillard
Marie, Ker-Xavier Roussel et Annette à Levallois,
Novembre / November 1898
Tirage argentique sur papier albuminé / Albumen silver print
8,8 x 7,7 cm
Archives Roussel / Vuillard, Paris

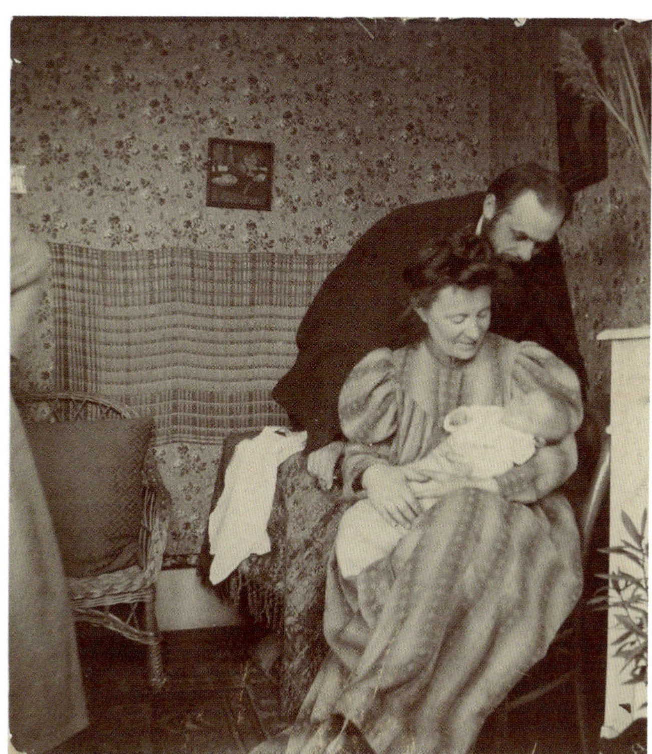

Bourgeois Fairyland and Daydreams of Antiquity

The early twentieth century marked a clean break in many ways for the two friends. Although their fate took them in different directions – Roussel became *pater familias* and chose the country life whilst Vuillard protected his bachelorhood and continued living with his mother in Paris – the key lines of their new lives had many similarities.

During the Nabis decade they often got together to exhibit at some of the avant-garde galleries. Their group exhibition at the Le Barc de Boutteville gallery in December 1891 was the first in a long series: at La Revue Blanche, at Siegfried Bing's in 1894 for Louis Comfort Tiffany's stained glass project, at Ambroise Vollard's from 1897 on or at the first exhibition of

Ill. 6-7 : Ker-Xavier Roussel
Le Repos de Narcisse et / and *L'Enlèvement des filles de Leucippe*, c. 1912
Peinture à la colle sur toile / Distemper on canvas
171 x 74 cm chaque panneau / each panel
Collection particulière / Private collection

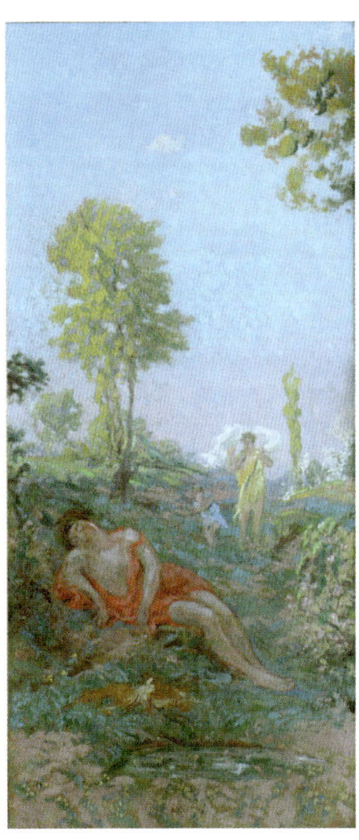

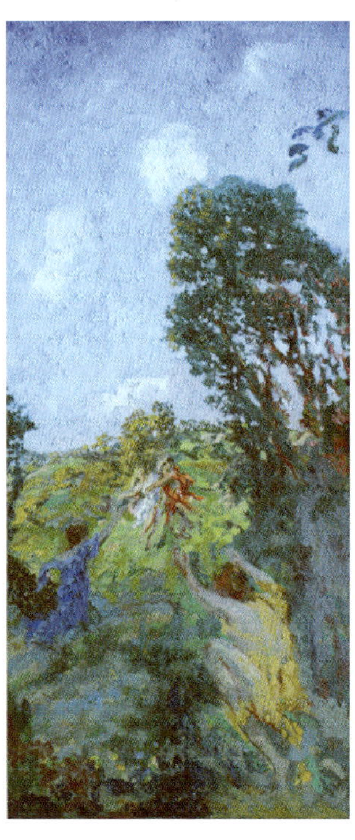

surgissent régulièrement entre la galerie et son artiste. Fénéon, qui « tient la boutique » fermement, agite parfois la coercition pour forcer Roussel à livrer des peintures comme convenu entre eux et non des pastels comme l'artiste aime à les faire, et à respecter des délais pour une exposition programmée alors que le peintre ne s'est pas encore fixé sur ce qui sera montré. Ces relations conflictuelles atteignent certainement leur paroxysme à la fin des années vingt[9], et Roussel décide dans un premier temps de ne plus montrer son travail, puis se ravise et module l'exclusivité qu'il avait avec les Bernheim en montrant ses œuvres chez Druet, Louis Carré ou Maratier.

Les frères Bernheim, astreints au résultat financier, ont évidemment endossé le mauvais rôle mais ils ont eu l'indéniable et bénéfique effet de procurer aux deux peintres une aisance qui les dégageait de la contingence matérielle. Et l'ère qui s'ouvre au début du siècle sera en effet pour Vuillard et Roussel celle de la complétude. Vuillard visite fréquemment la famille Roussel à L'Étang-la-Ville et montre au même moment un intérêt renouvelé pour la peinture de paysage. Il regarde avec un intérêt non feint son vieux compère développer des sujets mythologiques qui rompent avec les sujets d'avant. Lui est resté dans la ville et a cultivé dans la proximité des Hessel une sociabilité nouvelle, faite de financiers, d'industriels, d'acteurs et d'auteurs de vaudeville, qui tranche singulièrement avec l'avant-garde élitaire des années nabies. Il est admis partout, il est de toutes les réceptions, de toutes les premières, assiste aux soupers de la grande bourgeoisie. Il y conserve sa réserve habituelle – « Le silence me garde » était sa devise, nous rapporte Claude Roger-Marx – mais il n'oublie pas, parmi cette féerie bourgeoise, de placer Roussel partout où il est lui-même pressenti pour travailler.

Les commanditaires qu'ils partagent ensemble sont nombreux. Jos Hessel, marchand et ami de Vuillard, commandera à Roussel une décoration pour son appartement de la rue de Rivoli (ill. 6-7). Et d'une façon plus générale, l'ermite de L'Étang-la-Ville figurera à l'avenir en bonne place dans la prestigieuse collection du couple Hessel. Comme d'habitude, le charme ineffable de Vuillard s'estompe un peu devant le charisme de Roussel. Lucie Hessel, dont on connaît le caractère et la sûreté de jugement, a aimé la prestance de Ker autant que sa peinture. Jacques Salomon confie ainsi : « J'entends encore Lucie Hessel me confiant à l'oreille quand, de temps en temps, il apparaissait parmi les invités : crois-tu qu'il est beau !...[10] ». Jean Schopfer, alias Claude Anet, qui en 1898 avait commandé à Vuillard deux merveilleux panneaux (ill. 8-9), demande à Roussel de lui concevoir une décoration en trois parties pour sa bibliothèque. Antonin Gosset, un ami de Vuillard, entretient des relations très cordiales avec Roussel et possède plusieurs toiles de lui. Ainsi, plus tard, Lucien Rosengart, Prosper-Émile Weil

the International Society of Sculptors, Painters and Gravers in London in 1898. Roussel and Vuillard followed the same pathways when it came to exhibiting their art. They both experienced the rather radical changes that took place at the turn of the century, at the same time and on the same terms.

At around the same period, they won contracts with the Bernheim-Jeune gallery which made their financial worries disappear. The Vallotton brothers and Jos Hessel proved themselves to be efficient intermediaries. The Bernheim gallery bought part of each of their works in advance and also ensured regular thematic or solo exhibitions. But the system imprisoned Vuillard who must have felt trapped. Whilst he delivered several portraits of the Bernheim ladies and their children or worked on the decoration of their Normandy house in Villers-sur-Mer, "Bois-Lurette" in 1911 (cat. 31), he ended up by joining Jos Hessel (one of the Bernheim brothers' cousins), when he set up his own gallery, at 26 Rue La Boétie. Vuillard respected his contract and hesitated for a long time before leaving the Bernheims. He notably got into a quarrel with Félix Fénéon, the gallery's demanding artistic director and felt real consternation; Roussel did not show the same punctuality in his commitments nor the same clarity in deciding what to do concerning Josse and Gaston Bernheim. The pact with the gallery limited him but ensured a regular and almost sole income as he had not diversified his commissions because his character, in contrast to Vuillard, meant he was not very involved in urban society life. He was committed then to preserving these guarantees whilst keeping control of his creative freedom and above all the rhythm of his production. There were regular difficult patches between the gallery and the artist. Fénéon, who "ran the boutique" with a firm hand sometimes used coercion to force Roussel to deliver paintings as agreed and not pastels as the artist liked to do, and to respect delays for programmed exhibitions even though the painter had not yet decided what he would exhibit. This conflicting relationship undoubtedly reached its climax at the end of the 1920s and Roussel decided initially to stop showing his work, then reconsidered and modified the exclusivity he had with the Bernheim gallery by showing works at Druet, Louis Carré or Maratier.[9]

The Bernheim brothers, obliged to consider the financial result, clearly had the role of bad guys but they also had the undeniable and beneficial effect of making the two painters financially well-off, freeing them from material problems. And the period that opened up at the beginning of the century was indeed for both Vuillard and Roussel one of fulfilment. Vuillard regularly visited the Roussel family at L'Étang-la-Ville and showed a renewed interest in landscape painting. He watched with real enthusiasm his old partner develop mythological subjects that broke with the ones he used to paint. He had carried on living in the town and cultivated a new social circle around the Hessels, made up of bankers, businessmen, vaudeville actors and writers who contrasted sharply with the elitist avant-garde of the Nabis years. He was invited everywhere, to all the receptions, to all the previews, to the posh suppers of the *grande bourgeoisie*. He still kept his usual reserve – "Silence watches over me" was his motto, Claude Roger-Marx tells us – but he didn't forget, amidst this bourgeois fairy-tale, to ensure a place for Roussel on all of the projects he intended to work on himself.

They shared a number of clients. Jos Hessel, art dealer and friend of Vuillard, commissioned a decoration for his apartment in Rue de Rivoli from Roussel (ill. 6-7). And in a more general way, the hermit from L'Étang-la-Ville would in the future have a key place in the Hessel's prestigious collection. As usual, Vuillard's ineffable charm dimmed slightly faced with Roussel's charisma. Lucie Hessel, whose character and sure judgement are well known, liked Ker's

Ill. 8-9 : Édouard Vuillard
Le Jardin du Relais à Villeneuve : Femme lisant sur un banc
et / and *Femme assise dans un fauteuil*, 1898
Peinture à la colle sur toile / Distemper on canvas
214 x 161 cm chaque panneau / each panel
Collection particulière / Private collection

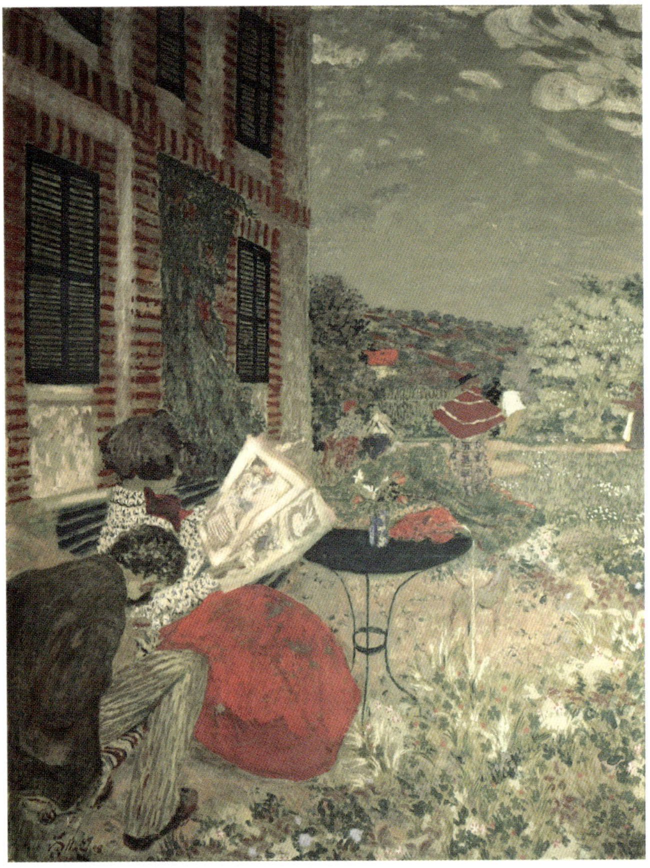

ou David David-Weill seront des commanditaires importants pour Roussel et avaient certainement été orientés vers lui par Vuillard.

Malgré l'éloignement géographique – relatif – des deux amis, l'un ne se conçoit toujours pas sans l'autre. Depuis leurs débuts en peinture, ils exposent ensemble et la critique prendra l'habitude de les commenter conjointement. Ils partagent les mêmes commanditaires ; le fidèle Vuillard, pénétré du talent de Roussel, met le nouveau cercle de ses connaissances à disposition et compense ainsi l'attirance de son beau-frère pour la claustration. Il lui permet de dérouler, en toute liberté, le long fil de sa narration homérique ; il sait bien que plus le contact avec le prosaïque se fera rare pour son ami, plus la pérennité de son *grand œuvre* sera assurée. Les efforts de Vuillard à faire profiter Roussel de sa nouvelle surface sociale pourrait ressembler à une « stratégie de placement », mais c'est tout simplement une des marques de sa fidélité en amitié.

Liés dans le travail par les mêmes commanditaires, ils le sont également en voyage par les lieux qu'ils visitent ensemble. Les cartes postales, mais surtout les photographies de Vuillard, conservées dans les archives de l'artiste, nous sont parvenues dans leur intégralité. Les clichés racontent une histoire parallèle à la vie des tableaux, avec des personnages et des lieux qui n'apparaissent que dans l'objectif et jamais sous les pinceaux (Henry Roussel, le frère de Ker ; Marie Vuillard, la femme d'Alexandre ; Venise, la Hollande ou le Saint-Tropez de Vuillard). Cartes postales et photographies recomposent les instantanés d'une vie escamotée en peinture, une vie d'amitié prolongée jusque dans les voyages. Les deux amis ont visité la Belgique et la Hollande en novembre 1892 dans les circonstances que l'on a évoquées plus haut ; ils visitent Milan et Venise en compagnie de Bonnard en avril 1899 ; Vuillard rejoint Roussel à Saint-Tropez en 1904 et découvre le Midi qui soulève tant l'enthousiasme de son beau-frère. Un autre temps, celui des villégiatures, bien connu par l'œuvre peint de Vuillard, réunit la fratrie sur un autre mode que les dimanches à la campagne. La famille Roussel est en Normandie par exemple, en même temps que Vuillard, sa mère et les Hessel. Vuillard cherche, dans les alentours des villas louées par Lucie, l'inspiration pour de grandes compositions qui fixeront le souvenir des instants fugaces. Roussel, dans les mêmes parages, y glane des fonds qui recevront ses personnages mythologiques. La baie de Sallenelles, par exemple, devient le décor de *L'Ange gardien* (ill. 10-11) alors qu'il y séjourne à l'été 1905. On sait également que Roussel rejoint Vuillard à Cricqueboeuf (en Normandie)

presence as much as his painting. Jacques Salomon confides: "I can still hear Lucie Hessel whispering in my ear from time to time when he was among the guests: how handsome he is!"[10] Jean Schopfer, alias Claude Anet, who in 1898 commissioned two wonderful panels from Vuillard (ill. 8-9), asked Roussel to design him a three-part decoration for his library. Antonin Gosset, one of Vuillard's friends, was on friendly terms with Roussel and had several canvases by him. And so later, Lucien Rosengart, Prosper-Émile Weil or David David-Weill became important clients for Roussel and had almost certainly been directed to him by Vuillard.

Despite the relative geographical distance between the two friends, one could not imagine being without the other. From their early debuts in painting they exhibited together and the critics had made it a habit to comment their work together. They shared the same clients; the faithful Vuillard, inspired by Roussel's talent, opened up his new circle of friends to him and compensated in this way for his brother-in-law's attraction for seclusion. He allowed him to unravel with complete freedom the long thread of his Homeric story; he knew only too well that the less contact his friend had with mundane daily life, the longer his *grand œuvre* would be assured. Vuillard's efforts to allow Roussel to benefit from his new social strata might seem like "a placement strategy," but it was quite simply a mark of his loyalty toward his friends.

Linked by their work with the same clients, they equally visited the same places together. We have managed to get access to all of the postcards, but above all to Vuillard's photographs, kept in the artist's archives. The pictures tell a story that runs parallel to life in the paintings, with characters and places that only appear behind the lens and never on canvas (Henry Roussel, Ker's brother; Marie Vuillard, Alexandre's wife; Venice, Holland, Vuillard's

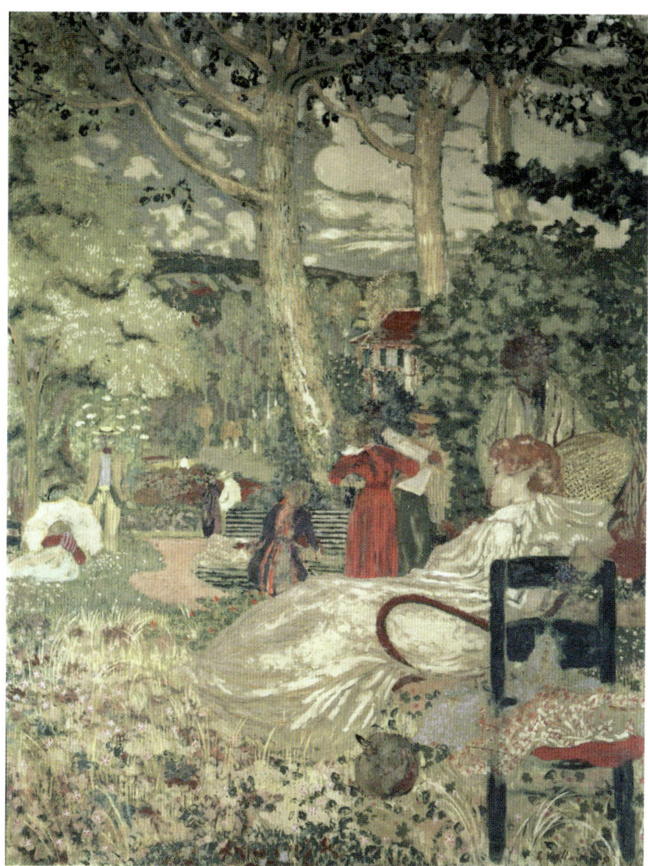

Saint-Tropez). Postcards and photographs reconstructing the moments of life that weren't represented in their paintings, a lifetime of friendship prolonged further by the journeys they went on together. The two friends visited Belgium and Holland in November 1892, in circumstances mentioned above; they visited Milan and Venice accompanied by Bonnard in April 1899; Vuillard joined Roussel in Saint-Tropez in 1904 and discovered the South of France which his brother-in-law was so enthusiastic about. Another time, holiday time, well-known in Vuillard's paintings, reunited the brother and sisters in a different context to the Sundays spent in the country. For example, the Roussel family was in Normandy at the same time as

Ill. 10 : Ker-Xavier Roussel
Sallenelles, c. 1905
Pastel sur papier / Pastel on paper
27 x 39,5 cm
Signé et annoté en bas à droite / Signed and annotated on the bottom right : *Sallenelles / roussel*
Collection particulière / Private collection

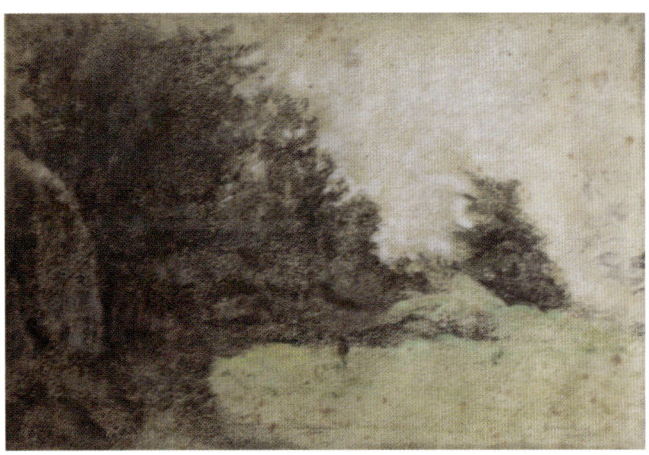

pendant une partie de l'été 1910, ou à Loctudy en août 1912, d'où il tire également quelques sujets pour alimenter ses rêveries antiques.
La Grande Guerre, deux ans plus tard, casse brutalement la courbe ascendante que les deux artistes avaient réussi à prendre. Elle fait surtout voler en éclats le monde enchanté que s'était ménagé Roussel pour qui le conflit mondial s'avère être un cataclysme personnel.

Vers un temps de plénitude

Vuillard, dès le 2 août 1914, sert comme garde-voie à Conflans-Sainte-Honorine puis se trouve démobilisé rapidement, le 12 décembre 1914. Bien qu'il pâtisse de la raréfaction des commandes, il reprend son travail à l'atelier et engage des panneaux décoratifs pour Lazare Lévy. Roussel, effondré par la violence du climat mondial, souffre d'une grave dépression et trouve refuge en Suisse, sur les conseils des Vallotton, à la clinique du docteur Widmer. Il y reste prostré, incapable de peindre quoi que ce soit et ce qui devait n'être qu'une période transitoire se prolonge *sine die*, contraignant Marie et les enfants à quitter la France pour s'installer à Lausanne. Vuillard visitera son compère en octobre 1915 puis en mars 1916. L'abondante correspondance que Roussel entretient avec Vuillard et France Ranson[11] entre 1915 et 1916 donne une idée du désespoir dans lequel le peintre s'est abîmé. Il est aboulique et ne se sent plus capable de tenir ni pinceau ni pastel. Sur les encouragements de son médecin, Henri-Auguste Widmer – par ailleurs collectionneur éclairé – et par les exhortations de Vuillard et de Vallotton, il recouvre peu à peu ses forces et un peu d'espoir. C'est grâce à Félix Vallotton, par le truchement de ses frères marchands de tableaux à Lausanne, qu'il recevra à la fin du mois de mars 1916 une commande des frères Reinhart pour décorer en deux grands panneaux l'escalier du nouveau musée des beaux-arts de Winterthur (ill. 12). Cette commande le sauve de l'effondrement et soulage aussi Vuillard qui, décontenancé par l'obstination pessimiste de son beau-frère, avait fini par éviter tout débat d'idées avec lui. Plusieurs mois encore après le retour de la famille Roussel à Paris, à partir de décembre 1916, Vuillard garde une réserve agacée quand Ker s'enferme dans le défaitisme ou remâche des idées stériles. Cet épisode dépressif bref et violent laissera Roussel entre humeur noire et fantaisie solaire; cette faille brièvement entr'ouverte aura surtout, pour un temps seulement, désaccordé l'harmonie parfaite entre les deux amis.
Le succès et la reconnaissance artistique des années vingt vont aider les blessures de la guerre à se refermer : Roussel connaît la faveur de la critique qui loue alors la délicatesse de ses pastels et voit en lui l'héritier de Poussin (*Le Cap d'Antibes*, cat. n° 80), quand Vuillard renoue avec la tradition classique de la peinture française. La faveur conjuguée des commentateurs et des commanditaires les associe souvent ensemble. Ils avaient déjà travaillé de concert, avec leurs camarades Bourdelle et Denis, sur le vaste programme iconographique du théâtre des Champs-Élysées en 1912 :

Ill. 11 : Ker-Xavier Roussel
L'Ange gardien ou *L'Espérance*, c. 1905
Huile sur toile / Oil on canvas
65 x 83 cm
Collection particulière / Private collection

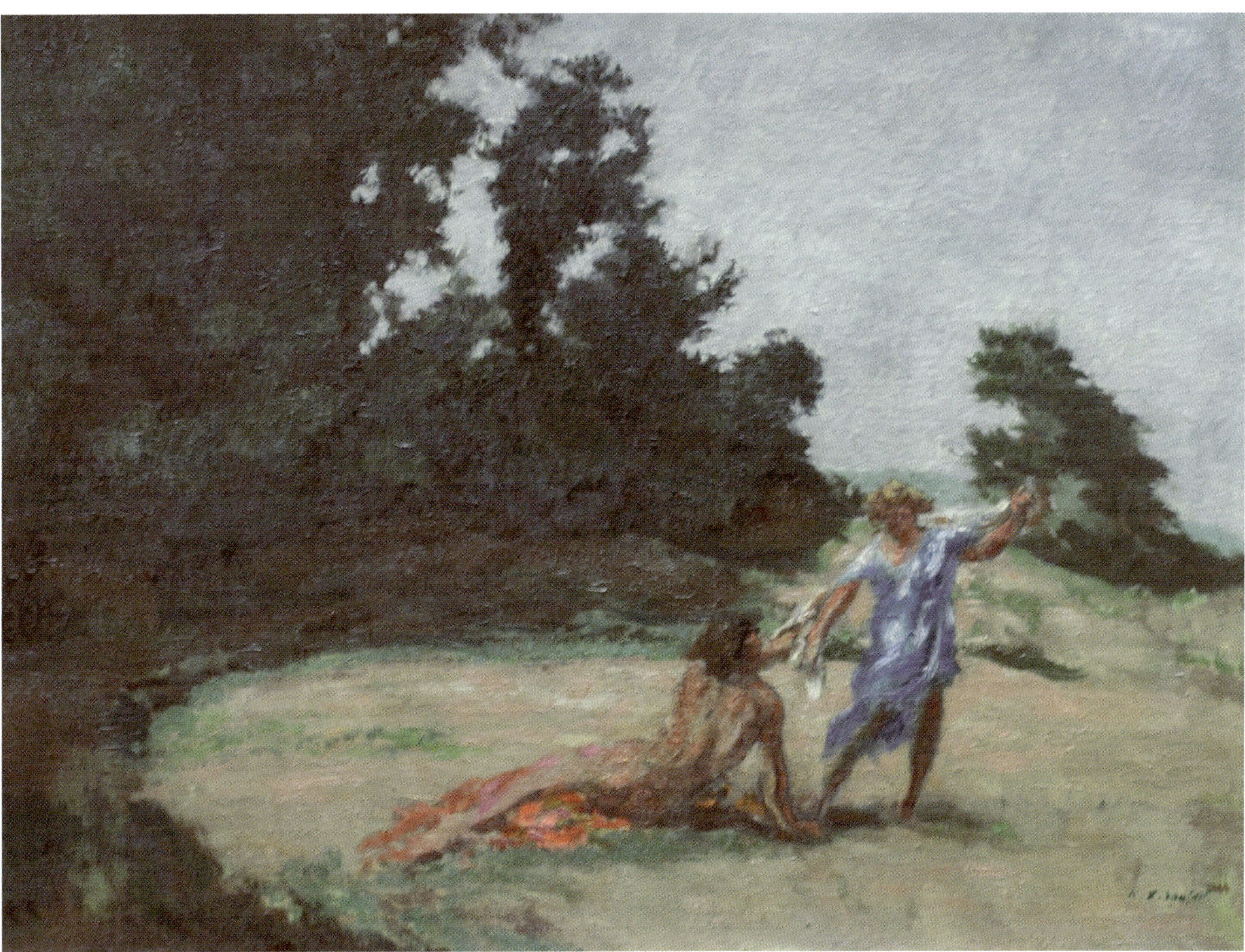

Vuillard, his mother and the Hessels. In the area surrounding the villas Lucie had rented, Vuillard looked for inspiration for his large compositions that would capture the memory of these fleeting moments. Roussel, in the same area, worked on the backgrounds for his mythological characters. Sallenelles Bay, for example, became the decor for *L'Ange gardien* (The Guardian Angel) (ill. 10-11) when he stayed there in 1905. We also know that Roussel joined Vuillard in Cricqueboeuf (in Normandy) for part of the summer of 1910, or in Loctudy in August 1912, where he also drew inspiration for some subjects to enrich his daydreams of Antiquity.

Two years later, the Great War brutally stopped the ascendance of these two artists. It also blew into smithereens the enchanted world created by Roussel and for whom the worldwide conflict proved to be a personal cataclysm.

Ill. 12 : Ker-Xavier Roussel
L'Automne et / and *Le Printemps*, 1917-1926
Peinture à la colle sur toile / Distemper on canvas
527 x 346 cm chaque panneau / each panel
Kunstmuseum Winterthur, don de / donation of
Hans et / and Werner Reinhart, 1918

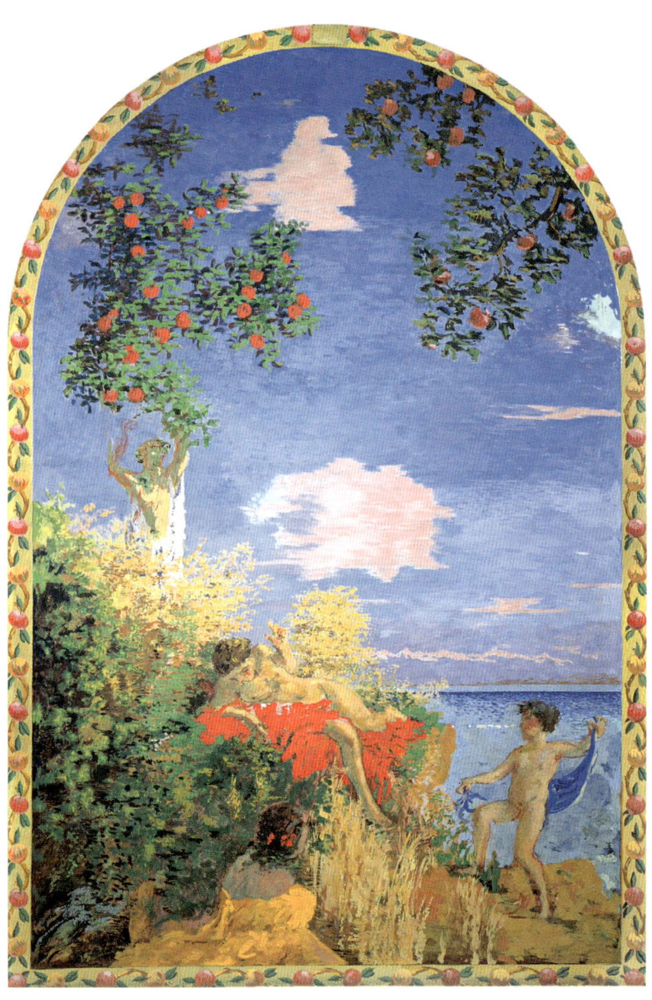

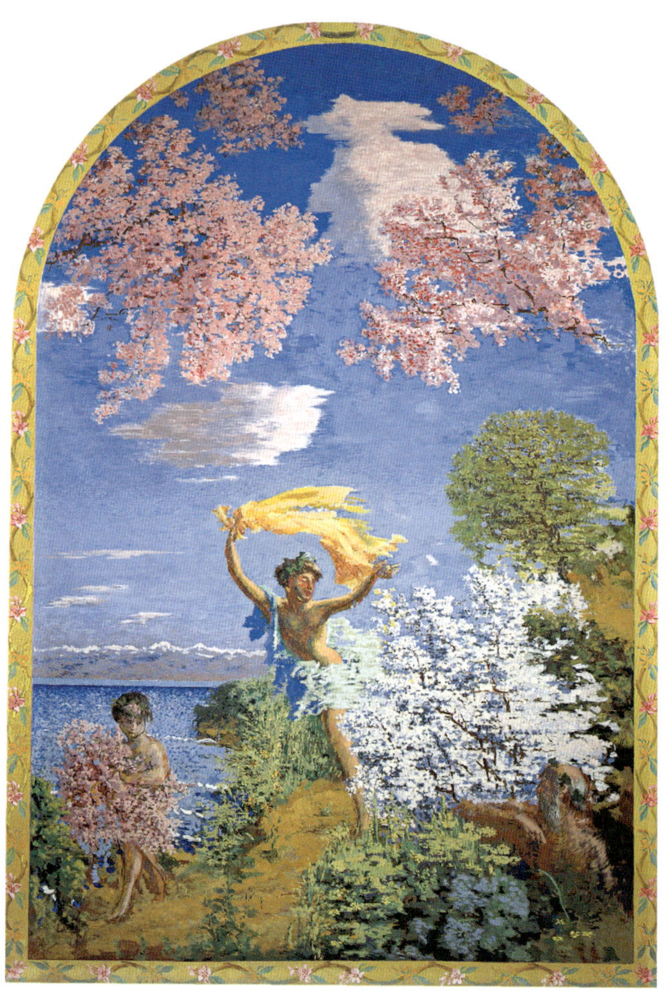

Vuillard recevait alors la commande du décor pour le foyer de la Comédie quand Roussel était choisi pour peindre le rideau de scène du théâtre.
Ce sont désormais deux commandes de l'État français qui vont les occuper de 1936 à 1939. Vuillard et certainement Bonnard ne sont pas pour rien dans la commande faite à Roussel pour le tout nouveau théâtre de Chaillot. L'administration demande aux trois acolytes de concevoir les dessus-de-porte de la salle du théâtre. Vuillard et Bonnard ont réservé la meilleure place à leur ami, au centre. Roussel a représenté l'*idée* de la danse, plutôt qu'une allégorie, Vuillard la comédie et Bonnard la pastorale (ill. 13 à 15). Si ce dernier a dérouté ses deux camarades par l'audace de sa toile, Vuillard et Roussel choisissent tous deux de citer Puvis de Chavannes en organisant leur panneau comme un des grands murs du maître lyonnais. La commande que l'État français leur passe pour décorer la salle des délibérations de la Société des Nations à Genève reprend et développe, à quelques mois de distance, l'hommage rendu à cet autre enfant de Cuiseaux qu'est Puvis. Vuillard et Roussel y traitent chacun des bienfaits de la paix dans une manière qui

Towards Plenitude

From 2 August 1914 on, Vuillard served as a patrolman in Conflans-Sainte-Honorine and was then rapidly demobilised on 12 December 1914. Although he suffered from the lack of commissions, he took up his work again in the studio and started the decorative panels for Lazare Lévy. Roussel, devastated by the violence of the worldwide climate, suffered a deep depression and on Vallotton's advice took refuge in Switzerland at doctor Widmer's clinic. He remained prostate, incapable of painting anything at all and what should have been a transitory period was prolonged *sine die*, forcing Marie and their children to leave France and settle in Lausanne. Vuillard visited his friend in October 1915 then again in March 1916. The abundant correspondence that Roussel maintained with Vuillard and France Ranson between 1915 and 1916 gives us an idea of the painter's despair.[11] He was abulic and felt incapable of holding a brush or pastel stick. With the encouragements of his doctor, Henri-Auguste Widmer – moreover an enlightened collector – and thanks to the exhortations of both Vuillard and Vallotton, little by little he regained his strength and his hope. It was thanks to Félix Vallotton, through the intermediary of his art dealers in Lausanne, that at the end of March 1916 he received a commission from the Reinhart brothers to decorate two large panels for the staircase at the new Fine Arts Museum in Winterthur (ill. 12). This commission stopped him from completely breaking down and also relieved Vuillard who, disconcerted by his brother-in-law's persistent pessimism, had ended up avoiding debating ideas with him. From December 1916 on, several months after the Roussel family's return to Paris, Vuillard hid his annoyance when Ker retreated into defeatism or kept turning over sterile ideas. This short, depressive and violent episode meant Roussel's mood swung between being dark-humoured and highly-communicative. More than anything, this briefly opened wound upset the perfect harmony between the two friends, for a time at least.

The success and artistic recognition of the 1920s helped to heal the open wounds left by the war: Roussel received favourable critiques that praised the delicateness of his pastels and saw him as Poussin's heir (*Le Cap d'Antibes* [The Cap d'Antibes], cat. 80), whilst Vuillard renewed with the classical tradition of French painting. The combined favours of critics and clients often associated the two men together. They had already worked in unison with their colleagues Bourdelle and Denis, on the vast iconographic program for the Théâtre des Champs-Élysées in 1912: Vuillard then received the commission to decorate the foyer whilst Roussel was chosen to paint the stage curtain for the theatre.

It was from that point on that they both worked on two commissions from the French government that kept them busy from 1936 to 1939. Vuillard, and undoubtedly Bonnard, clearly had something to do with Roussel being commissioned for the new Théâtre de Chaillot. The administration asked the three associates to design the overdoor for the theatre. Vuillard and Bonnard reserved the best spot for their friend, in the centre. Roussel represented the *Idea* of dance rather than an allegory, Vuillard, comedy and Bonnard a pastoral (ill. 13 to 15). Whilst the latter disconcerted his two friends with the audacity of his canvas, Vuillard and Roussel both chose to cite Puvis de Chavannes by organising their panels like one of the Lyonnais master's grand mural decors. The commission from the French government to decorate the *Salle des Délibérations* at the League of Nations in Geneva reworked and developed, at an interval of several months, the homage made to Puvis de Chavannes, this other native of Cuiseaux. Vuillard and Roussel each focused on the benefits of peace in a manner similar to the rather stiff and highly-intellectualised

Ill. 13 : Pierre Bonnard
La Pastorale, 1937
Huile sur toile / Oil on canvas
330 x 350 cm
Théâtre national de Chaillot

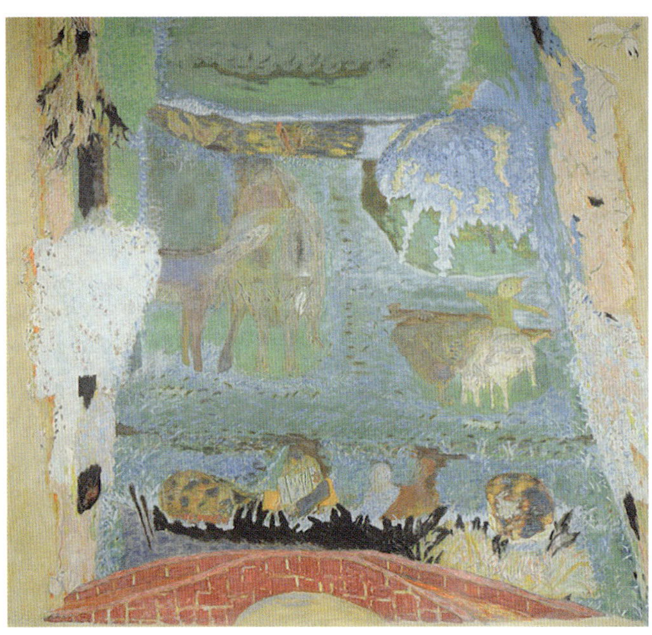

revient à la peinture un peu roide et très mentale des grands décors civils de la fin du XIXe siècle. Puvis de Chavannes reste pour eux, autant que Cézanne, le point de mire de leurs recherches et de leur idéal.

L'après-guerre est aussi un changement de vie pour Vuillard, une nette inflexion vers la vie rustique. Après 1919, les Hessel font l'acquisition du « Clos Cézanne » à Vaucresson, non loin de Versailles. Dès les beaux jours, Vuillard s'y installe sans oublier de louer pour sa mère une maisonnette d'été dans le voisinage. Il passe alors beaucoup de temps en promenades jusqu'au bord du parc de Versailles. Ses visites à Ker et Marie Roussel se multiplient car L'Étang-la-Ville n'est qu'à une dizaine de kilomètres de Vaucresson. La complicité entre les deux peintres se resserre, comme en témoigne le *Journal* de Vuillard. Jacques Salomon apporte un autre instantané précieux sur la relation des deux hommes à cette époque : « En 1920, j'ai eu l'insigne chance de faire, à quelques jours de distance, la connaissance de Roussel et de Vuillard (...). Ce qui me frappa, c'est le ton sur lequel s'entretenaient les deux amis, un ton simple et courtois que le *vous*, dont jamais ils ne se sont départis, nuançait de respect... et aussi, au moment de nous séparer, de les voir se tenir tendrement embrassés et encore, en nous éloignant, Vuillard se retournant pour accompagner notre départ d'un significatif adieu de la main... (...) Aucun couple ne m'a fait pareille impression, éveillant en moi un sentiment tout nouveau où le respect, la sympathie et l'admiration étaient comme confondus me donnant l'idée d'une humanité très ancienne ou déjà dégagée du monde actuel[12] ». L'achat par les Hessel du château des Clayes à partir d'avril 1926 accentue l'attirance de Vuillard pour la nature et son intérêt pour le paysage. Il s'entretient souvent avec Roussel de particularités techniques, de valeurs de tons, des insuccès sur lesquels il butte constamment. On imagine aussi qu'ils devisent des nouveautés parisiennes que présentent les galeries qui les connaissent bien aussi. Le succès de Picasso, de Matisse ou des surréalistes les a laissés de marbre. Aucun des deux n'a livré ses commentaires mais on sait par quelques témoignages que, s'ils en comprenaient les principes, ils ne cautionnaient guère l'ébahissement et le goût des critiques pour une rupture tapageuse.

Parmi les amis choisis pour figurer dans une suite de tableaux curieusement baptisée *Les Anabaptistes* (1923-1931) – avec Bonnard, Denis, Maillol – Vuillard a livré un des derniers portraits de son ami Roussel au milieu de son atelier, de ses pots et de ses tableaux. Il est assis au milieu de son œuvre, de vastes toiles qui attendent leur conclusion, et il semble absorbé par d'autres horizons, loin de celui qui se dessine dehors menaçant comme un ciel faustien (ill. 16). Portrait ultime auquel répond, plus traditionnel, le portrait au fusain de Vuillard que Roussel livre à David David-Weill en 1934 ; sa pénétration psychologique est émouvante tant elle montre la proximité des deux amis dont l'estime, intacte, a surmonté les tribulations d'une vie entière.

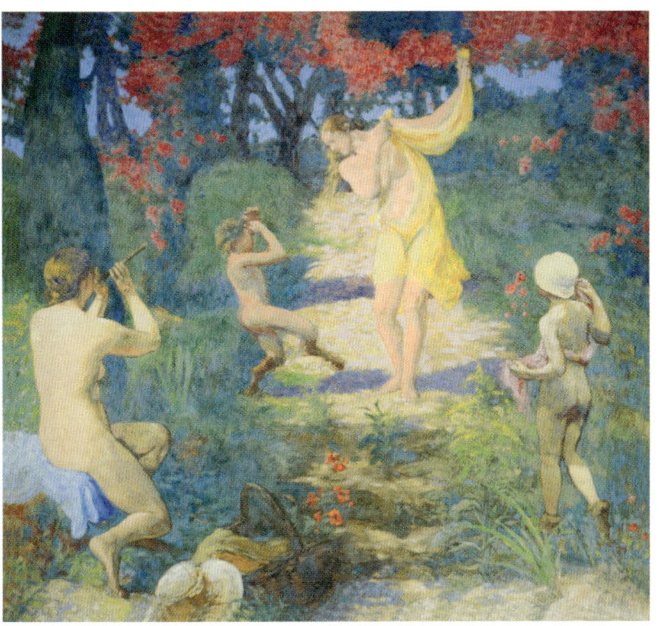

Ill. 14 : Ker-Xavier Roussel
La Danse, 1937
Huile sur toile / Oil on canvas
330 x 350 cm
Paris, Théâtre national de Chaillot

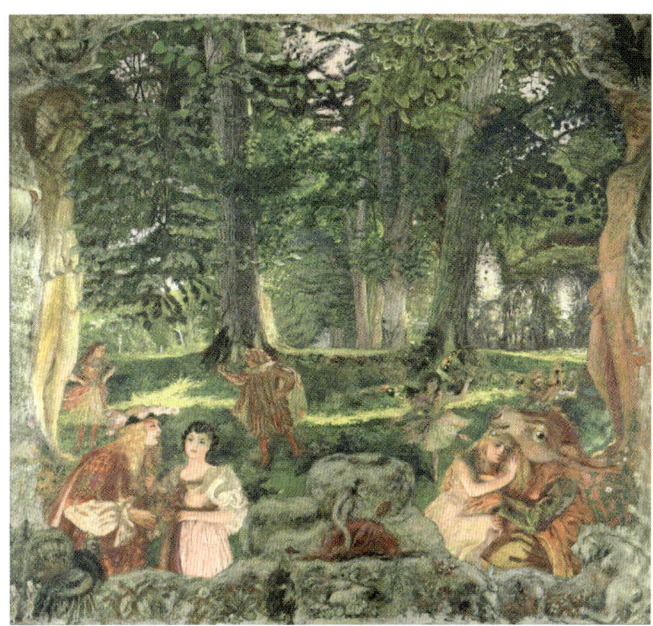

Ill. 15 : Édouard Vuillard
La Comédie, 1937
Huile sur toile / Oil on canvas
330 x 350 cm
Paris, Théâtre national de Chaillot

decor paintings of the late nineteenth century. As much as Cézanne, Puvis de Chavannes remained for them the focus of their research and their ideal.

The post-war period was also a life-changing time for Vuillard with a clear move towards rural life. Sometime after 1919, the Hessels acquired the "Clos Cézanne" in Vaucresson, not far from Versailles. In the summer months, Vuillard moved in there without forgetting to rent a summerhouse for his mother in the surrounding area. He spent a lot of time walking as far as the edge of the gardens of Versailles. He multiplied his visits to Ker and Marie Roussel as L'Étang-la-Ville was only about twelve kilometres from Vaucresson. The two painters grew closer again as Vuillard's *Journal* testifies. Jacques Salomon gives us another precious glimpse of the relationship between the two men at his time: "In 1920, I had the honour, at several days interval, of making the acquaintance of both Roussel and Vuillard [...]. What struck me was the tone that the two friends used together, a simple and courteous tone that never failed to use the *vous* form, showing their mutual respect... and also when we parted, to see them gently embracing each other goodbye and furthermore, as we moved further away, Vuillard turning round to see us off with a meaningful wave of the hand... [...] No other pair ever made the same impression on me, waking a completely new feeling within me where respect, sympathy and admiration were mixed together giving me the impression of a very ancient humanity, timeless."[12] The Hessel's purchase of Château des Clayes in April 1926 accentuated Vuillard's attraction for nature and his interest in landscape. He often talked with Roussel about technical specificities, tonal values, the failures that kept thwarting him. We might also imagine that they conversed on the new artists in Paris, whom the galleries that knew them both so well were now showing. The success of Picasso, Matisse or the surrealists left them cold. Neither of them made comments but we know from some testimonies that, whilst they understood

Ill. 16 : Édouard Vuillard
Maquette pour Les Anabaptistes. Ker-Xavier Roussel, 1923
Peinture à la colle sur toile / Distemper on canvas
125 x 114 cm
Musée d'art moderne de la Ville de Paris

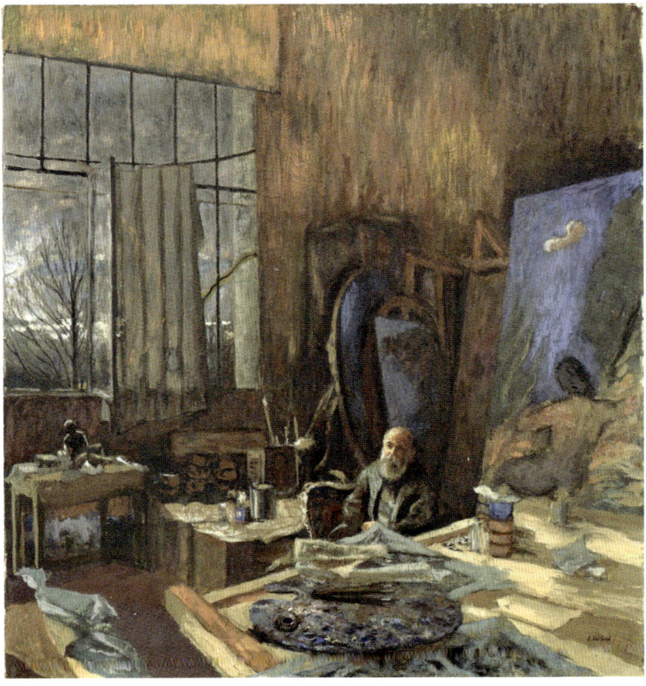

Vuillard meurt en Bretagne le 21 juin 1940 en fuyant la déroute française. Roussel, resté à L'Étang-la-Ville, organise le dernier hommage qu'il estime être le plus approprié en léguant cinquante-cinq œuvres à l'État pour assurer la postérité de son ami défunt. Il continue à travailler, malgré la pénurie de papier et de pastels. Il produit encore une série d'œuvres très fortes, de 1940 à 1944, comme pris dans un accéléré d'audaces encore jamais tentées, engagé dans une échappée vers l'abstrait qui place cette dernière période parmi ses plus inspirées (ill. 17). Cette suite d'œuvres se fera sans le regard de Vuillard, sans conversation avec lui, comme dans un monologue.
Dans une de ses dernières lettres adressée à son ami et datée du 12 décembre 1939, Roussel, éloigné à Saint-Tropez, en avait eu comme la crainte prémonitoire : « Que de 'choses' à sortir et que je ne puis que garder pour moi puisque vous n'êtes pas là pour les entendre ».

[1] Jacques Salomon, *Propos sur l'amitié de K.-X. Roussel et Édouard Vuillard*, préface au catalogue de l'exposition de l'Orangerie des Tuileries, Paris, Imprimerie de l'Union à Paris, 1968.
[2] *Ibid.*, p. 9.
[3] Pour une exposition des principes, nous renvoyons à la lecture de l'article fondamental de Maurice Denis dans *Art et Critique*, « Définition du néo-traditionnisme », 23 et 30 août 1890.
[4] Jan Verkade, *Le Tourment de Dieu*, Paris, Rouart et Watelin, 1923, p. 81.
[5] Pierre Georgel, dans cat. de l'exposition 1968, Orangerie des Tuileries, *Édouard Vuillard. K.-X. Roussel*, commentaire du n° 206, p. 287 (ill. p. 326).
[6] K.-X. Roussel, *Surréalisme ! (Blague)*, s. d., mine de plomb sur papier, 12,3 x 17,6 cm, Archives Roussel, Paris ou *Le Capitaine Blague*, s. d., mine de plomb sur papier, 12,3 x 17,6 cm, Archives Roussel, Paris.
[7] Lettre de Madame Vuillard à son fils, après le 17 novembre 1892, Archives Roussel / Archives Vuillard, Paris.
[8] Vuillard note dans des résumés autobiographiques de son *Journal* qu'il a repris en 1908 : « 1894 (...) couches atroces de Marie » (É. Vuillard, *Journal*, 12 novembre 1908, f° 12v, Bibliothèque de l'Institut, Paris).
[9] Une lettre de Josse et Gaston Bernheim à K.-X. Roussel, datée du 12 avril 1929 et conservée dans les archives de l'artiste, fait état de leur déception, au vu de ce que le peintre a envoyé – « un petit projet de tableau » et des pastels – et de la somme qu'ils ont déjà versée – 105 000 francs. On y parle même de préjudice.
[10] Jacques Salomon, *K.-X. Roussel*, Paris, La Bibliothèque des Arts, 1967, p. 21.
[11] Je tiens à remercier Marc-Olivier Bitker de m'avoir généreusement donné accès à la correspondance du fonds Ranson.
[12] Jacques Salomon, *Propos sur l'amitié de K.-X. Roussel et Édouard Vuillard*, *op. cit.*, p. 17.

Ill. 17 : Ker-Xavier Roussel
Deux personnages devant une baie, c. 1941-1944
Pastel sur papier / Pastel on paper
15,8 x 24 cm
Collection particulière / Private collection

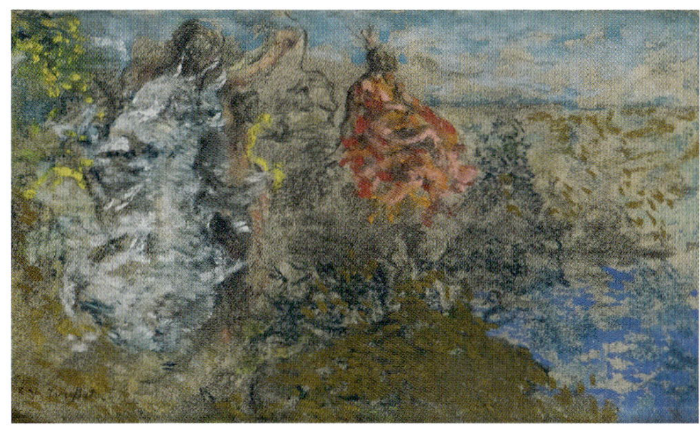

the principles, they hardly cautioned the astonishment and taste of the critics for such a thunderous rupture.

Among the friends chosen to figure in a series of paintings curiously named *The Anabaptists* (1923–1931) – with Bonnard, Denis, Maillol – Vuillard delivered one of the last portraits of his friend Roussel in the middle of his studio, his pots and paintings. He is sitting amongst his works, vast canvases waiting to be finished, and he seems absorbed on other horizons, far from the one he is actually drawing with its menacing Faustian sky (ill. 16). An ultimate portrait echoed by the more traditional charcoal portrait of Vuillard that Roussel did for David David-Weill in 1934; its psychological depth is really touching as it shows the closeness of the two friends, whose esteem for each other remained intact and had overcome the tribulations of a lifetime.

Vuillard died in Brittany on 21 June 1940, having fled from the French retreat. Roussel, who had remained at L'Étang-la-Ville, organised the last and most befitting homage for Vuillard by bequeathing fifty-five works to the State to ensure the posterity of his departed friend. He carried on working despite the shortage of paper and pastels. He succeeded in producing another series of very powerful works from 1940 to 1944, as if driven by a sudden heightened audaciousness that he had never tried before, committed to a move towards abstraction that finally made this one of his most inspired periods (ill. 17). This series of works was made without Vuillard's watchful eye, without conversing with him, like a monologue.

In one of the last letters he wrote to his friend, dated 12 December 1939, Roussel, at a distance in Saint-Tropez, expressed a kind of premonitory fear: "So many 'things' that need to be said and that I can only keep for myself as you are not here to hear them."

[1] Jacques Salomon, *Propos sur l'amitié de K.-X. Roussel et Édouard Vuillard*, preface to the catalogue of the exhibition at the Orangerie des Tuileries, Paris, Imprimerie de l'Union à Paris, 1968.
[2] *Ibid.*, p. 9.
[3] For an explanation of these principles, read Maurice Denis's fundamental article in *Art et Critique*, "Définition du néo-traditionnisme," 23 and 30 August 1890.
[4] Jan Verkade, *Le Tourment de Dieu*, Paris, Rouart et Watelin, 1923, p. 81.
[5] P. Georgel, in exhibition cat. 1968, Orangerie des Tuileries, *Édouard Vuillard. K.-X. Roussel*, commentary from n° 206, p. 287 (ill. p. 326).
[6] K.-X. Roussel, *Surréalisme! (Blague)*, n. d., lead pencil on paper, 12.3 x 17.6 cm, Roussel Archives, Paris or *Le Capitaine Blague*, n. d., lead pencil on paper, 12.3 x 17.6 cm, Roussel Archives, Paris.
[7] Letter from Madame Vuillard to her son, after 17 November 1892, Roussel Archives / Vuillard Archives, Paris.
[8] Vuillard noted in some autobiographical resumes of his *Journal* which he took up again in 1908: "1894 ... Marie's atrocious childbirth" (É. Vuillard, *Journal*, 12 November 1908, f° 12v, Bibliothèque de l'Institut, Paris).
[9] A letter from Josse and Gaston Bernheim to K.-X. Roussel, dated 12 April 1929 and kept in the artist's archives, states their deception regarding what the painter had sent – "a small project for a painting" and some pastels – and the sum they had already paid – 105 000 francs. They even speak of damages.
[10] Jacques Salomon, *K.-X. Roussel*, Paris, La Bibliothèque des Arts, 1967, p. 21.
[11] I would like to thank Marc-Olivier Bitker for having generously allowed me access to the correspondence from the Ranson Collection.
[12] Jacques Salomon, *Propos sur l'amitié de K.-X. Roussel et Édouard Vuillard*, *op. cit.*, p. 17.

De toutes les couleurs

CLAUDE ARNAUD

« Un conseil, ne copiez pas trop
d'après nature, l'art est une abstraction,
tirez-la de la nature en rêvant devant… »
Gauguin, lettre à Émile Schuffenecker, 1888

Pour Arnaud Deschamps

S'il y eut un moment qui mérite encore le mot exténué de « révolution », dans l'histoire des formes, c'est bien celui qui vit le nuancier des peintres perdre précisément toute nuance en s'ouvrant à des couleurs inédites, rouge pastèque ou vert anis, à la fin des années 1880. La nature cessa brusquement d'être figurée en vert, brun ou bleu. Les champs de blé, les meules de foin et les pinèdes apparurent en orange ou violet, l'herbe en jaune et la mer en rouge. Des teintes rares dans le paysage européen, qui devaient tout aux valeurs perçues par Gauguin en Polynésie et par Van Gogh dans ses illuminations provençales, comme aux « hallucinations » d'Émile Bernard et de Paul Sérusier à Pont-Aven, la Jérusalem des Nabis.

En mettant brutalement fin à la représentation réaliste de la nature, qui avait dominé de Poussin à Corot, ces valeurs stridentes atteignirent d'emblée leur but : déchirer le voile de l'habitude, élargir les portes de la perception, réveiller l'étrangeté fondatrice des choses les plus familières. Suscitant des chocs chromatiques à même d'exacerber le nerf optique, ces teintes offrirent une arme fatale aux fauves et aux expressionnistes, puis à l'ensemble des avant-gardes – à l'exception notoire du cubisme, dont la géométrie a-colorée prolonge le puritanisme cézanien. La peinture cessa d'être l'effet d'une observation, même brillamment polychrome, comme chez Véronèse ou Tiepolo, pour devenir celle d'une vision radicalement singulière : l'imaginaire s'imposa brutalement à la crédibilité de la chose figurée.

Belles comme des flambées d'absinthe, ces teintes agressives eurent un autre mérite : elles réveillèrent en chacun les souvenirs éblouis de l'enfant découvrant, au jardin botanique et au zoo, les fleurs oranges et cobalt d'un oiseau de paradis, les plumes vermillon et turquoise d'un ara, la fourrure rousse rayée de noir d'un tigre, toutes valeurs ayant le don de lui parler intimement, de le ramener au langage qui régnait *avant* la parole et que seuls les caméléons, les zèbres et les orchidées maîtrisent encore. La couleur se révéla non seulement « l'équivalent passionné d'une sensation reçue », pour paraphraser Maurice Denis, elle devint le plus sûr déclencheur du souvenir. Franchissant bien mieux l'obstacle de la raison que la forme, touchant donc bien plus fort l'inconscient, elle s'imposa comme l'équivalent optique de la note absolue en musique. Le feu d'artifice trouva ainsi son acmé dans les toiles des Vuillard et des Roussel, des Redon et des Matisse, des Kupka et des Kandinsky – la liste serait infinie… –, mais aussi dans *Le Sacre du Printemps* de Stravinsky, avec ses teintes dissonantes et sa structure « chaotique ». Le rêve baudelairien de correspondances prenait corps : « Comme de longs échos qui de loin se confondent/ Dans une ténébreuse et profonde

Of Every Colour

CLAUDE ARNAUD

"A word of advice, don't copy too much from nature, art is an abstraction, drawn from nature whilst daydreaming in front of it..."
Gauguin, letter to Émile Schuffenecker, 1888

To Arnaud Deschamps

If ever there was a time in the history of form that still warranted the use of the rather worn-out term "revolution," it was at the end of the 1880s, when the painter's palette lost all notion of tone and opened itself up to new never-been-used before colours, watermelon red or aniseed green. Nature abruptly stopped being represented in greens, browns or blues. The cornfields, haystacks and pine forests became orange or violet, the grass yellow and the sea red. Rare shades in the European landscape and ones that owed everything to the values perceived by Gauguin in Polynesia and by Van Gogh in his Provençal light, or like Émile Bernard and Paul Sérusier's "hallucinations" in Pont-Aven, a Jerusalem for the Nabis painters.

By brutally bringing an end to a realist representation of nature that had dominated from Poussin to Corot, these strident values immediately attained their objective: to tear down the veil of habit, widen the windows of perception, waken the founding strangeness in the most familiar things. Creating chromatic effects that were enough to exacerbate the optical nerve, these shades were a fatal weapon for the Fauves and the Expressionists, and eventually to all of the avant-garde movements – with the notable exception of Cubism whose a-coloured geometry perpetuated a Cézanne-style puritanism. Painting ceased to be the effect of observation, even brilliantly polychrome, like in the work of Veronese or Tiepolo, and became a radically singular vision: imagination brutally countered the credibility of the thing represented.

As beautiful as flaming absinthe, these aggressive colours had other merits: they awoke in each of us the awe-filled memories of a child discovering at the botanical garden or at the zoo the orange and cobalt blue of a bird of paradise flower, the vermilion red and turquoise feathers of a macaw, the tiger's red fur striped with black, all characteristic values that had the gift of speaking to us personally, to take us back to the language that dominated *before* speech and which only chameleons, zebras and orchids still master today. Colour not only revealed itself to be "the passionate equivalent of received sensation" to paraphrase Maurice Denis, it become the surest way of triggering off memories. Overcoming the obstacle of reason much better than form, hitting the unconscious even harder, it imposed itself as the optical equivalent of the perfect note in music. The "fireworks display" found its acme on the canvases of Vuillard and Roussel, Redon and Matisse, Kupka and Kandinsky – the list is never-ending... –, but also in *The Rite of Spring* by Stravinsky, with its dissonant moods and its "chaotic" structure. The Baudelairean dream of correspondences took shape: "Like long echoes that merge in the distance/ In a tenebrous and deep unity/ Vast like the night and

unité,/ Vaste comme la nuit et comme la clarté,/ Les parfums, les couleurs et les sons se répondent ».
L'être humain lui-même cessa d'exister à travers un récit, ou une action. Il en vint à se résumer à un vêtement, comme dans *Personnages dans la campagne (Après-midi d'été)* (cat. n° 12), sinon à des couleurs aussi arbitraires qu'incongrues. On s'habitua à voir des hommes porter une barbe orange et des cheveux citron – ou l'inverse –, et des paysages faits d'arbres moutarde et des sapins bleus, de ciels vert pomme ou jaune d'or aussi bien. Vuillard montra des *Collines bleues* (cat. n° 23) et Roussel des champs rouge sang (*Paysage d'été*, cat. n° 17), Munch des nuées orange et Matisse des visages *tutti frutti*. Des visions qu'on prêtait aux malades atteints de daltonisme, jusque-là...
Curieusement, ce feu d'artifice est contemporain de l'exploration de l'inconscient et de la redécouverte du rêve comme langage à clefs. Une coïncidence qui doit peu au hasard, la couleur et le divan visant à réveiller également nos souvenirs les plus anciens et « naïfs », pour mieux éclairer les recoins de notre psyché. À faire jaillir la lave de nos perceptions fondatrices, comme seules les couleurs primaires et les comptines enfantines y parviennent d'ordinaire. À titiller notre cerveau reptilien, à l'instar des teintes barbe à papa que Roussel offre à ses filets de pastel (*Paysage au volcan*, cat. n° 77).
Cette exploration de notre grenier sensible va beaucoup élargir le territoire des peintres. Elle les attirera en-deçà mais aussi au-delà de la figuration, loin du réalisme donc, dans l'espoir de susciter des états modifiés de conscience. Elle bouleversera notre vision de la nature et du monde, tout comme le fantasme et la névrose domineront la représentation de nos états profonds après Freud. D'électriques, les couleurs se feront délirantes, tout comme les patientes se révéleront vite hystériques, sous le regard calmement viril du professeur Charcot. La palette des peintres explose alors que s'entrouvre la boîte de Pandore de l'inconscient.
Je ne prétends pas que ses hurlements jaunes menèrent Van Gogh à l'asile, que ses ciels orange firent interner Munch, que ses roses épidermiques précipitèrent les effondrements psychiques de Roussel, jusqu'à l'hospitalisation parfois. Les jaunes tout aussi saturés de Sérusier (du *Talisman* à l'*Ève bretonne*), de Vallotton (de *La Loge de théâtre* au *Mimosa en fleurs à Cagnes)* ou de Kupka (inoubliable *Gamme jaune*, à Beaubourg) – sans parler de ceux de Bonnard et de Vuillard, si virulents ! –, ne leur valurent pas de camisole de force. Du moins donnèrent-ils ses lettres de noblesse plastique à la folie, bien avant la reconnaissance de l'art brut.
L'espace devint à son tour méconnaissable, en se réduisant à des schémas ou à de simples aplats : « Un paysage informe, à force d'être synthétiquement formulé », avait dit Maurice Denis du *Talisman* de Sérusier, le tableau qui précipita l'aventure nabie. Une « régression » qui allait mener aux amibes, aux corpuscules et aux biomorphes de Miró, Calder ou Dalí, entre autres héritiers de ce grand recours à la couleur.
Palettes et formes seront donc prises dans un maelstrom obéissant aux mêmes principes : nombre de toiles des Nabis seraient difficiles à attribuer, sans leur signature. Les satyres de Roussel semblent descendre du même arbre que les silènes de Vallotton, lesquels attendent aussi la tombée de la nuit pour sortir. Les couleurs nouvelles contaminent jusqu'à des créateurs qui s'ignorent : *La Plage au crépuscule* de Roussel (cat. n° 43) reflète de façon troublante les couchers de soleil que Munch peint depuis dix ans – on pourrait en dire autant de *Les Andelys, le soir*, que Vallotton signera des années plus tard. En quête d'arcs-en-ciel inédits, toute une génération de peintres semble agir sous l'emprise d'un même imaginaire polychrome.
Ce nuancier fabuleux ne cessera plus de gagner du terrain, au XXe siècle. Après avoir envahi les toiles et les fauteuils, la couleur conquiert les murs, les façades et les toits, des maisons de Gaudí (à Barcelone) à celles de Lechner (en Hongrie). Le grand retour à la nature amorcé par Gauguin s'épanouit dans le cœur même

like brightness/ perfumes, colours and sounds echo each other."

Human beings ceased to exist through a story, or an action. They were resumed down to an item of clothing, like in *Personnages dans la campagne (Après-midi d'été)* (People in the Countryside [Summer Afternoon], cat. 12), to colours that were as arbitrary as they were incongruous. We have got used to seeing men with orange beards and lemon yellow hair – or the other way round –, and landscapes filled with mustard trees and blue pines, apple green or golden yellow skies. Vuillard showed his *Les Collines bleues* (The Blue Hills, cat. 23) and Roussel blood-red fields (*Paysage d'été* [Summer Landscape], cat. 17), Munch gave us orange clouds and Matisse *tutti frutti* faces. Visions that we had ascribed to people with colour-blindness up until then...

Curiously, this "fireworks display" was contemporary with the exploration of the unconscious and the rediscovery of dreams as a language of understanding. A coincidence that has little to do with chance, colour and the psychoanalyst's couch equally aiming to waken our oldest and most "naive" memories, to help us comprehend the recesses of our psyche. To make the lava of our founding perceptions spring out like usually only primary colours and childish nursery rhymes succeed in doing. To stimulate our reptilian brains, like the candyfloss colours that Roussel used for his pastel lines (*Paysage au volcan* [Landscape with Volcano], cat. 77).

This exploration of our "emotional attic" greatly widened painters' territory. It drew them towards less figurative works but also beyond figuration, far from realism, in the hope of arousing modified states of consciousness. It upset our vision of nature and the world, similarly to the way fantasy and neuroses dominated representations of our deepest states according to Freud. The colours went from being electric to exuberant, just like patients rapidly revealed their hysteria under the calm virile eye of Professor Charcot. The painter's palette exploded whilst the Pandora's Box of the unconscious slowing began to open.

I'm not saying that Van Gogh's yellow screams led him to the asylum, that Munch's orange skies had him interned, that his skin-coloured roses speeded up Roussel's psychological breakdown, to the point where he was hospitalised. The just-as-saturated yellows used by Sérusier (from the *Talisman* to the *Ève bretonne* [Breton Eve]), by Vallotton (from *La Loge de théâtre* [Theatre Dressing Room] to the *Mimosa en fleurs à Cagnes* [Flowering Mimosa in Cagnes]) or by Kupka (unforgettable *Gamme jaune* [The Yellow Scale], at the Beaubourg) – without mentioning those by Bonnard and Vuillard, so virulent! –, although they didn't put them in straightjackets. But at least they gave madness a kind of aesthetic recognition, well before art brut was formally recognised.

In turn, space also became unrecognisable, reduced down to outlines or simple blocks of flat colour: "An unformed landscape, for having been synthetically formulated," as Maurice Denis said about Sérusier's *Talisman*, the painting that was the catalyst for the Nabis adventure. A "regression" that would lead to amoebas, to corpuscles and biomorphs in works by Miró, Calder or Dalí, among some of the successors to this great renaissance of colour.

Palettes and forms were then sucked into a maelstrom based on the same principles: many Nabis works were difficult to attribute without their signature. Roussel's satyrs seem to descend from the same tree as Vallotton's sileni, who also waited for nightfall before going out. The new colours pushed creators who were unknown to each other to similar innovations: *La Plage au crépuscule* (The Beach at Dusk) by Roussel (cat. 43) reflects in a troubling manner the sunsets Munch had already been painting for some ten years – we could say the same about *Les Andelys, le soir* (Les Andelys, Evening), that Vallotton painted years later. Looking for unprecedented rainbows, a whole generation of painters seemed to react under the influence of the same multi-coloured imagination.

des villes, y faisant naître floraisons tropicales et bestiaires polychromes.

Montagnes et cours d'eau, étangs et littoraux, s'en virent revalorisés : ils témoignaient aussi de cette vie sauvage qui avait laissé en nous une nostalgie indélébile, et qu'un paysage vierge réveille immanquablement. Fleurs et fruits, arbres et ciels encouragèrent à leur tour ce putsch de la couleur et cette synthétisation de l'espace. L'influence de l'estampe japonaise, avec ses angles de vues bizarres, contribuant à aplatir un monde ayant perdu le volume et l'ordonnance que lui conférait la perspective renaissante, jusqu'à le rendre flottant. Matière qui se change en sensation et en pensée, sitôt perçue, la nature s'imposait comme la preuve éclatante de l'ambigüité du monde, la manifestation criante du mystère présidant au vivant.

Vuillard aura été l'un des agents les plus inventifs de cette apothéose chromatique (cf. son *Autoportrait octogonal*, récemment entré au musée d'Orsay), l'un des plus subtils aussi. Quelques touches jaunes et orangées lui suffisent parfois pour donner corps au souvenir qu'on emporte d'un paysage, ou d'une marée d'écume rongeant une plage noire (*La Vague*, cat. n° 32). Le vieux rose des voiles repliées du bateau de *La Promenade dans le port, Le Pouliguen* (cat. n° 37) est assez flou, de même, pour rendre la mélancolie qui gagne la promeneuse. Une simple teinte appliquée à un objet suffit désormais à rendre « audible » un état d'âme...

À rebours de nombre de ses contemporains, que Gauguin et Van Gogh ont poussé hors de leurs ateliers, Vuillard continue pourtant de peindre des hommes qui lisent et des femmes qui tricotent. Ou plutôt, il semble *se souvenir* d'avoir vu des hommes lire et des femmes tricoter – mais c'était où et quand, déjà ? Comme si les choses avaient toujours *déjà eu lieu* pour lui, que son lymphatisme les prolongeait *ad aeternam* dans le souvenir. Le paysage dansait de joie et de terreur, chez Van Gogh ? Étranger à la transe, le monde de Vuillard ignore toute forme d'urgence. Calmes et posés, songeurs et dolents, ses personnages se tiennent immobiles dans le courant du temps. Le *Jardin au chemin blanc* (cat. n° 9) ne sert pas à aller d'un point à un autre du paysage, il évoque celui que toute vie parcourt, du berceau à la tombe. Les clients du *Café au bois de Boulogne* (cat. n° 8) ne se regardent ni ne se parlent, l'atmosphère ayant absorbé toute leur énergie vitale : ils dorment littéralement debout.

Vuillard n'alla jamais jusqu'à l'onirisme. Mais il sut saisir les images aveuglantes qui traversent nos songes – c'est d'un ballon imaginaire qu'il semble apercevoir *La Maison de Roussel à la Montagne* (cat. n° 21). Ailleurs, on l'imagine s'éveillant d'une sieste à Valvins, chez Misia Sert, ou au château des Clayes, chez sa vieille maîtresse : la vision est floue, tremblée, myopique ; le paysage absorbe comme un buvard Madame Hessel, dans *Le Vieil Arbre* (cat. n° 52). Vuillard n'eut jamais recours aux drogues, parions-le. Mais le camaïeu d'herbes vert anis, les êtres-pingouins rouges et noirs et les colonnes végétales soutenant terre et ciel du *Banc rose* (cat. n° 1) évoquent ces visions qu'engendre la mescaline, le stupéfiant le plus capable d'altérer les couleurs.

Celles-ci furent donc les drogues naturelles des Nabis. Ils s'enivrèrent de jaune poussin et de rose saumon dignes des fleurs de lotus et de tiare, à l'oreille des vahinés, qui firent rêver les yeux ouverts Gauguin. La couleur tint pour cette génération le rôle que Baudelaire conférait intuitivement au haschisch : en précipitant les correspondances entre formes et sons, elle activa la synesthésie tant recherchée. Le psychédélisme fit ressurgir, dans les années 1960-1970, les formes molles et les palettes saturées de l'Art nouveau : la couleur suffit à faire rêver les peintres, entre 1880 et 1890.

L'astre qui nous fait vivre n'est pas au centre de l'univers de Vuillard, contrairement à celui de Van Gogh. Le Nabi timide préfère le tamis de l'intimité ou de la lune. Il fuit toute révélation trop crue, préfère dissoudre les êtres dans les apparences. Toute chose tend à se réduire à une gaze atmosphérique ou un tissu qui se délite,

This fairy-tale colour chart continued to gain ground in the twentieth century. After having invaded both canvases and couches, colour conquered walls, facades and rooftops, Gaudi's houses (in Barcelona) and those by Lechner (in Hungary). The great return to nature initiated by Gauguin even blossomed in town centres, giving birth to tropical explosions and multi-coloured bestiaries.

Mountains and rivers, lakes and coastlines were given new importance: also bearing witness to this wild form of nature that had left us indelibly nostalgic and that all virgin landscapes inevitably wake within us. In turn, flowers and fruit, trees and skies, encouraged this putsch of colour and synthesisation of space. The influence of Japanese prints with their strange perspectives contributed to flattening a world that had lost its volume and the order that Renaissance perspective had conferred upon it, to the point where it appeared to be floating. Matter that transforms itself into thought and emotion as soon as it is seen, nature dominated as the shining proof of the ambiguity of the world, the glaring demonstration of the mysteries that presided over all living things.

Vuillard was one of the most inventive agents of this chromatic apotheosis (cf. his *Autoportrait octagonal* [Octagonal Self-Portrait], recently acquired by the Musée d'Orsay), one of the most subtle too. Just a few yellow and orange touches were sometimes all that was needed to give body to the souvenir of a landscape we took away with us, or of a frothy tide eating away at the blackened beach (*La Vague* (the Wave), cat. 32). In the same way, the pale pink lowered sails of the boat in *La Promenade dans le port, Le Pouliguen* (Promenade at the Port, Le Pouliguen, cat. 37) are rather blurry, conveying the melancholy that has engulfed the walker. A simple shade applied to an object was now enough to render a mood "audible"…

At odds with a number of his contemporaries, whom Gauguin and Van Gogh had already thrown out of their studios, Vuillard nonetheless continued to paint men reading and women knitting. Or rather, he appears to have *remembered having* seen men reading and women knitting – but when and where was that? Almost as if things seemed to have *already taken place* for him and that his lethargism prolonged *ad aeternam* in our memories. The landscapes danced with joy and terror in Van Gogh's work? Unfamiliar with trances, Vuillard's world ignored any kind of urgency. Calm and poised, pensive and mournful, his characters remain immobile in the flow of time. The *Jardin au chemin blanc* (Garden with a White Path, cat. 9) is not used for going from one point to another in the landscape, it evokes the pathway of life that we all have to go along from the cradle to the grave. The customers at the *Café au bois de Boulogne* (Café in the Bois de Boulogne, cat. 8) are not looking at or talking to each other, the atmosphere has absorbed all of their life energy: they are literally sleeping standing up.

Vuillard never went as far as oneirism but he knew how to capture those blinding images in our daydreams – it appears to be from an imaginary hot air balloon that he catches sight of *La Maison de Roussel à la Montagne* (Roussel's House in La Montagne, cat. 21). Moreover, we can imagine him waking up from a nap in Valvins, at Misia Sert's or at the Château des Clayes, at his former mistress's house: the vision is blurred, trembling, myopic; the landscape soaks up Madame Hessel like blotting paper in *Le Vieil Arbre* (The Old Tree, cat. 52). Vuillard never took drugs, you can be sure of that. But the camaieu of aniseed green grass, the red and black penguin-like beings and the organic columns holding up both land and skies in *Le Banc rose* (The Pink Bench, cat. 1) evoke the kind of visions brought on by mescaline, the most effective drug for altering colour.

Colours were then the drugs that the Nabis used. They intoxicated themselves with canary yellow and salmon pink, worthy of the lotus and tiare flowers placed behind the ears of the Tahitian women who had made Gauguin's wide-eyes sparkle. For this generation, colour played the same role that Baudelaire intuitively conferred on hashish: speeding up the connections between form and sound it activated a much-desired

dans ses pastels. Criante à l'origine, sa palette finira par s'assagir jusqu'à l'abstinence.
Roussel rêve de façon bien plus active. Comme tant de prédateurs, il profite de la nuit pour parcourir les grands espaces et surprendre des créatures se baignant au clair de lune. Ce voyeurisme nocturne s'exprime par des à-plats bleu cobalt, un pigment qui traduit la perception des espèces nyctalopes, qu'amplifieraient des jumelles de vision nocturne. Les fantasmes phosphorescents du voyeur semblent même avoir le pouvoir d'illuminer la scène, dans *Le Bain dans la rivière* (cat. n° 15). Et quand les sylvains rousséliens s'absentent, c'est encore leur désir bleu cobalt qui éclaire la scène, comme dans le *Paysage d'été*, ou le *Paysage à l'arbre bleu* (cat. n° 7). La couleur est plus que jamais le cheval de Troie de l'inconscient.
Les siestes de Vuillard restaient domestiques ? Les rêves de Roussel sont d'une violence mythologique. La force du désir de son *Centaure* (cat. n° 76) suffit à dissoudre le paysage qu'il arpente, en le barbouillant de saillies colorées. Le bois sacré qu'évoquait Baudelaire trouve là son illustration paillarde, la « religiosité » de Roussel restant exclusivement panthéiste, pour ne pas dire *panique* : ses voyeurs, ses satyres et ses faunes ne font qu'un avec la nature, quand ils ne se changent pas en centaures et en boucs : tout comme la sève des arbres, leur semence semble de force à tout raviver, femmes et bêtes, à l'éclosion du printemps. Le bucolique tourne au satyrique, le rut au rapt (*L'Après-midi d'un faune*, cat. n° 64), un volcan suffisant à rappeler, à l'horizon, l'essence à la fois éruptive et sexuelle de la vie (*Paysage au volcan*).
Crudité de la palette roussélienne ! Elle peut attribuer au cerisier de *Femme dans un paysage d'Île-de-France* (au Prieuré Maurice-Denis à Saint-Germain-en-Laye) une nuance obscène de rose évoquant la nacre du coquillage sexuel. En pleine germination blanche, ses *Marronniers* chargent de libido le paysage (cat. n° 79) en y diffusant mille gouttelettes de semence végétale. Peuplée de silènes, de bacchantes et de cupidons, toute la nature se transforme avec lui en Arcadie érotique, tout comme l'archipel des Marquises se changeait tout entier en paradis mélancolique, chez Gauguin. Le désir fait vibrer chacune de ses touches, un phénomène déjà patent chez Boucher ou Fragonard. Roussel assume jusqu'au kitsch et au mauvais goût (le turquoise du *Paysage au volcan*). À l'instar d'un Vallotton là encore, et à l'inverse de son beau-frère Vuillard, qui semble n'avoir rien su du sexe – « Ma Maman c'est ma muse ! » disait-il – et qui fit toujours preuve d'un goût exquis, même dans ses audaces. Roussel le nietzschéen, versus Vuillard le proustien…
Mais ces oppositions sont aussi susceptibles de s'inverser : *Le Pêcheur* de Roussel (cat. n° 2) semble prêt à se résorber dans le fleuve vert et bleu qu'il n'a plus la force de vider, et ses *Femmes et enfants dans un pré* (cat. n° 16) auraient sûrement reçues l'approbation de l'entourage de Madame Vuillard. Son *Paysage de Saint-Tropez* (cat. n° 25) fait se lever un jour d'une délicatesse tout vuillardienne – le ciel s'y dresse à la verticale, comme au cœur d'une aurore boréale – et son *Paysage aux arbres jaunes* (cat. n° 5) pourrait être attribué à son beau-frère, sans son monogramme. Sa palette s'adapte même à l'ultra-sensiblité des symbolistes dans les mauves maladifs du *Projet de décor pour* Pénélope *de Gabriel Fauré (acte II)* (cat. n° 62).
Largement utilisé par les deux hommes, pour sa remarquable vitesse d'exécution, le pastel aura fortement contribué à cette apothéose colorée. Sa friabilité en a fait une matière toute prête à s'égrainer en pigments, à mi-chemin du pollen et de l'épice. L'œil se sent si près du paysage, dans *Les Communs au château des Clayes* ou *La Passerelle* de Vuillard (cat. n°s 48 et 47), qu'il croit effleurer cette poussière céleste. L'espace se pollinise si bien, dans *Le Château d'eau* (cat. n° 53), que les victimes d'allergies saisonnières s'éloignent déjà. La blancheur fragmentée du pastel finit par offrir un équivalent parfait à la poudreuse, dans *Le Bassin sous la neige*

synaesthesia. In the 1960s and 1970s, psychedelic states made the soft forms and saturated palettes of Art Nouveau re-emerge: between 1880 and 1890, colour alone was enough to make painters dream.

In contrast to Van Gogh, the star that gives us life was not at the centre of Vuillard's universe. He preferred the soft veil of intimacy or the moon. He fled overly-brutal revelations, preferring to melt his beings into allusions. All the elements had a tendency of being reduced down to an atmospheric gaze or a disintegrating fabric in his pastels. Originally glaring, his colour palette eventually quietened down to the point of abstinence.

Roussel dreamt in a much more active way. Like so many predators, he took advantage of the night to travel through wide open spaces and surprise creatures bathing in the moonlight. This nocturnal voyeurism expressed itself through the flat blocks of cobalt blue, a pigment that translated the perception of night-seeing species, amplifying nocturnal vision. The luminous fantasies of the voyeur even appear to have the power of brightening the scene in *Le Bain dans la rivière* (Bathing in the River, cat. 15). And when the Rousselian fauns are absent, their cobalt blue desire still illuminates the scene, like in *Paysage d'été*, or *Paysage à l'arbre bleu* (Landscape with Blue Tree, cat. 7). Colour is more than ever the Trojan Horse of the unconscious.

Vuillard's daydreams remained domesticated? Roussel's dreams were full of mythological violence. The force of desire in his *Centaure* (Centaur, cat. 76) is enough to dissolve the landscape he is walking through, splattering him with coloured projections. Here, the sacred wood evoked by Baudelaire finds the illustration of its immorality, Roussel's "religiousness" remained exclusively pantheist, to avoid the term Panic. His voyeurs, his satyrs and his fauns are at one with nature when they are not transformed into centaurs or goats: just like the sap in the trees, their seed appears to have the power to revive everything, women and beasts, at the dawning of spring. Bucolic turns to satirical, rut turns to abduction (*L'Après-midi d'un faune* [Afternoon of a Faun], cat. 64), a volcano on the horizon is enough to remind us of both the eruptive and sexual essence of life (*Paysage au volcan*). The crudeness of Roussel's palette! In *Femme dans un paysage d'Île-de-France* (Woman in an Île-de-France Landscape) (at the Maurice-Denis Priory in Saint-Germain-en-Laye) he makes the cherry-tree an obscene shade of pink evoking the pearliness of female genitals. In full white germination, his *Marronniers* (Chestnut Trees) brings a sexual charge to the landscape (cat. 79) by disseminating thousands of petals everywhere. Inhabited by satyrs, bacchants and cupids, nature becomes a kind of erotic Arcadia, just like the Marquesas Islands became a melancholic paradise in Gauguin's work. Each of his touches resonates with desire, a phenomenon already patent in work by Boucher or Fragonard. Roussel assumes sometimes being kitsch and sometimes having bad taste (the turquoise in *Paysage au volcan*). Once again following Vallotton's example, and in stark contrast to his brother-in-law Vuillard who appeared to know nothing about sex – "My mother is my muse!" he used to say – and who always had exquisite taste, even in his audaciousness. Roussel the Nietzschean, versus Vuillard the Proustian...

But these oppositions were also susceptible to being reversed: *Le Pêcheur* (The Fisherman) by Roussel (cat. 2) appears on the brink of being reabsorbed by the green and blue river that he no longer has the strength to empty, and his *Femmes et enfants dans un pré* (Women and Children in a Field, cat. 16) must have surely had the approbation of Mrs Vuillard's entourage. His *Paysage de Saint-Tropez* (Landscape of Saint-Tropez, cat. 25) offers a sunrise with a clearly Vuillard-like delicateness – the sky rises up vertically as if at the heart of an aurora borealis – and his *Paysage aux arbres jaunes* (Landscape with Yellow Trees, cat. 5) could almost be attributed to his brother-in-law, if it weren't for his initials. His palette even adapted to the ultra-sensibility of the Symbolists with the

(cat. n° 59). Enflammer la couleur, pour repassionner la nature…

Le pastel aide encore Roussel, qui ne quitta jamais L'Étang-la-Ville, de 1899 à sa mort, à réinterpréter les paysages avoisinants, avec l'obstination d'un Monet saisissant les nymphéas de Giverny et d'un Bonnard traquant les floraisons du Cannet. Il l'aide à donner au paysage une dimension pré-fantastique : couvé par une atmosphère bleue électrique, son *Poirier en fleurs* semble s'épanouir sur une planète inconnue (cat. n° 61). Qu'on est loin des teintes charbon d'une France en pleine industrialisation, dans laquelle le Nabi vivait !

C'est l'Âge d'or que Roussel cherche à faire revivre, en vérité. Une ère mythique où l'on vivait nu et libre, dansait aux étoiles en hennissant de désir. Où le monde se parait d'un éclat premier et où les êtres, la nature et les bêtes vivaient en symbiose. Où le rut ne connaissait aucun frein, les dieux s'emparant des mortelles sans jamais devoir se justifier, chacun débordant de vigueur païenne. Être primitif, « faire la bête », disait déjà Gauguin…

C'est encore à l'enfance que ces œuvres nous ramènent, au terme de cette grande régression « naturelle ». Aux temps bénis où une couleur fétiche – jaune, orange ou cyan – trahissait notre foi aveugle dans la puissance du soleil et de la mer. Où l'on élisait d'emblée l'instrument – violon ou banjo, harmonica ou guimbarde – exprimant notre sentiment d'être au monde. Où les couleurs tatouaient notre sensibilité, aussi fort que l'odeur du jasmin, le goût de la réglisse ou les notes aigrelettes des boîtes à musiques. « Il est des parfums frais comme des chairs d'enfants,/Doux comme les hautbois, verts comme les prairies », disait Baudelaire.

On en vient à rêver à un art supérieurement peint, où les couleurs libéreraient des mélodies et des senteurs capiteuses. À des toiles odoriférantes et lyriques qui ranimeraient cet Âge d'or où nos sens se tenaient solidaires. Telle cette chambre à coucher que Van Gogh peignit à Arles, « semée comme d'une odeur à confire les blés qu'on voit frémir dans le paysage, au loin », dont parlait Artaud. Une peinture à sentir et à entendre, autant qu'à voir, ouvrant sur un monde aussi parfaitement *exprimé* qu'un alcool fort.

sickly mauves of the *Project for Scenery for* Penelope *by Gabriel Fauré (act II)* (cat. 62).

Widely-used by the two men for their rapidity of execution, pastels contributed greatly to this apotheoses of colour. Its friability made it a perfect material for crumbling into pigments, somewhere midway between pollen and spices. Our eyes feels so close to this landscape in *Les Communs au Château des Clayes* or *La Passerelle* (The Footbridge) by Vuillard (cats. 48 and 47), that we can almost believe we are brushing up against this celestial powder. In *Le Château d'eau* (The Water Tower, cat. 53), the pictorial space is so well-pollinated that victims of seasonal allergies should watch out. The fragmented whiteness of the pastel ends up by offering the perfect equivalent to the powdery snow in *Le Bassin sous la neige* (Pond in the Snow, cat. 59). Illuminate colour to bring nature alive again...

Pastels also helped Roussel, who never left L'Étang-la-Ville, from 1899 to his death, to interpret the surrounding landscapes, with the same obstinacy as Monet capturing water lilies at Giverny and Bonnard observing nature blooming at Le Cannet. It helped him to give a pre-fantastical dimension to landscape: blanketed in an electric blue atmosphere, his *Poirier en fleurs* (Pear Tree in Blossom) appears to be flowering on an unknown planet (cat. 61). We are far from the carbon-coloured tints of the newly-industrialised France in which the Nabis lived!

In truth, it was the Golden Age that Roussel sought to bring back to life. A mythical era where people lived naked and free, dancing under the stars and braying with desire. Where the world still possessed its initial brilliance and where beings, nature and beasts lived in symbiosis. Where the rut had no bounds, the gods took possession of mortals without ever justifying their acts, people overflowed with pagan vigour. Being primitive, "acting the beast," as Gauguin already said... Once again, these works take us back to childhood, to the end of this great "natural" regression. To a blessed time where a favourite colour – yellow, orange or blue – betrayed our blind faith in the power of the sun or the sea. Without hesitation, we chose the instrument – violin or banjo, harmonica or Jew's harp – suited to our feeling of being in the world. When colours tattooed our sensibility, as powerfully as the smell of jasmine, the taste of liquorice or the sharp-pitched notes of musical boxes. "There are perfumes as fresh as children's fleshy skin/Soft as the sound of an oboe, as green as the prairies," Baudelaire said.

We have come to dream of a supremely painted art in which colours liberate melodies and intoxicating fragrances. Of heady and lyrical canvases that bring the Golden Age back to life and where our senses remain united. Just like the bedroom that Van Gogh painted in Arles, "as if sown with the smell of the wheat warming in the sunshine that we can see quivering in the distant landscape," that Artaud talked about. A painting to be smelt and heard as much as seen, one that opens out onto a world *expressed* as perfectly as strong alcohol.

« Le pollen des couleurs[1] », l'usage du pastel dans les paysages de Vuillard et Roussel

LEÏLA JARBOUAI

Dans *Le Pastel, nouvelle méthode à la portée de tous*, publié en 1908 à Paris, Jeanne Meusnier, sous le pseudonyme de Jany-Robert[2], consacre une section au dessin, à la base de toute pratique du pastel, une autre section est dédiée à la nature morte et aux fleurs, et une dernière à la figure humaine et au portrait, comme si, pour les amateurs, malgré la place croissante des paysages au pastel dans les expositions publiques, l'héritage des pastellistes français du XVIIIe siècle laissait encore dans l'ombre le renouveau amorcé au cours du XIXe siècle de l'art du pastel associé au paysage. À la suite d'Élisabeth Vigée-Lebrun dans ses paysages de Suisse, des artistes comme Camille Flers, Jules Grenier, puis Eugène Boudin font du pastel un adjuvant idéal pour le genre du paysage, pratiqué en plein air[3]. À l'époque où Roussel et Vuillard commencent à utiliser le pastel pour leurs paysages, deux tendances, parfois perméables, dominent encore la pratique du pastel en France : l'une, représentée par la Société des pastellistes français, dirigée par Albert Besnard puis par Henri Gervex, où le pastel est associé au portrait mondain ou à l'allégorie, et l'autre, pratiquée par des artistes qui, à la suite de Degas et de Redon, font du pastel le « champ d'expérimentation privilégié de la modernité[4] ».

Le pastel, à la fois medium et œuvre réalisée avec ce medium, est une technique sèche qui associe dessin et couleur en un seul bâtonnet. Il est composé de pigment finement broyé, d'une charge, qui modifie la texture ou la couleur du pigment, et d'un liant. Apparu au Moyen Âge, le pastel est d'abord utilisé en complément d'autres techniques graphiques avant de devenir à la fin du XVIIe siècle une technique autonome. Jusqu'au XIXe siècle, rivalisant avec la peinture à l'huile, les pastels sont exposés avec les tableaux, tandis qu'au cours du siècle, l'approche novatrice de Millet qui utilise le pastel comme un crayon coloré, en le mêlant à d'autres matériaux comme le crayon noir, rapproche l'art du pastel des autres arts graphiques. Poudreux, pulvérulent, le pastel est fragile et pour cela, souvent associé à un fixatif et à un papier de bonne accroche afin d'éviter les pertes de matière[5]. Il offre une gamme très large de couleurs et de nuances, a un aspect mat et velouté et permet épaisseurs et superpositions tout en ne supportant pas de reprise.

Dans leurs paysages, Vuillard et Roussel pratiquent le pastel d'une manière originale, inclassable, et différemment suivant les époques de leur création ; si Roussel emploie beaucoup le pastel pour ses paysages, Vuillard l'utilise assez peu, et davantage pour le portrait que pour le paysage, genre dont il a contribué à modifier les limites, l'associant au décor, à la scène de genre et au portrait, en jouant sur la dialectique entre intérieur et extérieur. Roussel est parmi les Nabis celui qui accorde une place croissante au pastel et au paysage bucolique

"The Pollen of Colours,"[1] the Use of Pastel in Vuillard and Roussel's Landscapes

LEÏLA JARBOUAI

In *Le Pastel, nouvelle méthode à la portée de tous*, published in 1908 in Paris, Jeanne Meusnier, writing under the pseudonym of Jany-Robert,[2] devoted a section to drawing, the basis of all pastel practice, another section to still life and flowers, and the last one to figuration and portraiture. Despite the increase of pastel landscapes in public exhibitions, it was for amateurs as if the legacy of French eighteenth-century pastellists still relegated the association of pastels with landscape that had begun in the nineteenth century to the shadows. Following in the footsteps of Élisabeth Vigée-Lebrun in her Swiss landscapes, artists like Camille Flers, Jules Grenier, and later Eugène Boudin made pastels the ideal addition to the genre of landscape, executed outside in the open air.[3] At the time that Roussel and Vuillard began using pastels in their landscapes, two sometimes permeable tendencies still dominated the use of pastels in France: one, represented by the Society of French Pastellists, directed by Albert Besnard then by Henri Gervex, in which pastels were associated with society portraiture or allegory, and the other used by artists who, following in the footsteps of Degas and Redon, made pastels the "privileged field of modern experimentation."[4]

Pastel, both a medium in itself and a work created from this medium, is a dry technique that unites drawing and colour together in a single stick. It is made of finely crushed pigments, chalk that modifies the texture or colour of the pigment, and a binding agent. Pastel first appeared in the Middle Ages when it was used to complement other graphic techniques before becoming a technique in its own right in the late nineteenth century. Up until the nineteenth century, seen as rivals to oil painting, pastels were exhibited with paintings, whilst over the course of the century Millet's innovative approach of using pastels like coloured crayons, mixing it with other materials like black pencil, brought the art of pastels closer to the other graphic arts. Powdery, pastels are fragile and for this reason often used with a fixative and a paper with good adherence in order to avoid losing any of the substance.[5] They offer a wide range of colours and shades, with a mat and velvety finish and allow for layers and superposition but cannot be retouched.

In their landscapes, Vuillard and Roussel used pastels in an original and unclassifiable manner, which changed according to their different creative periods. Whilst Roussel employed a lot of pastels in his landscapes, Vuillard used very little. He used them more in his portraits than landscapes, contributing to the genre by modifying its limits and associating it with decors, genre painting and portraiture, playing on

dès le milieu des années 1890. Le paysage qui inspire les Nabis est alors surtout le « paysage des grandes villes », pour reprendre l'expression de Baudelaire[6], c'est-à-dire le spectacle de la rue, des places et des jardins publics parisiens[7]. « Contrairement aux peintres de Pont-Aven, qui s'étaient retirés dans la solitude de la Bretagne, les Nabis étaient essentiellement des peintres citadins[8]. »Le paysage est alors envisagé de manière décorative et se caractérise par sa planéité et son aspect synthétique.

La vie urbaine est néanmoins ponctuée de périodes de retraits à la campagne où les artistes se ressourcent au contact de la nature. Tandis que Vuillard ne quitte la capitale que pour de plus ou moins longues villégiatures avec ses proches, Roussel choisit de s'installer dans la campagne d'Île-de-France au tournant du siècle. Ni Vuillard ni Roussel ne sont des peintres voyageurs. « Roussel n'avait pas le goût des voyages qui ne lui réussissaient pas » raconte Jacques Salomon[9], tandis que « l'essentiel des « voyages » de Vuillard, ce sont les villégiatures sur les côtes normandes et bretonnes » entre 1901 et 1914[10]. En fait, l'artiste a beaucoup voyagé en Europe, dès 1892, en Hollande et en Belgique, à la fin du siècle en Italie et en Espagne, à Londres au début du siècle puis dans les années 1920, de nouveau en Hollande, en Allemagne aussi vers 1911 (Hambourg notamment). Il a sillonné la France de la Bretagne jusqu'au Jura en passant par Saint-Tropez dès 1904, la Normandie ou La Rochelle, Saint-Georges de Didonne en poussant aussi jusqu'en Suisse en 1915, 1916 et encore à Genève en 1938[11]. Mais ces voyages n'en font pas pour autant un peintre voyageur : le pittoresque des lieux ne l'intéresse pas, et tous les endroits arpentés n'ont pas pour autant inspiré des œuvres. Certains lieux, en raison des personnes qui y étaient associées, ont eu plus d'importance pour l'artiste, et c'est pourquoi nous prendrons l'exemple de quelques lieux de villégiature, où il pouvait prendre le temps de s'installer, d'apprivoiser l'espace, et d'étudier le paysage. « Peintre-villégiateur[12] » à l'opposé de la démarche touristique de Monet, il ne recherche pas de nouveaux sujets mais « plutôt une forme de régénération[13] » au contact de la nature associée à un cadre rendu familier par la présence d'êtres chers. Comme Bonnard, Vuillard ne se sentait à l'aise qu'avec des paysages qu'il pouvait prendre le temps de faire siens, et cette phrase de Bonnard dans une lettre adressée à Vuillard aurait pu être écrite par ce dernier: « Ce n'est qu'à la longue qu'on arrive à comprendre tout à fait un paysage[14] ». Cette conception est partagée également par Roussel, qui fut inspiré par quelques lieux, peu nombreux, riches d'une forte densité mémorielle. Si l'on en croit le témoignage de Jacques Salomon, la peinture à la colle telle que Vuillard la pratiquait exigeait « tout un attirail : un fourneau à alcool ou électrique, des bassines, des pots en quantité et une multitude de boîtes et de sacs de couleurs en poudre[15] ». Pour peindre le paysage, notamment au cours de ses villégiatures, il ne pouvait donc pas directement utiliser cette technique, peu commode, et utilisait le pastel, matériau léger et peu encombrant, « ne nécessitant ni préparation ni temps de séchage[16] », pour y suppléer. Pour ses pastels comme pour ses peintures à la colle, il avait pour support de prédilection le carton, non préparé, « tant pour son côté absorbant que pour le ton ocre ou gris que celui-ci lui fournissait comme base d'harmonie[17] », puis le papier teinté, qui a les mêmes qualités.

« Courons à l'onde en rejaillir vivants ! »[18]

Méditerranée

L'un des rares voyages de Roussel est en fait un pèlerinage à vélo avec Maurice Denis en 1906 pour rencontrer Cézanne et se rapprocher de la Grèce rêvée, sur les côtes méditerranéennes. Après avoir rencontré le maître d'Aix, ils poursuivent leur route jusqu'à Vintimille et Bordighera, où avait travaillé Monet, en passant par

the dialectic between interior and exterior settings. Roussel was one of the Nabis artists who increasingly focused on pastel and bucolic landscapes from the middle of the 1890s on. The landscapes that inspired the Nabis were above all "big city landscapes," to use Baudelaire's expression,[6] concerned with street entertainment, Parisian squares and public gardens.[7] "The Nabis were essentially urban artists, in contrast to the Pont-Aven painters who retired to the solitude of Brittany."[8] Landscape was considered for its decorative aspect and was characterised by its flatness and synthetic aspect.

Urban life was nonetheless punctuated with periods of retreat to the countryside where artists found new inspiration in direct contact with nature. Whilst Vuillard only ever left the capital for varying length holidays with his family and friends, Roussel chose to move to the countryside of Île-de-France at the turn of the century. Neither Vuillard nor Roussel were painters that travelled a lot. "Roussel didn't really like traveling as it didn't agree with him," Jacques Salomon tell us,[9] whilst "the essential thing about 'travelling' for Vuillard was the holidays he took on the Normandy and Brittany coast" between 1901 and 1914.[10] Indeed, the artist had travelled quite a bit in Europe, from 1892 onwards, in Holland and Belgium, at the end of the century in Italy and Spain, to London at the beginning of the century and then in the 1920s, to Holland again, Germany too around 1911 (notably Hamburg). He travelled all across France from Brittany to the Jura, with stops in Saint-Tropez from 1904, Normandy or La Rochelle, Saint-Georges de Didonne, going as far as Switzerland in 1915, 1916 and again to Geneva in 1938.[11] But these trips still did not make him a "peintre voyageur" (painter-traveller): he wasn't interested in quaintness and he didn't always draw inspiration from the places he had seen. Some were more important to the artist than others due to the people associated with them and that is why we have taken a few of these holiday destinations as examples, as here he was able to take time to settle in, become accustomed to the place, study the landscape. A "holiday resort-painter" in contrast to Monet's more touristic approach, he only ever left Paris to stay with his close friends in places that he could master.[12] He wasn't looking for new subjects but "rather a form of regeneration" in contact with nature associated with a framework made familiar by the presence of his nearest and dearest.[13] Like Bonnard, Vuillard was only comfortable with landscapes that he could take the time to make his own and these words from Bonnard in a letter addressed to Vuillard could have been written by the latter: "It's only over time that we start understanding a landscape."[14] This idea was also shared by Roussel who was inspired by certain places, not many, rich with a strong memorial density. If we are to believe Jacques Salomon's testimony, Vuillard's painting with glue required "a whole paraphernalia": an electric or alcohol-powered stove, bowls, a large number of pots and a multitude of boxes and bags of powdered colour."[15] To paint landscapes when he was on holiday he could not then use this rather impractical technique and so he used pastels instead, a lightweight material, "not needing any preparation or drying time."[16] Unprepared cardboard was his favourite support for both his pastels and paint with glue, "as much for its absorbing qualities as for its grey or ochre tones that provide a harmonious base,"[17] then tinted paper, which has similar qualities.

"Run into the waves and come out revitalised!"[18]

Mediterranean

One of Roussel's rare journeys was a cycling pilgrimage with Maurice Denis, in 1906, to meet Cézanne and come closer to his much-dreamed-of

Saint-Clair où Henri-Edmond Cross initie Roussel à la technique néo-impressionniste, Cavalaire où ils retrouvent Théo van Rysselberghe, et Saint-Tropez, chez Paul Signac. Ils retrouvent ensuite Valtat à Agay et Renoir à Cagnes[19]. Roussel partage avec ce dernier la volonté de célébrer la nature et le nu, en une Arcadie idyllique qui redonne vie à la mythologie et à la poésie grecques[20]. Denis et Roussel « prennent des notes au pastel » des paysages traversés[21]. « Les impressions que Roussel gardait de cette randonnée furent déterminantes. Désormais, la plupart de ses tableaux lui seront inspirés par le souvenir de ces rivages et de ces ciels et ses notations au pastel ne cesseront de lui servir d'appui[22]. » Sa palette est transformée par ce périple, et devient plus lumineuse. Roussel avait déjà séjourné dans le Midi quelques années auparavant : d'après Lucie Cousturier, il avait réalisé « une petite série de pastels et de dessins de Saint-Tropez » au cours d'« un séjour que le peintre fit en ce point de la côte provençale pendant l'hiver 1899-1900. On y voit s'accroître cette connaissance des terrains qui permettra au peintre de sensuelles analogies entre les mouvements du sol et les corps des faunes ; on y voit s'enrichir le répertoire des formes végétales avec des cistes ronds (...) ; avec ces chênes-lièges (...). Tous les maigres arbustes provençaux aux squelettes visibles sous les draperies des feuillages ont doté l'aspect général de la peinture de Roussel de ce mouchetage sombre qui évoque si bien les bois[23] ». Le pastel du musée d'Orsay intitulé *Sur la côte méditerranéenne* (cat. n° 27) correspond parfaitement à cette description : maigres arbres et végétation trapue, dont le feuillage est évoqué par la couleur et par l'aspect granuleux du papier, ondulent devant la mer, d'un bleu limpide ; la réserve brun-gris du support sied parfaitement à l'évocation de la terre, tandis que le ciel dessiné avec du pastel blanc et turquoise transcrit le trop-plein de lumière ressenti face à la Méditerranée. L'artiste dessine avec la couleur et le support, sans contour, sans délimitation entre la terre et la mer, entre premier et arrière-plan. Roussel séjourna dans le Midi également en 1903 et 1904[24]. Les *Coteaux boisés au bord de la Méditerranée* (cat. n° 26), autre pastel conservé au musée d'Orsay, datent probablement du séjour de 1904 ; le papier jaune prend encore plus de place, laissé visible à de nombreux endroits, ce qui accentue le caractère d'esquisse rapide, prise sur le vif, de l'œuvre, et donne une tonalité ocre, chaude, à l'ensemble. L'artiste utilise un papier rugueux, sur lequel le pastel ne s'accroche que par endroits, créant une trame qui dissout et unifie à la fois, à l'opposé du papier chamois lisse utilisé par Redon. Des décennies plus tard, Roussel reprend ses études au pastel sur papier pour de plus grands pastels sur toile où la lumière du Sud se fond à la végétation d'Île-de-France pour évoquer des paysages arcadiens[25].

Quelques années avant le fameux « coup des mille et une nuits[26] » de 1909 reçu par Bonnard à la découverte de la Côte d'Azur, Vuillard fait lui aussi l'expérience de la lumière du Midi en 1901, à Cannes, lors d'un séjour chez Misia et Thadée Natanson. Mais la Méditerranée n'a pas l'importance qu'elle a pour Roussel dans son œuvre. Il dessine et peint les paysages depuis la fenêtre de la maison ; néanmoins, le catalogue raisonné de ses peintures et pastels ne montre aucun pastel exécuté au cours de cette villégiature[27]. Ne travaillant pas en plein air, mais depuis un point de vue pris de l'intérieur, il pouvait directement peindre suivant son procédé favori de peinture à la colle, même si cela pouvait être d'après les « multiples notations au crayon ou au pastel »[28] prises d'après nature, souvent dans les carnets qui ne le quittaient pas.

Normandie

À partir de 1901, Vuillard passe ses étés en Normandie, avec Lucie et Jos Hessel. Le littoral normand, pour l'étendue de ses plages, la beauté de ses falaises, sa lumière changeante et ses nuages, inspire les paysagistes du plein air. Boudin, originaire de Honfleur,

Greece on the Mediterranean coast. After meeting the Master of Aix they continued their journey to Ventimiglia and Bordighera, where Monet had worked, stopping off at Saint-Clair where Henri-Edmond Cross taught Roussel some Neo-Impressionist techniques, Cavalaire where they saw Théo van Rysselberghe, and Saint-Tropez, at Paul Signac's house. They then met Valtat in Agay and Renoir in Cagnes.[19] Roussel shared with the latter a desire to celebrate nature and the nude in idyllic Arcadian settings that could bring mythology and Greek poetry back to life.[20] Denis and Roussel "made sketches in pastel" of the landscapes they travelled through.[21] "Roussel's impressions of this trip were determinant. From then on, most of his paintings drew inspiration from his memories of these coastlines and skies and his pastel sketches continued to act as a support for his work."[22] His palette was transformed by this journey and became much brighter. Roussel had already stayed in the South of France several times a few years earlier and, according to Lucie Cousturier, he had made "a small series of pastels and drawings of Saint-Tropez" during "a stay this time on the Provençale coast during the winter of 1899–1900. It was clear that his knowledge of this area is growing, allowing him to create some sensual analogies between the movements of the land and the bodies of fauns; we can see his repertoire of organic forms becoming richer with rounded cistus [...]; with these cork oaks [...]. All those sparse Provençal bushes with their branches visible underneath the foliage draperies gave Roussel's painting this overall dark mottled effect that evokes the woods so well."[23] The pastel in the Musée d'Orsay entitled *Sur la côte méditerranéenne* (On the Mediterranean Coast, cat. 27) corresponds perfectly to this description: sparse trees and thick vegetation whose foliage is evoked both by the colour and the grainy aspect of the paper undulate in front of the limpid blue sea; the areas of the uncovered greyish-brown support represent the ground perfectly whilst the sky drawn with white and turquoise pastels transcribes the excess of light you experience when coming face to face with the Mediterranean. The artist drew with both colour and the support, without outlines, without delimiting between sea and land, between foreground and background. Roussel equally stayed in the South of France between 1903 and 1904. The *Coteaux boisés au bord de la Méditerranée* (Wooded Hillside on the Mediterranean Coast, cat. 26), another pastel housed at the Musée d'Orsay, probably dates from a stay in 1904.[24] The yellow paper is even more visible, accentuating the rapidly-sketched character of the work, drawn from life and bringing warm ochre tones to the ensemble. The artist used rough paper and the pastel only stuck in certain places creating a dissolving and unifying weave in stark contrast to the effects of the smooth *papier chamois* that Redon used. Decades later, Roussel took up his pastel studies on paper again, creating this time bigger pastels on canvas where the light of the South blends into the vegetation of the Île-de-France region, in an evocation of Arcadian landscapes.[25]

Several years before the famous "*coup des mille et une nuits*" that Bonnard had in 1909 on discovering the Côte d'Azur, Vuillard also experienced the light of the South of France in 1901, during a stay at Misia and Thadée Natanson's house in Cannes.[26] But the Mediterranean never had the same importance in his work as it did for Roussel. He drew and painted his landscapes from the window of the house; nevertheless, the *catalogue raisonné* of his paintings and pastels doesn't show any pastels carried out during this stay.[27] Working inside from an interior viewpoint, he was able to paint directly using his favourite process of paint with glue, even if this was sometimes after "a number of pencil or pastel sketches" drawn from nature, often in the sketchbooks that he kept with him at all times.[28]

a dessiné une multitude de pastels dans sa région natale, où il croque fidèlement « ces prodigieuses magies de l'air et de l'eau[29] », les vagues et les nuages. La Normandie des pastels de Vuillard est une région agreste plus que maritime, éloignée de la tradition des ciels marins de ses prédécesseurs, Boudin, Monet. *L'Embouchure de l'Orne* (cat. raisonné VIII-201) et *Arbres bleus en Normandie* (cat. raisonné VIII-206, 1907), dessinés alors qu'il est invité dans la villa du Château-Rouge louée par les Hessel à Amfreville, dans le Calvados, sont de délicates harmonies en ocre jaune, bleu et vert. Le ciel dépourvu de nuages irradie d'une douce lumière bleu-gris, dans les *Arbres bleus en Normandie*, et bleu turquoise dans *L'Embouchure de l'Orne*. Dans ce dernier pastel, l'usage de la réserve du support, un papier cartonné brun, comme couleur à part entière laissée surtout visible sur les bords de manière à créer un cadrage flou participe à l'effet de surgissement du paysage, appuyé par la violente ombre des feuillages au premier plan. Les forts contrastes lumineux et le cadrage inhabituel, dissymétrique, évoquent la photographie. En 1897, l'artiste avait fait l'acquisition d'un appareil Kodak et utilise la photographie instantanée comme matériau pour ses compositions.

Comme Vuillard, Roussel s'éloigne de la Normandie « héroïque » des ciels spectaculaires et des promontoires escarpés. *La Côte normande à Vasouy* (cat. n° 24), pastel réalisé en 1904, par exemple, montre une côte très épurée, sans falaise ni vague, rythmée par la courbe du littoral et la végétation couchée par le vent, où un filet de nuage répond à l'écume esquissée par quelques traits de pastel blanc.

Bretagne

Autre haut lieu des avant-gardes artistiques depuis que Gauguin y avait trouvé une source revivifiante pour son art, la Bretagne de Pont-Aven est à l'origine du premier paysage nabi, le fameux « Talisman », assemblage à la fois harmonieux et informe de couleurs vives, exécuté par Sérusier sur une boîte à cigares dans le Bois d'Amour en suivant les indications de Gauguin. Mais ce n'est pas dans le sillage de ce paysage que s'inscrivent ceux dessinés par Vuillard lors de ses villégiatures bretonnes au début du XXe siècle. En 1908 et en 1909, il passe l'été en Bretagne, au Pouliguen (1908) et à Saint-Jacut-de-la-Mer (1909). *La Vague* (cat. n° 32) fait partie des pastels réalisés sur place. Comme les paysages de Normandie, ils prennent le contre-pied de la tradition picturale inspirée par ces lieux. Si l'on compare les pastels, les gouaches et les peintures à la colle de cette période, on remarque que la technique du pastel donne un aspect inachevé et une impression de vibration lumineuse et irradiante. « L'emploi de la peinture à la colle, qui donne des surfaces lisses et mates[30] » renforce la planéité des tableaux et leur aspect synthétique. *La Vague* n'a pas cet aspect lisse, la lumière semble accrochée sur les petites fleurs jaunes dessinées par des points de pastel irréguliers, les formes ne sont pas délimitées par des lignes fortes comme dans les peintures et leurs contours sont flous, voire absents. Sans son titre, ce paysage pourrait apparaître comme une composition colorée, proche de la célèbre définition de Maurice Denis : « Se rappeler qu'un tableau – avant d'être un cheval de bataille, une femme nue, ou une quelconque anecdote – est essentiellement une surface plane recouverte de couleurs en un certain ordre assemblées[31] ». Mais dans les pastels, cet ordre est vacillant, les limites sont poreuses, comme dissoutes par les vibrations de la lumière de la matière employée. Vuillard expose plusieurs paysages bretons à la galerie Bernheim en 1908 et en 1909, dont des pastels appréciés par la critique pour leur « délicatesse qui n'exclut pas la puissance[32] ».

Normandy

From 1901 on, Vuillard spent his summers in Normandy with Lucie and Jos Hessel. The Normandy coastline with its long stretches of beaches, its magnificent cliffs, its changing light and its clouds, inspired many open-air landscape artists. Boudin, originally from Honfleur, drew a number of pastels in his homeland, where he faithfully sketched "the prodigious magic of air and water," the waves and the clouds.[29] The Normandy in Vuillard's pastels is more agrestic than it is maritime, far from the tradition of the seascapes of his predecessors Boudin and Monet. *L'Embouchure de l'Orne* (The Mouth of the Orne, cat. raisonné VIII-201) and *Arbres bleus en Normandie* (Blue Trees in Normandy, cat. raisonné VIII-206, 1907), drawn when he was staying at the villa of Château-Rouge rented by the Hessels in Amfreville, Calvados, are delicate ochre yellow, blue and green harmonies. The cloud-free sky radiates with a soft greyish-blue light in *Arbres bleus en Normandie* and with a turquoise blue one in *L'Embouchure de l'Orne*. In this last pastel, the use of the reserved areas of the stiff brown cardboard support as a colour in its own right (above all left visible around the edges to create a blurred frame), participates in making the landscape appear to surge out, reinforced further by the violent shadow of the foliage in the foreground. The strong contrasts of light and the unusual unsymmetrical framing clearly evoke photography. In 1897, the artist had acquired a Kodak camera and used instant photography as an aid for his compositions.

Like Vuillard, Roussel moved away from a "heroic" Normandy with its spectacular skies and steep headlands. For example, *La Côte normande à Vasouy* (The Normandy Coastline at Vasouy, cat. 24), a pastel made in 1904, shows a very bared-down coastline with no cliffs or waves, punctuated by the rhythm of the curving shore and the vegetation flattened by the wind, where a strip of cloud echoes the frothy foam sketched with just a few lines of white pastel.

Brittany

Another mecca for avant-garde artists since Gauguin had found a revitalising source for his art there, the Brittany of Pont-Aven was at the origins of the first Nabis landscape, the famous *Talisman*, a harmonious and shapeless assemblage of bright colours created by Sérusier on a cigar box in the Bois d'Amour after Gauguin's instructions. But the landscapes drawn by Vuillard during his stays in Brittany in the early twentieth century do not fit into the same category. In 1908 and in 1909, he spent the summer in Brittany at Le Pouliguen (1908) and Saint-Jacut-de-la-Mer (1909). *La Vague* (The Wave, cat. 32) is one of the pastels he did in-situ. Rather like the Normandy landscapes, they go against the pictorial tradition that these places normally inspired. If we compare the pastels, the gouaches and paintings with glue from this period, we notice that the pastel technique gives an unfinished aspect and the impression of a bright irradiating vibration. "The use of paint with glue, resulting in smooth mat surfaces,"[30] also reinforces the flatness of the paintings and their synthetic appearance. *La Vague* doesn't have this smooth effect, the light seems to latch onto the small yellow flowers drawn with tiny dots of irregular pastel, the forms are not delimited by strong lines like in the paintings and their outlines are blurred, even absent. Without knowing its title, this landscape might appear like a coloured composition, echoing Maurice Denis's famous definition: "Remember that a painting – before being a war horse, a nude woman, or similar anecdote – is essentially a flat surface covered with colour in a certain order."[31] But in the pastels, this ordering is unstable, the limits are permeable as if somehow dissolved by the vibrations of the light and matter used. Vuillard exhibited several Breton landscapes at the Bernheim gallery in 1908 and in 1909, including some pastels that were much-appreciated by the critics for their "delicateness that doesn't exclude force."[32]

« Le vert paradis des amours enfantines »[33]

Roussel, « les verts étaient une de ses préoccupations dominantes »[34]

L'un des premiers paysages au pastel de Roussel est *La Barrière* (cat. n° 6), probablement réalisé vers 1892. Il utilise la double fonction du pastel, à la fois dessin et couleur, pour dessiner les barreaux de la barrière, verticales parallèles et rythmiques. Le vert intense de cette barrière traitée de manière linéaire contraste avec le vert plus sombre et plus diffus de la végétation mais qui lui répond de manière musicale par le rythme du feuillage, dessiné avec de petits traits verticaux verts. Accrochée à un poteau de bois grisâtre, la barrière se détache sur un arrière-plan indéterminé aux mêmes tons. Le mur gris, avec des accents de blanc, entre les deux verts de la barrière et du feuillage, occupe la majeure partie de l'espace. La composition s'oppose ainsi au paysage traditionnel, fenêtre ouverte sur le monde, puisqu'elle s'ouvre sur une barrière, qui n'ouvre sur rien. Barrière, mur et feuillage ferment l'espace sans arrière-plan. Avec peu de moyens, quelques lignes rythmiques, l'artiste suggère une atmosphère profondément mystérieuse. On y trouve déjà quelques caractéristiques de la pratique du pastel par Roussel : le dessin directement avec la couleur permis par le pastel, l'association de zones précises et floues, granuleuses et estompées jouant avec la ductilité du matériau plastique, l'emploi d'aires de couleurs diffuses frottées et recouvertes de petites touches et petits traits fougueux qui animent la surface, l'utilisation des tons terreux du support en réserve, la prédilection pour les verts. Un certain réalisme dans l'évocation de la végétation est associé à une atmosphère symboliste, à laquelle participe l'usage du pastel, « technique « idéale » pour évoquer les mystères, les angoisses et les songes[35] ».

Au cours des années 1890, Roussel intensifie sa pratique du pastel et introduit des figures, qui seront de plus en plus souvent des figures imaginaires, dans ses paysages. En juin 1899, avec son épouse Marie, la sœur d'Édouard Vuillard, et leur fille Annette, il s'installe à L'Étang-la-Ville, près de la forêt de Marly et de Saint-Germain-en-Laye, où vit Maurice Denis, mais aussi proche du Louveciennes de Pissarro et surtout de Ville-d'Avray où vécut Corot. Vuillard et Roussel avaient certainement vu la grande rétrospective Corot en 1895 et on sait que Vuillard appréciait particulièrement les petites vues romaines de Corot des années 1820 qu'il pouvait voir à loisir au Louvre. Roussel devait certainement apprécier également le maître des harmonies en gris et verts, peintre de paysages où la lumière naturaliste est associée aux réminiscences de l'Antiquité. Les Roussel habitent sur les hauteurs du village dans une maison où se côtoient Vuillard, Bonnard, Denis, Luce, Ranson, Sérusier, Vallotton. En 1907, ils s'installent dans leur nouvelle maison, qu'ils ont fait construire : La Jacanette, dont le nom est la synthèse du prénom de leurs deux enfants, Jacques et Annette. Le nom choisi pour cette maison l'associe à l'enfance, à l'harmonie, à la joie. Roussel travaille à l'aménagement intérieur mais c'est surtout dans son jardin qu'il s'investit, à l'instar de Monet à Giverny. Au moyen du dessin et du pastel, l'artiste étudie la végétation, et en particulier les fleurs, avant d'observer les atmosphères de la campagne d'Île-de-France : « Ce qui l'intéressa, ce fut de poursuivre les divers aspects de nuances dont les herbes, les gazons, les arbustes et les arbres en feuilles et en fleurs veloutent la terre, d'exprimer le poudroiement des tons du sol mêlés aux couleurs des verdures[36] ». Les nombreux pastels de paysages qu'il réalise sur le motif, sur des papiers teintés, lui servent d'inspiration pour ses grands décors et pour de plus grands pastels animés de figures, le plus souvent des divinités agrestes inspirées de l'Antiquité.

Vuillard, « un synthétiste uniquement occupé des effets de lumière et de couleurs »[37]

La confrontation directe avec la nature, au cours de ses longues villégiatures à la campagne avec ses amis, amène Vuillard au cours des années 1900 à s'intéresser

"The green paradise of childish love"[33]

Roussel, "greens were a dominant preoccupation"[34]

One of Roussel's first pastel landscapes was *La Barrière* (The Gate, cat. 6), probably made around 1892. He used the double function of pastels both as drawing and colour, to draw the bars of the gate in vertical and rhythmical parallels. The intense green of the gate treated in a linear manner contrasts with the darker and more diffused green of the vegetation, echoed in an almost musical way by the rhythm of the foliage drawn using small vertical green lines. Hung on a greyish wooden post, the gate stands out against an indeterminate background in the same tones. The grey wall, with its white highlights, takes up most of the space between the two different greens of the gate and the foliage. The composition strictly opposes traditional notions of landscape, of a window opening out onto the world, because here it opens out onto a gate, which opens onto nothing. Gate, wall and foliage tighten the background-less space. Using little more than a few rhythmical lines, the artist suggests a deeply mysterious atmosphere. We can already see some of the characteristics Roussel used in his pastels: drawing directly with pastels allowed the association of precise and blurred zones, grainy and stumped playing with the ductility of the plastic material, the use of areas of diffuse colour rubbed and recovered with light touches and small fleeting lines that bring the surface to life, the use of the earthy tones of the uncovered support, a predilection for greens. A certain realism in the way the vegetation is evoked is associated with a symbolist atmosphere and the use of pastel participates in this effect, "an 'ideal' technique for evoking mystery, anguish and daydreams."[35]

During the 1890s, Roussel intensified his use of pastels and introduced increasingly imaginary figures into his landscapes. In June 1899, with his wife Marie, Édouard Vuillard's sister, and their daughter Annette, they moved to L'Étang-la-Ville, near Marly forest and Saint-Germain-en-Laye, where Maurice Denis lived, but also not far from Pissarro's Louveciennes and Ville-d'Avray where Corot had lived. Vuillard and Roussel almost certainly saw the great Corot retrospective in 1895 and we know that Vuillard particularly appreciated his pretty Roman views from the 1820s, which he could observe at his leisure in the Louvre. Roussel must have also liked the master of grey and green harmonies, a painter of landscapes in which realist light is associated with recollections of Antiquity. The Roussels lived in a house on the hillside of the village where Vuillard, Bonnard, Denis, Luce, Ranson, Sérusier, Vallotton could often be seen. In 1907, they moved into the new house that they had built: La Jacanette, whose name was a synthesis of their children's first names, Jacques and Annette. The name chosen for this house brought together the notions of childhood, harmony and joy. Roussel worked on laying out the inside of the house but it was above all his garden that took up his time, like Monet at Giverny. Using drawing and pastel, the artist studied the vegetation and in particular the flowers, before observing the atmosphere of the countryside in the Île-de-France region: "What interested him was to observe the different aspects of the grasses, lawns, bushes and flowering trees whose nuances carpeted the ground, to express the powdery nature of the different tones of the earth mixed in with the colours of the greenery."[36] He used the numerous pastel landscapes he did from life on tinted paper as inspiration for his large-format decors and for bigger pastels brought to life with figures, more often than not agrestic gods taken from Antiquity.

Vuillard, "a synthesist uniquely concerned with the effects of light and colour"[37]

In 1900, the direct confrontation with nature during his long holidays in the countryside with his friends led Vuillard to become increasingly interested in "natural

davantage à « la lumière naturelle comme élément dynamique et unificateur de la composition picturale[38] ». Chez Misia et Thadée Natanson à la Grangette, sur les berges de la Seine à Valvins, près de Fontainebleau, puis au Relais, à Villeneuve-sur-Yonne, l'artiste dessine et photographie, rassemblant des documents de travail utiles pour les grands tableaux inspirés par ses villégiatures. Il se rend souvent pour ses séjours prolongés à L'Étang-la-Ville chez Roussel et se promène dans la campagne et la forêt environnante. De là, il écrit à Vallotton : « J'aime décidément bien me trouver dans la campagne, j'arrive à admirer sans souvenirs de tableaux. Je suis étonné de voir le ciel tantôt bleu, tantôt gris, tantôt vert, et que les nuages ont des formes et des couleurs qui peuvent se classer[39] ». Après la Première Guerre mondiale, « chaque été, Vuillard loue le premier étage de la Closerie des Genêts, une petite villa située près du Clos Cézanne et servant à la fois d'atelier et de résidence pour l'artiste et sa mère[40] ». Le Clos Cézanne est une résidence des Hessel à Vaucresson dans la campagne des environs de Paris et inspire à Vuillard plusieurs pastels, où le paysage est presque toujours vu depuis une fenêtre ou le balcon[41]. Parfois, une silhouette de femme à l'intérieur se distingue au premier-plan, devant la vue ouverte sur la végétation. Si certains pastels sont des notations rapidement esquissées par l'artiste probablement pour constituer des aide-mémoire en vue de tableaux futurs, d'autres, notamment ceux où sa mère et Annette apparaissent au première plan, signés par l'artiste, sont des compositions abouties. Le jardin du Clos Cézanne donne lieu également à plusieurs pastels, sur la terrasse, sur le perron, sur le banc, où Lucie Hessel, souvent dessinée au pastel blanc, se fond dans la lumière et le décor. La maison, ses murs, ses rideaux, ses volets, le jardin, ses bancs, ses fleurs, et la maîtresse des lieux, souvent représentée lisant, dialoguent en une subtile harmonie de courbes et de lignes, de blancs à la fois doux et intenses, de verts et de jaunes. Au sujet du tableau *Le Jardin du Clos Cézanne à Vaucresson* (1920, retravaillé en 1935 et 1936, peinture à la colle sur toile, The Metropolitan Museum of Art, New York), Vuillard note quelques éléments intéressants en ce qui concerne sa méthode de travail, et l'inclusion du pastel comme un outil parmi les autres : « Croquis le matin Clos Cézanne, réminiscences ancien sujet panneau Schopfer ; croquis dans les roses (...), me détermine à entreprendre quelque chose avec mes deux croquis ; après hésitations procédé huile, tempera ; projet pastel détermine grandes lignes entrain, retour Clos Cézanne, croquis plus précis proportions, détail[42] ». Croquis sur le vif, souvenir de travaux antérieurs, composition globale au pastel de mémoire, croquis sur le vif de nouveau mais plus détaillés, sont autant d'étapes avant la réalisation du tableau.

À partir de 1925, et surtout dans les années 1930, Vuillard séjourne fréquemment au château des Clayes, nouvelle propriété des Hessel entre Versailles et Saint-Cyr. Le parc du château, qui avait été dessiné par Le Nôtre, inspire de nombreux tableaux à Vuillard, on y voyait souvent l'artiste « dans une allée, assis sur une chaise, sa boîte de pastels et son petit carton sur les genoux[43] ». Depuis la fenêtre ouverte de sa chambre du rez-de-chaussée donnant directement sur le parc, Vuillard dessine au pastel des vues verticales, souvenir du goût nabi pour les estampes japonaises et de la pratique du décor, tandis que dans de nombreux paysages il utilise plutôt le format presque carré, qui évoque la pratique de la photographie. Les choix de cadrage de l'artiste accentuent le côté fragmentaire de ses paysages, à l'inverse des panoramas. Le format, petit, participe à la dimension intimiste de l'œuvre, « comme s'il s'établissait dans ces limites un plus parfait accord entre la chose regardée, son œil et sa main d'où se dégagerait une émanation directe de son être intime[44] ». *Les Communs au château des Clayes* (cat. n° 48) est d'une composition classique, avec le tronc d'arbre à droite employé comme un rideau de théâtre ou un cadre de fenêtre,

light as a dynamic and unifying element in pictorial composition."[38] At Misia and Thadée Natanson's house at the Grangette, on the banks of the Seine in Valvins, near Fontainebleau, then at Le Relais in Villeneuve-sur-Yonne, the artist drew and took photos, gathering together working documents that would later be used for large paintings inspired by his stays. He often went to stay with Roussel for prolonged stays at L'Étang-la-Ville and walked in the countryside and surrounding forests. From there, he wrote to Vallotton: "Decidedly I love being in the country, I can admire it without having memories of paintings. I am astonished that the sky is sometimes blue, sometimes grey, sometimes green and that the clouds have classifiable forms and colours."[39] After the First World War, "each summer, Vuillard rented the first floor of the Closerie des Genêts, a small villa located near the Clos Cézanne and which served as both a studio and accommodation for the artist and his mother."[40] The Clos Cézanne was a residence that belonged to the Hessels in Vaucresson, in the countryside around Paris and which inspired Vuillard to make several pastels wherein the landscape is almost always seen from a window or balcony.[41] Sometimes, the silhouette of a woman inside could be made out in the foreground, in front of the view opening out onto vegetation. Whilst some pastels were very rapidly executed sketches, probably used to jog his memory for future works, others, notably those where his mother and Annette appear in the foreground and signed by the artist, are clearly finished compositions. The garden at the Clos Cézanne equally inspired several pastels, on the terrace, the porch, on the bench, where Lucy Hessel, often drawn in white pastel, appears to blend into the light and the decor. The house, its walls, its curtains, shutters, the garden, its benches, its flowers, and the mistress of the house, often represented reading, enter into a subtly harmonious dialogue of curves and lines, of soft and intense whites, greens and yellows. Concerning the painting *Le Jardin du Clos Cézanne à Vaucresson* (The Garden at the Clos Cézanne in Vaucresson) (1920, reworked in 1935 and 1936, paint with glue on canvas, The Metropolitan Museum of Art, New York), Vuillard noted down some interesting points about his working methods and the inclusion of pastel as a tool amongst others: "Sketch in morning of Clos Cézanne, old reminiscences subject Schopfer panel; sketches in pinks [...], determined to undertake something with my two sketches; after hesitating proceeded oil, tempera; determine pastel project, return Clos Cézanne, more precise sketch proportions, detail."[42] Sketches from life, memories of old works, overall pastel composition from memory, new more detailed sketch from life, were all necessary stages before doing the painting.

From 1925 on, and above all in the 1930s, Vuillard regularly stayed at Château des Clayes, the Hessels' new property in-between Versailles and Saint-Cyr. The Château's gardens, which were designed by Le Nôtre, inspired a number of Vuillard's paintings and the artist could often be seen "on a path, sitting on a chair, his box of pastels and his little cardboard on his knees."[43] From the open window of his bedroom on the ground floor looking directly onto the gardens, Vuillard drew vertical views in pastel, a vestige of the Nabis taste for Japanese prints and the art of decoration, whilst in many of his landscapes he used a square format, evoking photography. The artist's choice of frame emphasized the fragmentary aspect of his landscapes, in contrast to the panoramas. The small format participated in giving an intimist dimension to the work, "as if he established within these limits an even more perfect harmony between the thing being looked at, his eye, and his hand from which came the direct emanation of his interior being."[44] *Les Communs au Château des Clayes* (Outbuildings at Château des Clayes, cat. 48) is a traditional composition, with the tree trunk on the right used like a stage curtain or window frame, allowing the planes to be staggered in the pictorial

permettant d'étager les plans dans l'espace. Le pastel apparaît dans ces vues du parc comme la technique idéale pour suggérer les paysages, ne pas les figer en une vue nette aux contours délimités, mais faire vibrer les couleurs et les lumières dans des compositions synthétiques qui résument l'essentiel d'un paysage. Au sujet des paysages au pastel des Clayes, ce domaine associé à la femme aimée, Lucie Hessel, Jacques Salomon parle de « petits miracles[45] » : avec une grande économie de moyens, « entre des verts, quelques éclats de blanc, piqués de traits noirs[46] », Vuillard donne à voir non plus l'objet mais sa transfiguration poétique.

Études d'après nature ou dessins repris de mémoire, étapes préparatoires en vue d'une peinture décorative ou œuvres achevées en soi, les paysages au pastel de Vuillard et Roussel témoignent de leurs recherches pour créer un nouveau type de paysage, entre les « état d'yeux[47] » de Degas et les « états d'âmes[48] » d'Amiel. Ils s'imprègnent de quelques motifs restreints avant de les aborder au pastel, outil qui convient parfaitement pour la qualité suggestive de ces paysages. Pour suggérer, les artistes emploient des moyens différents. Vuillard effleure son objet, sans emphase, avec un minimum de moyens dans des pastels à l'aspect esquissé et synthétique : « Ses prédilections pour les accords mineurs le ramènent à des vertus franciscaines, à une sorte d'enrichissement par la pauvreté », écrit Claude Roger-Marx[49]. Roussel réalise aussi des petits pastels sur le vif, mais utilise cette technique également pour des œuvres plus ambitieuses qui se caractérisent par leur opulence ; souvent de plus grand format, ils déploient toute une gamme de couleurs qui correspondent à l'atmosphère orgiaque évoquée par la présence de faunes, de nymphes et de bacchantes. Alors que chez Vuillard la femme aimée, Misia puis Lucie Hessel, est présente « en creux » dans le paysage, chez Roussel les femmes rêvées, bacchantes ou nymphes, taches de couleurs vives dans la verdure, sont les fleurs d'un jardin idéal recomposé par l'artiste.

space. Pastel appears as the ideal technique for suggesting landscapes in these views of the garden, not fixing them in a distinct view with clear outlines, but making the colours and light vibrate in a synthetic composition that captures the essence of a landscape. On the subject of the pastel landscapes of Les Clayes, this estate associated with Lucie Hessel, the woman he loved, Jacques Salomon spoke of "little miracles"[45]: with a great economy of means, "between the greens, some splashes of white, dotted with black dashes."[46] Vuillard no longer showed us the object but its poetic transfiguration instead.

Studies from nature or drawings done from memory, preparatory stages for a decorative painting or completed works, the pastel landscapes by Vuillard and Roussel testify to their search to create a new kind of landscape situated somewhere between Degas's "state of seeing"[47] and Amiel's "state of mind."[48] They impregnated themselves with some restricted motifs before working in pastel, the perfect tool for the illusory nature of these landscapes. Artists use different means to create allusions. Vuillard brushes gently over the object, without emphasis, with a minimum of means using pastels that have a sketchy and synthetic appearance: "His predilection for minor accords took him back to Franciscan virtues, a kind of enrichment through poverty," wrote Claude Roger-Marx.[49] Roussel made some small pastels from life, but also used this technique for more ambitious works characterised by their opulence; often larger formats, they used a complete range of colours that corresponded to the orgy-like atmosphere evoked by the presence of fauns, nymphs and bacchantes. In Vuillard's work, the women in his life, Misia then Lucie Hessel, are "hollowed out" in the landscape, whereas in Roussel's work, ideal women, bacchantes or nymphs, spots of bright colour in the greenery, can be seen as the flowering of an ideal garden recreated by the artist.

[1] Lucie Cousturier, *K.-X. Roussel*, Paris, Bernheim Jeune, 1929, p. 34.
[2] Jany-Robert, *Le Pastel, avec leçon écrite accompagnée de trois planches*, Paris, Imprimerie des Beaux-Arts, 1908.
[3] Théa Burns et Philippe Saunier, *L'Art du pastel*, Paris, Citadelles et Mazenod, 2014.
[4] Marie-Pierre Salé, « Le renouveau du pastel au milieu du XIXe siècle avec Millet », *Le Mystère et l'Éclat, pastels du musée d'Orsay*, Paris, Musée d'Orsay, Réunion des musées nationaux, 2008, p. 40.
[5] Voir *Au-delà de l'image, les techniques du dessin révélées par la science*, Rennes, musée des Beaux-Arts de Rennes, C2RMF, 2007 et « Matériaux et techniques », dans *L'Art du pastel*, *op. cit.*, p. 369-375.
[6] Charles Baudelaire, « Salon de 1859 » cité par Ursula Perucchi-Petri, *« Le Paysage des grandes villes, rues, places et jardins publics », Nabis. Bonnard, Vuillard, Maurice Denis, Vallotton... (1888-1900)*, Paris, Réunion des musées nationaux, 1993, p. 75-89.
[7] *Ibidem.*
[8] *Ibidem*, p. 75.
[9] Jacques Salomon, *Roussel*, Paris, La Bibliothèque des arts, 1967, p. 54.
[10] Guy Cogeval, Antoine Salomon, *Vuillard : Le Regard innombrable - Catalogue critique des peintures et des pastels*, vol. II, Milan, Skira, 2003, p. 822.
[11] Mathias Chivot, informations communiquées d'après le catalogue raisonné, *op. cit.*
[12] Kimberly Jones, « Vuillard et la villégiature », *Vuillard*, Paris, Réunion des musées nationaux, 2003, p. 441.
[13] *Ibidem*, p. 457.
[14] Pierre Bonnard, entretien avec Ingrid Rydbeck, dans *Les Exigences de l'émotion* ; préface d'Alain Lévêque, Strasbourg, l'Atelier contemporain-François-Marie Deyrolle éditeur, 2016, p. 48.
[15] Jacques Salomon, *Vuillard, témoignage de Jacques Salomon*, Paris, Albin Michel, p. 127.
[16] Philippe Saunier, « Hors les murs, le paysage au pastel », *L'Art du pastel*, *op. cit.*, p. 208.
[17] Jacques Salomon, *Roussel*, *op. cit.*
[18] Paul Valéry, « Le Cimetière marin », 1920, Émile Paul frères.
[19] *Méditerranée, de Courbet à Matisse*, Paris, Réunion des musées nationaux, 2000, p. 214.
[20] Voir Sylvie Patry, *Renoir au XXe siècle*, Paris, Réunion des musées nationaux, p. 146.
[21] Jacques Salomon, *Roussel*, *op. cit.*, p. 55.
[22] *Ibidem*, p. 56.
[23] Lucie Cousturier, *K.-X. Roussel*, *op. cit.*, p. 35.
[24] *K.-X. Roussel 1867-1944*, musée départemental Maurice Denis - « Le Prieuré », 1994, p. 19.
[25] Voir Jacques Salomon, *K.X. Roussel*, Paris, La Bibliothèque des arts, 1967, p. 56.
[26] Pierre Bonnard, Lettre autographe à sa mère, dans Pierre Bonnard, *Correspondances*, Paris, Tériade / Revue *Verve*, 1944, lettre généralement datée de 1909, année où l'artiste découvre le Midi, à Saint-Tropez.
[27] Voir *Édouard Vuillard, Le regard innombrable*, *op. cit.*, t. II.
[28] Jacques Salomon, *Vuillard, admiré par Jacques Salomon*, Paris, La Bibliothèque des arts, 1961, p. 149.
[29] Charles Baudelaire, chez sa mère à Honfleur en 1859, cité dans *Eugène Boudin, l'atelier de la lumière*, musée Malraux, Le Havre, 2016, p. 85.
[30] Kimberly Jones, art. cit., p. 450.
[31] Maurice Denis, 1890.
[32] Cité dans *Vuillard*, Paris, Réunion des musées nationaux, *op. cit.*, notice 268.
[33] Charles Baudelaire, « Moesta et errabunda », dans « Spleen et Idéal », *Les Fleurs du mal*, 1857, édition Poulet-Malassis.
[34] Jacques Salomon, *K.X. Roussel*, *op. cit.*, p. 29, « verts » est souligné dans le texte.
[35] Jean-David Jumeau-Lafond, « Symbolismes », *Le Mystère et l'Éclat*, *op. cit.*, p. 129.
[36] Marius-Ary Leblond, « Roussel », *Revue illustrée*, 1907, vol. 2, p. 119.
[37] Thiébault –Sisson, « Choses d'Art, *Le Temps*, 10 novembre 1909, cité par MaryAnn Stevens et Kimberly Jones, « Le triomphe de la lumière », dans *Vuillard*, *op. cit.*, p. 285.
[38] MaryAnn Stevens et Kimberly Jones, *ibidem.*
[39] Édouard Vuillard, cité par Kimberly Jones dans *Vuillard*, *op. cit.*
[40] Kimberly Jones, art. cit.
[41] *Vuillard, le regard innombrable*, *op. cit.*, p. 1302-1306.
[42] Édouard Vuillard, *Journal*, 23 juillet 1920, cité par Guy Cogeval, *Vuillard, le regard innombrable*, t. II, 1918-1931, p. 1324.
[43] Jacques Salomon, *Auprès de Vuillard*, Paris, La Palme, 1953, p. 88.
[44] Jacques Salomon, *Vuillard admiré*, Paris, La Bibliothèque des arts, 1961, p. 150.
[45] *Ibidem.*
[46] *Ibidem.*
[47] Daniel Halévy, *Degas parle*, Paris, Édition de Fallois, 1995, p. 132.
[48] Henri-Frédéric Amiel, « Un paysage quelconque est un état d'âme », fragments d'un journal intime, cité par Jean-David Jumeau-Lafond, art. cit., p. 130.
[49] Claude Roger-Marx, *Vuillard*, Paris, Éditions Arts et métiers graphiques, 1948, p. 12.

[1] Lucie Cousturier, *K.-X. Roussel*, Paris, Bernheim Jeune, 1929, p. 34.
[2] Jany-Robert, *Le Pastel, avec leçon écrite accompagnée de trois planches*, Paris, Imprimerie des Beaux-Arts, 1908.
[3] Théa Burns and Philippe Saunier, *L'art du pastel*, Paris, Citadelles and Mazenod, 2014.
[4] Marie-Pierre Salé, "Le renouveau du pastel au milieu du XIXe siècle avec Millet," *Le Mystère et l'Éclat, pastels du musée d'Orsay*, Paris, Musée d'Orsay, Réunion des musées nationaux, 2008, p. 40.
[5] See *Au-delà de l'image, les techniques du dessin révélées par la science*, Rennes, Musée des Beaux-Arts de Rennes, C2RMF, 2007 and "Matériaux et techniques," in *L'Art du pastel*, *op. cit.*, pp. 369–375.
[6] Charles Baudelaire, "Salon de 1859," cited by Ursula Perucchi-Petri, *"Le Paysage des grandes villes, Rues places et jardins publics," Nabis. Bonnard, Vuillard, Maurice Denis, Vallotton... (1888–1900)*, Paris, Réunion des musées nationaux, 1993, pp. 75-89.
[7] *Ibid.*
[8] *Ibid.*, p. 75.
[9] Jacques Salomon, *Roussel*, Paris, La Bibliothèque des arts, 1967, p. 54.
[10] Guy Cogeval, Antoine Salomon, *Vuillard le regard innombrable: catalogue critique des peintures et des pastels*, vol. II, Milan, Skira, 2003, p. 822.
[11] Mathias Chivot, information given in the catalogue raisonné, *op. cit.*
[12] Kimberly Jones, "Vuillard et la villégiature," *Vuillard*, Paris, Réunion des musées nationaux, 2003, p. 441
[13] *Ibid.*, p. 457.
[14] Pierre Bonnard, interview with Ingrid Rydbeck, in *Les Exigences de l'émotion*; prefaced by Alain Lévêque, l'Atelier contemporain-François-Marie Deyrolle editor, Strasbourg, 2016, p. 48.
[15] Jacques Salomon, *Vuillard, témoignage de Jacques Salomon*, Paris, Albin Michel, p. 127.
[16] Philippe Saunier, "Hors les murs, le paysage au pastel," *L'Art du pastel*, *op. cit.*, p. 208.
[17] Jacques Salomon, *Roussel*, *op. cit.*
[18] Paul Valéry, "Le cimetière marin," 1920, Émile Paul frères
[19] *Méditerranée, de Courbet à Matisse*, Paris, Réunion des musées nationaux, 2000, p. 214
[20] See Sylvie Patry, *Renoir au XXe siècle*, Paris, Réunion des musées nationaux, p. 146.
[21] Jacques Salomon, *Roussel*, *op. cit.*, p. 55.
[22] *Ibid.*, p. 56.
[23] Lucie Cousturier, *op. cit.*, p. 35.
[24] *K.-X. Roussel 1867–1944*, Maurice Denis Departmental Museum – "Le Prieuré", 1994, p. 19.
[25] See Jacques Salomon, *K.X. Roussel*, Paris, La Bibliothèque des arts, 1967, p. 56
[26] Pierre Bonnard, handwritten letter to his mother, in Pierre Bonnard, *Correspondances*, Paris, Tériade/Revue *Verve*, 1944, letter generally dated to 1909, the year the artist discovered the South of France, at Saint-Tropez.
[27] See *Édouard Vuillard, Le regard innombrable*, *op. cit.*, t. II.
[28] Jacques Salomon, *Vuillard, admiré par Jacques Salomon*, Paris, La Bibliothèque des arts, Paris, Paris, 1961, p. 149.
[29] Charles Baudelaire, at his mother's in Honfleur in 1859, cited in *Eugène Boudin, l'atelier de la lumière*, Musée Malraux, Le Havre, 2016, p. 85.
[30] Kimberly Jones, *art. cit.*, p. 450.
[31] Maurice Denis, 1890.
[32] Cited in *Vuillard*, Paris, Réunion des musées nationaux, *op. cit.*, notice 268.
[33] Charles Baudelaire, "Moesta et errabunda," in "Spleen et Idéal," *Les Fleurs du mal*, 1857, Édition Poulet-Malassis.
[34] Jacques Salomon, *K.X. Roussel*, *op. cit.*, p. 29, "greens" is underlined in the text.
[35] Jean-David Jumeau-Lafond, "Symbolismes," *Le Mystère et l'Éclat*, *op. cit.*, p. 129.
[36] Marius-Ary Leblond, "Roussel," *Revue illustrée*, 1907, vol 2, p. 119.
[37] Thiébault-Sisson, "Choses d'Art," *Le Temps*, 10 November 1909, cited by MaryAnn Stevens and Kimberly Jones, "Le triomphe de la lumière," in *Vuillard*, *op. cit.*, p. 285.
[38] MaryAnn Stevens and Kimberly Jones, *idem.*
[39] Édouard Vuillard, cited by Kimberly Jones in *Vuillard*, *op. cit.*
[40] Kimberly Jones, *art. cit.*
[41] *Vuillard, le regard innombrable*, *op. cit.*, pp. 1302–1306.
[42] Édouard Vuillard, *Journal*, 23 July 1920, cited by Guy Cogeval, *Vuillard, le regard innombrable*, t. II, 1918–1931, p. 1324.
[43] Jacques Salomon, *Auprès de Vuillard*, Paris, La Palme, 1953, p. 88.
[44] Jacques Salomon, *Vuillard admiré*, Paris, La Bibliothèque des arts, 1961, p. 150.
[45] *Ibid.*
[46] *Ibid.*
[47] Daniel Halévy, *Degas parle*, Paris, Édition de Fallois, 1995, p. 132.
[48] Henri-Frédéric Amiel, "Un paysage quelconque est un état d'âme," fragments from a personal diary, cited by Jean-David Jumeau-Lafond, art. cit., p. 130.
[49] Claude Roger-Marx, *Vuillard*, Paris, Éditions Arts et métiers graphiques, 1948, p. 12.

Catalogue des œuvres exposées Catalogue of works exhibited

Les textes d'introduction des sections et les notices sont de Mathias Chivot.
The introductory texts at the beginning of each section and the entries are by Mathias Chivot.

NB : Certaines œuvres ne sont exposées que lors de l'une ou l'autre des deux étapes de l'exposition. / Some of the works are only on show during one of the two stages of the exhibition.

Section 1
Un autre regard : le paysage transfiguré

Vuillard, même nabi, est un peintre de plein air. Cela ressemble à un contresens tant Vuillard est connu pour ses scènes feutrées et ses ambiances confinées. On retient de lui ses intimités familiales, ses papiers peints aux motifs ensorcelants. Évoquer le Vuillard nabi en peintre de paysages a quelque chose d'incongru pour la plupart d'entre nous. Et pourtant, l'artiste a voyagé et il a particulièrement apprécié les sujets en extérieur. La question se pose moins pour Ker-Xavier Roussel. On connaît son goût précoce pour une nature serrée dont il fait le centre de ses sujets. Les bois, les prés ou les clairières habitent déjà ses premières œuvres nabies. La suite de sa production, plus tard, se déclinera en vergers fleuris et en sous-bois fréquentés par les nymphes. Tout son œuvre ultérieur, au cours du XXe siècle, prolongera cette inclination au vert et glorifiera le paysage dans sa vastitude panoramique.

Pour Vuillard, le paysage comme sujet à part entière s'impose rapidement dans ses réflexions. On en trouve la trace dès ses débuts, dans ce que l'on pourrait nommer sa « protohistoire » des années 1887-1888. Les observations du jeune Édouard comptent bien sûr beaucoup d'anecdotes urbaines croquées sous forme de vignettes dans les pages de son *Journal*, mais il existe un petit corpus d'œuvres datant de cette courte période qui montre le peintre débutant s'essayer à l'exercice de plein air. Puis surgissent les prescriptions dictées sous l'impulsion de Sérusier, dès 1890. Cependant, Vuillard expérimente à son rythme et selon sa volonté, sans prêter trop attention au credo dogmatique du noyau dur des Nabis. Roussel, lui aussi, choisit de ne suivre que de loin les règles et le lexique de ses camarades.
Mais les deux amis ne se lancent pas moins dans la transposition du réel et composent de petits formats devenus des chefs-d'œuvre aujourd'hui mais considérés trop esquissés par la critique de l'époque, à l'instar du *Banc rose* (cat. n° 1) ou du *Pêcheur* (cat. n° 2). La nature, qui nourrira le sujet d'un paysage, n'est pas peinte sur le motif – les Nabis en cela se sont résolument détournés de l'impressionnisme, et Vuillard avec Roussel ne reconsidérera cette position qu'une quinzaine d'années plus tard. En 1890, toute la réalité que les deux amis observent sur le vif est tamisée à travers le prisme de la simplification, de la planéité des formes, de l'abandon du modelé au profit de couleurs unifiées. Maurice Denis, théoricien du groupe, l'a résumé dans une formulation restée célèbre : « Se rappeler qu'un tableau, avant d'être un cheval de bataille ou une femme ou une quelconque anecdote, est essentiellement une surface plane recouverte de couleurs en un certain ordre assemblées ». Le résultat de cette recomposition du réel donne des visions de collages, de formes compactes remplies de couleurs pures et agrégées les unes aux autres. La perspective est abolie, la profondeur annulée au profit d'un étagement des plans qui brouille la perception classique du regardeur. L'effet obtenu est souvent hypnotique, comme dans *Petit paysage nabi* (cat. n° 3) ou onirique comme *Le Banc rose*.
La petite mécanique nabie passe à la moulinette volumes et couleurs pour nous faire regarder la nature comme à travers un vitrail. La commande que Samuel Bing passe aux Nabis en 1895 pour le créateur Louis Comfort Tiffany à New York n'est d'ailleurs pas un choix qui s'est porté par hasard. Les francs cloisonnements et la roideur étudiée qu'impose la technique du vitrail sont l'opportunité pour Vuillard et Roussel de transfigurer le paysage en une héraldique qui doit autant à l'art médiéval qu'au japonisme. Aux petits paysages aux volumes suturés de Vuillard répond dans le même temps la production de Roussel qui, lui, peuple ses clairières de personnages éthérés, à peine animés de gestes suspendus. Il est intéressant pour Roussel de remarquer que le thème du sous-bois, de la clairière ensoleillée, du paysage énigmatique (*Paysage aux arbres jaunes*, cat. n° 5), est dans la filiation très nette de Puvis de Chavannes. Ses bois sacrés deviennent le refuge des muses ; ils accueillent des jeunes femmes à longues

Section 1
A Different Vision: Transfigured Landscapes

Even as a Nabis Vuillard was an open air painter. This seems strange as Vuillard is so well known for his cosy interior scenes and his confined ambiances. We remember his intimate family scenes and his wallpapers with their bewitching motifs. Referring to Vuillard the Nabis as a landscape painter has something rather incongruous about it for most of us. And nonetheless, the artist was well travelled and particularly enjoyed outdoor subjects.

The question doesn't apply so much to Ker-Xavier Roussel. We know that from early on he had a taste for dense nature that he made the focus of his subjects. Woods, prairies or clearings were already present in his first Nabis works. Later on, his production widened to include flowering orchards and woodland scenes often inhabited by nymphs. During the twentieth century, his ulterior work prolonged this inclination for greenery and glorified landscape in all its panoramic vastness.

Vuillard rapidly became preoccupied with landscape as a subject in its own right. We can find traces of it in his very early years or what we might call his "proto-history," between 1887–1888. The young Édouard's observations obviously included a lot of urban anecdote, sketched in the form of small illustrations in the pages of his *Journal*, but there is also a small body of works dating from this short period that show the painter-novice also worked outside in the open air. Then suddenly from 1890 on, the influence of Sérusier's dictated instructions appears. Vuillard, however, continued experimenting at his own pace and in his own way without paying too much attention to the dogmatic credo of the key members of the Nabis. Roussel too chose only to follow the rules and formal vocabulary of his friends from a distance.

Nevertheless, the two friends launched themselves into the transposition of reality and composed some small-format works which were criticized for being too sketchy at the time but which are today considered as masterpieces, such as *Le Banc rose* (The Pink Bench, cat. 1) or *Le Pêcheur* (The Fisherman, cat. 2). Nature, which nourished the subject of a landscape, was not painted from life – in this respect the Nabis had resolutely turned their backs on Impressionism and both Vuillard and Roussel only reconsidered this position some fifteen years later. In 1890, the reality that the two friends observed from life was toned down through the prism of simplification, the flatness of form, and modelling was exchanged for colour. Maurice Denis, the theorist in the group, summed it up in a phrase that has remained famous: "Remember that a painting – before being a war horse, a nude women, or similar anecdote – is essentially a flat surface covered with colour in a certain order." This re-composition of reality led to compact collage-like forms filled with pure colour woven together. Perspective was abolished, depth abandoned, replaced by staggered planes that thwarted the spectator's traditional perception. The effect obtained was often hypnotic, like in *Petit paysage nabi* (Small Nabis Landscape, cat. 3), or oneiric like in *Le Banc rose*.

The Nabis mechanism put volume and colour through the grinder to make us look at nature as if we were looking through a stained-glass window. In 1895, the Nabis' commission from Samuel Bing for the creator Louis Comfort Tiffany in New York did not come about by chance. The clear divisioning and well-researched rigidity imposed by the stained glass technique was the occasion for Vuillard and Roussel to transfigure landscape into a kind of heraldry that owed as much to Mediaeval art as it did to Japonism. Vuillard's small landscapes with their sutured volumes were echoed at the same time by Roussel's work, who filled his clearings with barely-animated ethereal characters and transfixed movements. In Roussel's case, it is interesting to notice that the theme of woodlands, sunny clearings, enigmatic landscapes (*Paysage aux arbres jaunes* [Landscape with Yellow Trees], cat. 5), makes a clear reference to the work of Puvis de Chavannes.

nattes, vêtues d'étoffes empesées comme des vêtements sacerdotaux, dans une nature irréelle. Beaucoup de ses paysages entre 1891 et 1895 laissent une impression générale de langueur solennelle et rappellent en effet Puvis de Chavannes, le grand maître de l'allégorie au XIXe siècle. Mais l'inclination très nette que montre Roussel pour une forme de forêt primordiale, de bosquet enchanté, indique déjà aussi la tentation du thème mythologique que l'artiste déploiera au tournant du XXe siècle, dont la veine virgilienne tournera le dos aux formes symbolistes devenues trop compassées.

Femme dans une prairie au bord de l'Yonne (cat. n° 11) ou *La Clairière aux biches* (cat. n° 14) se placent déjà au début d'une longue tradition roussélienne qui veut que la mythologie soit partout, et surtout dans les paysages directement accessibles à l'artiste, ceux de l'Île-de-France. Ainsi, vers 1897-1898, on glisse subrepticement du « bois sacré » à une « mythologie des environs » très incarnée qui garde encore le souvenir des méditations bucoliques de Puvis de Chavannes, mais dans une mise en scène assouplie.

Le cheminement de Vuillard, à travers la décennie 1890, suit une voie à peu près parallèle. Il s'est éloigné des règles nabies dont Claude Roger-Marx avait noté qu'elles risquaient à la longue de « déconcerter à force d'être trop concertées[1] ». Dit autrement, Vuillard a quitté une certaine stylisation extrême des formes. Le passage d'une nature cryptée (*La Fenêtre en hiver*, cat. n° 4) à une verdure plus délibérément foisonnante (*Café au bois de Boulogne*, cat. n° 8) permet de mesurer combien l'artiste a arrondi la trajectoire de sa conception spatiale en quelques années. Il formule cependant toujours des paysages dont le charme tient à la reconstruction *a posteriori* du réel. L'immédiat est filtré par un travail de restructuration. L'observation *sur le motif* n'est pas encore à l'œuvre et Vuillard conserve « sa méthode, qui consiste à ne plus peindre sur le vif, mais à retarder sa réponse aux excitations des yeux et de la main[2] ». Il métamorphose ce qu'il a sous les yeux pour faire coulisser l'expérience du complexe sur un réalisme trivial. *Le Banc rose* ou *La Maison de Roussel à la Montagne* (cat. n° 21) sont parmi les plus beaux écrins pour recevoir la fraîcheur mystique de ses tons.

[1] Claude Roger-Marx, *Vuillard et son temps*, Paris, éditions Arts et métiers graphiques, 1946, p. 55.
[2] *Ibid.*, p. 52.

Ker-Xavier Roussel

13. *L'Étreinte* ou / or *Paysage au couple au pied d'un arbre*, c. 1898
Huile sur panneau / Oil on panel
78 x 104 cm
Saint-Tropez, musée de l'Annonciade
Inv. 1992.4.1

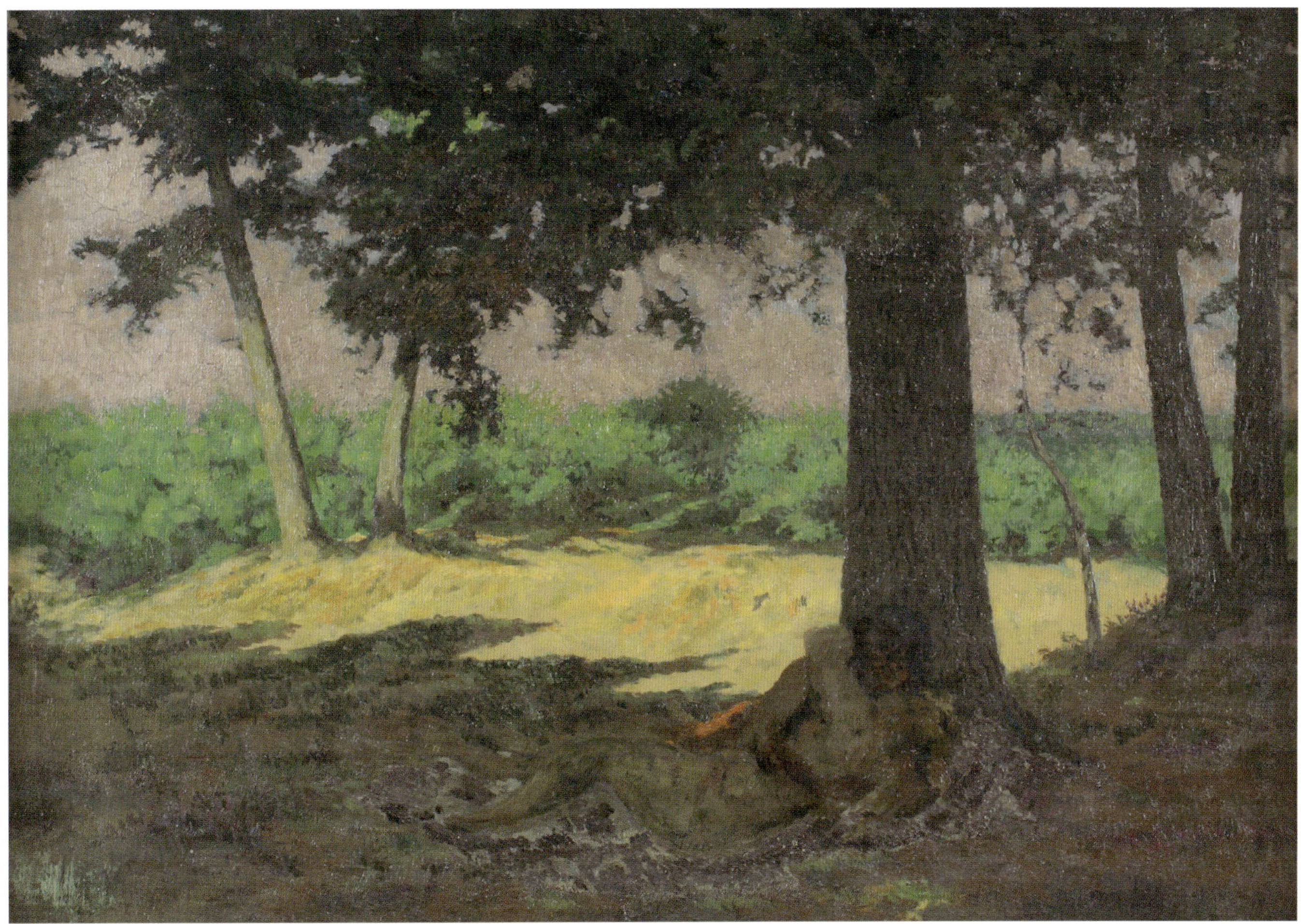

Cat. n°s 14 à 16

Ces trois œuvres sont caractéristiques des années-charnière de Roussel, entre la fin de sa période nabie, marquée par le synthétisme, et le début de la période après 1900, au dynamisme très affirmé. Elles se situent dans un entre-deux qui permet de comprendre comment s'est opéré le passage d'un goût du mystère engourdi propre aux Nabis à une peinture mythologique où le mouvement devient la priorité.
Les scènes se déroulent toutes les trois dans la campagne d'Île-de-France. Les œuvres de cette époque assez courte marquent en général une prédilection pour les sous-bois et les clairières enchantées comme celle de *La Clairière aux biches*. La présence d'un étang, ou même d'une mare, est souvent le point commun. *Le Bain dans la rivière*, par exemple, opère comme une jonction avec les premiers types de *Fontaine de jouvence* qui apparaissent dès 1900-1901. Le thème lacustre n'est jamais loin dans l'inspiration de Roussel qui prête à l'eau un pouvoir lustral, celui de purifier en même temps que de rajeunir celui qui s'y baigne. Cette conviction magique, qu'il agite comme un talisman contre vieillesse et impuissance, sera une des itérations insistantes de sa peinture à venir. Ainsi, le bucolique *Bain dans la rivière* pourrait tout aussi bien devenir un rituel mystérieux, entre baptême archaïque et cérémonial d'éternité.
Pour le moment, l'influence de Puvis de Chavannes est encore proche. Si les personnages ont perdu le hiératisme un peu compassé des années nabies, les sylphides ancestrales qu'imagine Roussel gardent des allures de « muses au bois sacré » chères à Puvis. On trouve cependant déjà les accents d'harmonie primitive qu'auront plus tard certaines de ses compositions. Sous l'influence de Signac que Roussel visite dans le Midi à partir de 1899-1900, cet éden retrouvé aura des échos anarchistes à peine cryptés qui s'éloigneront de la grandeur monumentale de Puvis.
La perspective a regagné de la réalité : les profondeurs s'affirment et l'ordonnance s'échelonne plus nettement qu'avant. Roussel accentue les plans de fond. Celui de *La Clairière aux biches* évoque un décor de théâtre, comme une toile de fond similaire à celle que Manet avait déjà osée dans *Le Déjeuner sur l'herbe*. La perspective se termine en focale sur une pièce d'eau ensoleillée, encore accentuée de jaune et de vert francs. Les modelés des personnages s'arrondissent, comme ceux des frondaisons. La couleur, jusque là confinée à des tons rabattus, devient autonome et sert véritablement la construction de l'œuvre. Les verts et les bleus sont largement utilisés, comme un fond, tandis que des jaunes ou des rouges orangés assurent l'équilibre par leur disposition dans l'espace. Le très curieux *Femme et enfants dans un pré*, sous des dehors classiques, introduit une impression d'invraisemblance inquiétante. Roussel a plongé cette scène d'été dans une lumière de nuit américaine qui transforme l'herbe en tapis turquoise, les ombres des arbres en clignotements violets et le bleu du ciel en menace nucléaire. Cette audace des tons affirme désormais Roussel comme un grand coloriste.

Cats. 14–16

These three works are very characteristic of Roussel's pivotal years, between the end of his Nabis period, marked by synthetism, and the beginning of the period just after 1900, with a self-affirmed dynamism. It is a kind of in-between phase that allows us to understand how he moved from the specifically Nabis taste for torpid mysteries to mythological painting where movement was the priority.
Each of the three scenes takes place in the countryside around Île-de-France. The works of this rather short period generally show a predilection for woodland scenes and enchanted clearings like the one in *La Clairière aux biches* (Clearing with Deer). The presence of a lake, or even a pond, is often a common feature. *Le Bain dans la rivière* (Bathing in the River), for example, operates as a junction with the first *Fontaine de jouvence* (Fountain of Youth) that appeared from 1900–1901 on. The lakeside theme is never far in Roussel's inspiration and he attributes a lustral power to water, purifying and rejuvenating anyone who bathes in it. This magical belief that he wards like a talisman against old-age and impotence, was one of the constant iterations in his later paintings. And so, the bucolic *Bain dans la rivière* might just as easily be a mysterious ritual, an archaic baptism or ceremony of eternity.
At this point, the influence of Puvis de Chavannes was never far away. Whilst the characters lost the slightly stiff solemnity of the Nabis years, the ancestral sylphides that Roussel imagined still have the allure of the "muses of the sacred wood" so dear to Puvis. However, we can already see the primitive harmony notes that some of his later compositions would have. Influenced by Signac, who Roussel visited in the South of France from 1899–1900, this reclaimed Garden of Eden had some underlying anarchist echoes that move away from the monumental grandeur of Puvis.
The perspective has regained some reality: the depths assert themselves and the ordering is more clearly staggered than before. Roussel emphasizes the backgrounds. The one in *La Clairière aux biches* evokes a stage set, similar to the background that Manet dared to create in *Le Déjeuner sur l'herbe*. The perspective focuses on a sun-drenched ornamental lake, still highlighted with yellows and true greens. The forms of the characters is softer, like the foliage. The colours, up until then limited to subdued tones, become autonomous and participate to a large extent in the construction of the work. Greens and blues are widely used as a ground, whilst yellows and orangey reds ensure the balance of the work by the way they are arranged in the pictorial space. The very strange *Femme et enfants dans un pré* (Woman and Children in a Prairie), with its classical exterior, introduces a worrying sense of unlikelihood. Roussel has plunged this summer scene into a *day for night* lighting effect that transforms the grass into a turquoise carpet, the shadows of the trees into violet flashes and the sky into a blue nuclear threat. Roussel's audacious tones established his reputation for being a great colourist.

Ker-Xavier Roussel

14. *La Clairière aux biches*, 1897-1898
Pastel sur papier / Pastel on paper
58 x 88 cm
Signé en bas à droite / Signed on the bottom right
Collection particulière / Private collection

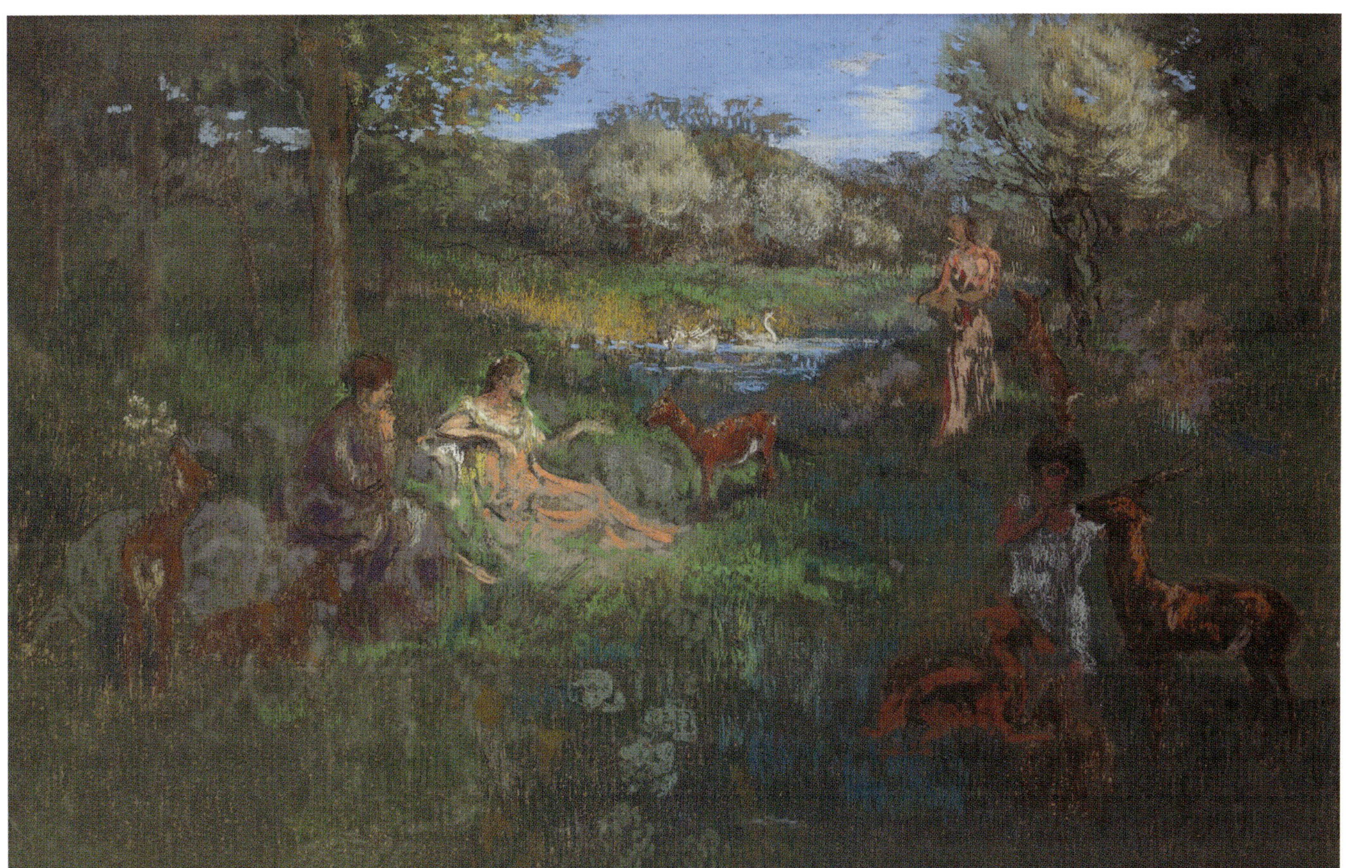

Ker-Xavier Roussel

15. *Le Bain dans la rivière*, 1897-1898
Pastel sur papier / Pastel on paper
73 x 103 cm
Signé en bas à gauche à la mine de plomb / Signed on the bottom left with lead pencil : *kx roussel*
Collection particulière / Private collection

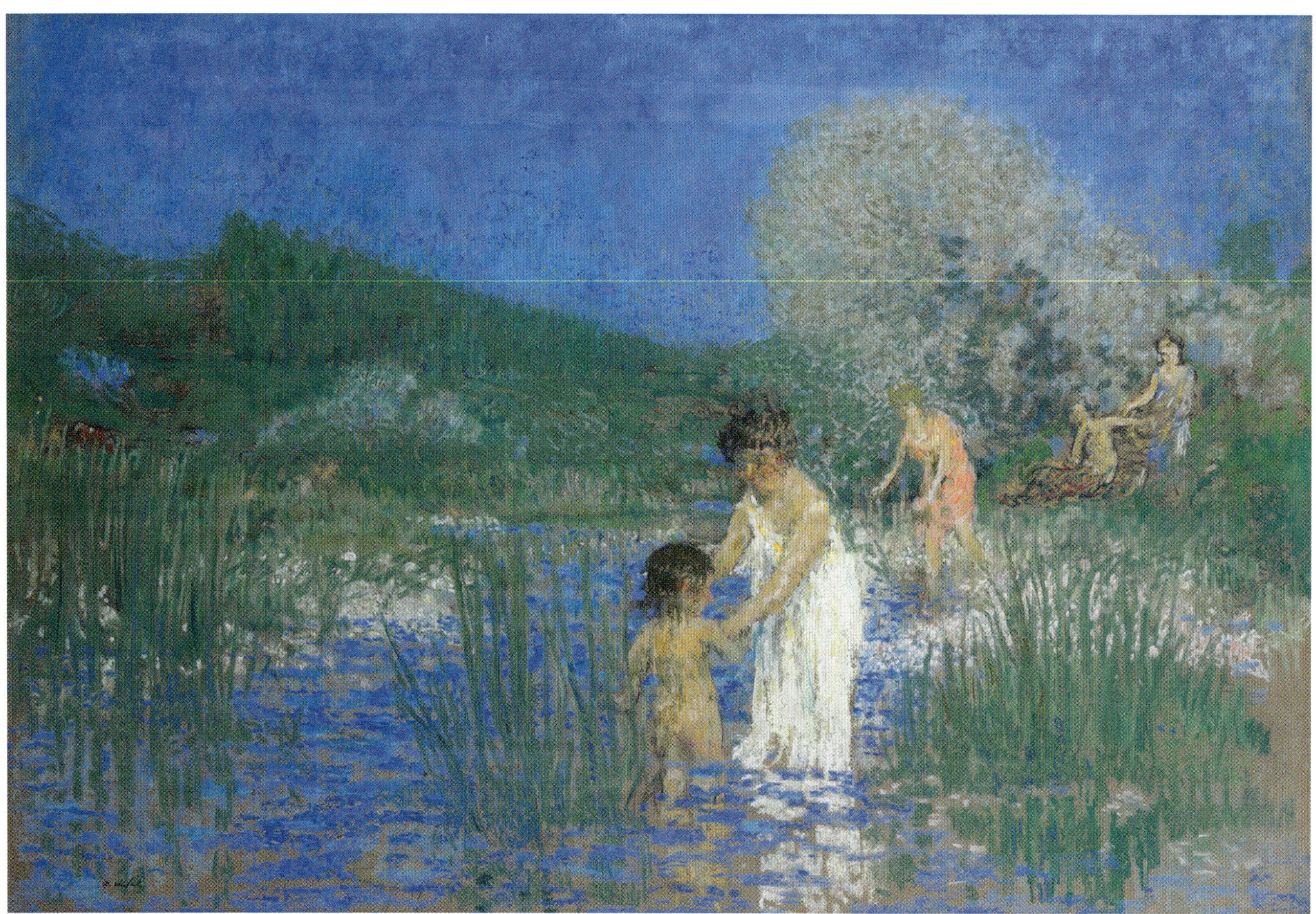

Ker-Xavier Roussel

16. *Femme et enfants dans un pré*, c. 1899-1901
Pastel sur papier / Pastel on paper
22,2 x 29 cm
Signé en bas à gauche / Signed on the bottom left : *kx roussel*
Collection particulière / Private collection

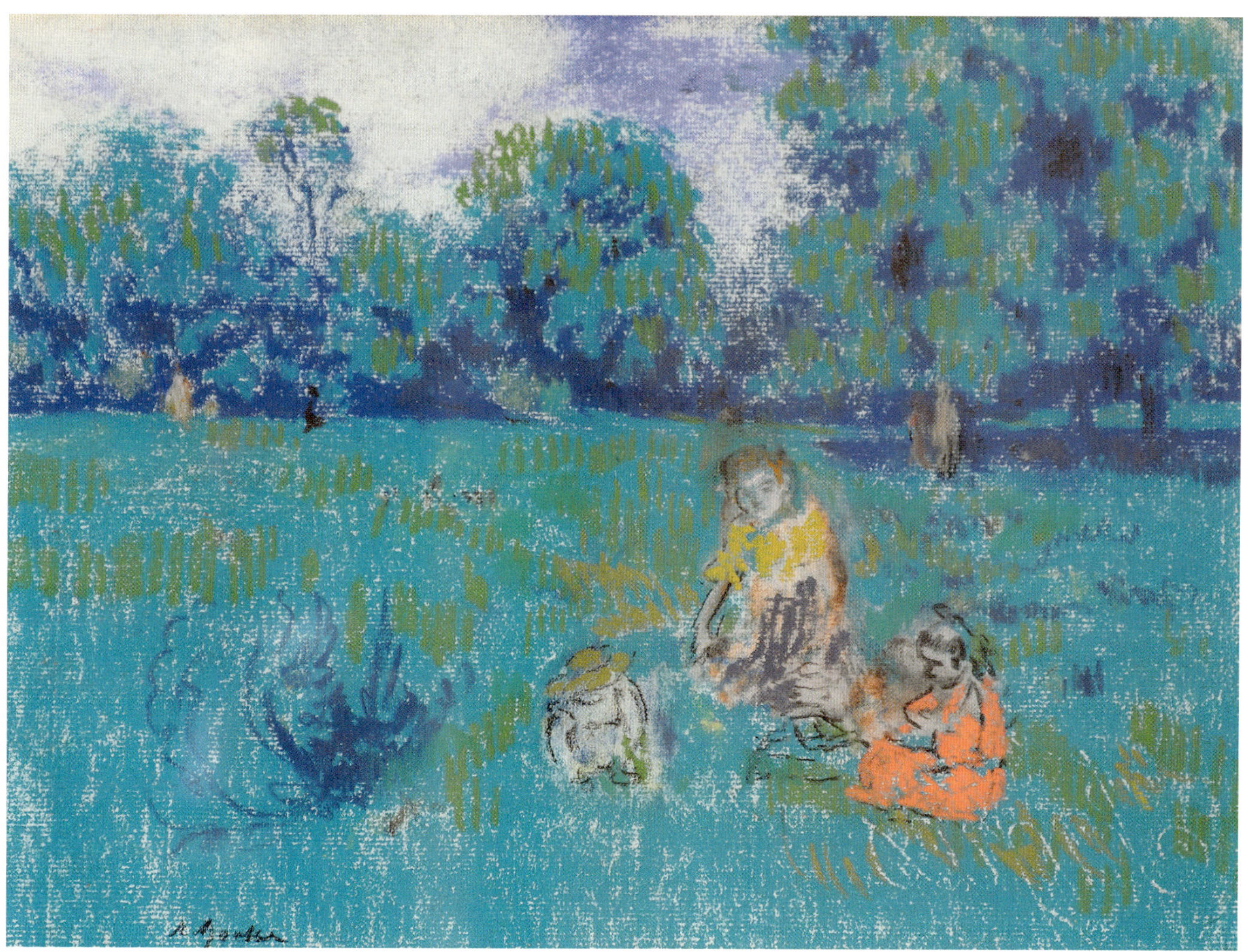

Ker-Xavier Roussel

17. *Paysage d'été*, c. 1894
Pastel sur papier / Pastel on paper
33 x 50 cm
Association des Amis du Petit Palais, Genève
Inv. 4471

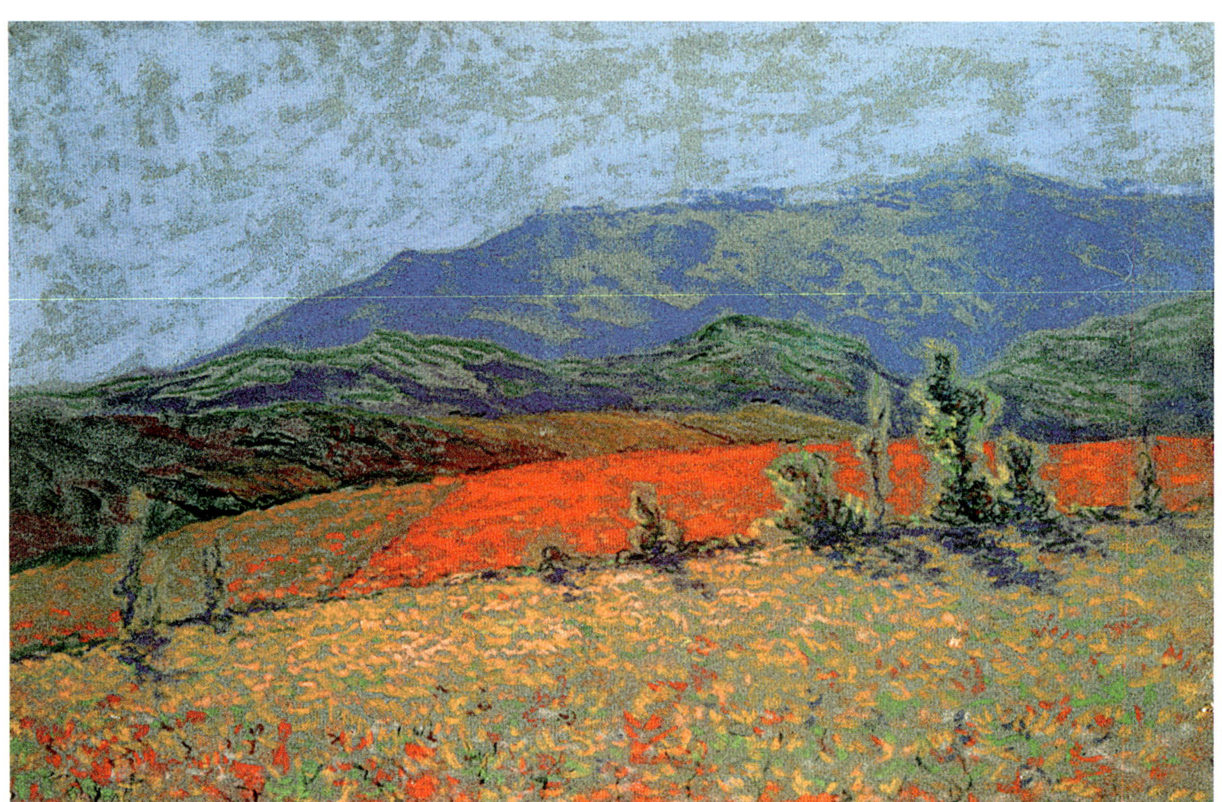

Ker-Xavier Roussel

18. *Femme nue dans un paysage*, c. 1898
Pastel sur papier / Pastel on paper
29 x 45,5 cm
Signé en bas à droite / Signed on the bottom right : *k.x. roussel*
Paris, galerie Berès

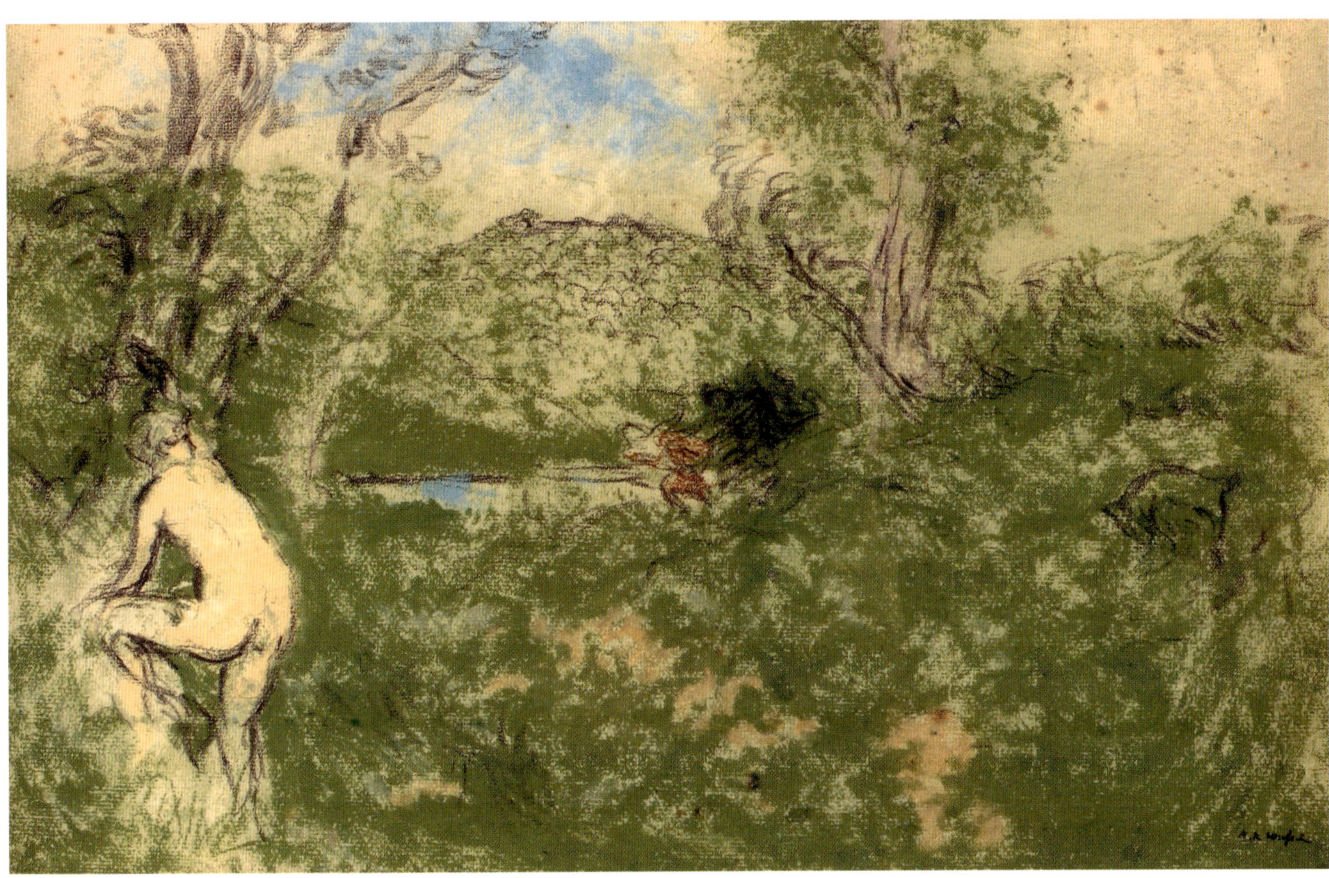

Ker-Xavier Roussel

19. *Le Petit Pont*, c. 1894-1895
Pastel sur papier / Pastel on paper
21,5 x 35 cm
Cachet de l'atelier en bas à gauche / Atelier seal on the bottom left
Collection particulière / Private collection

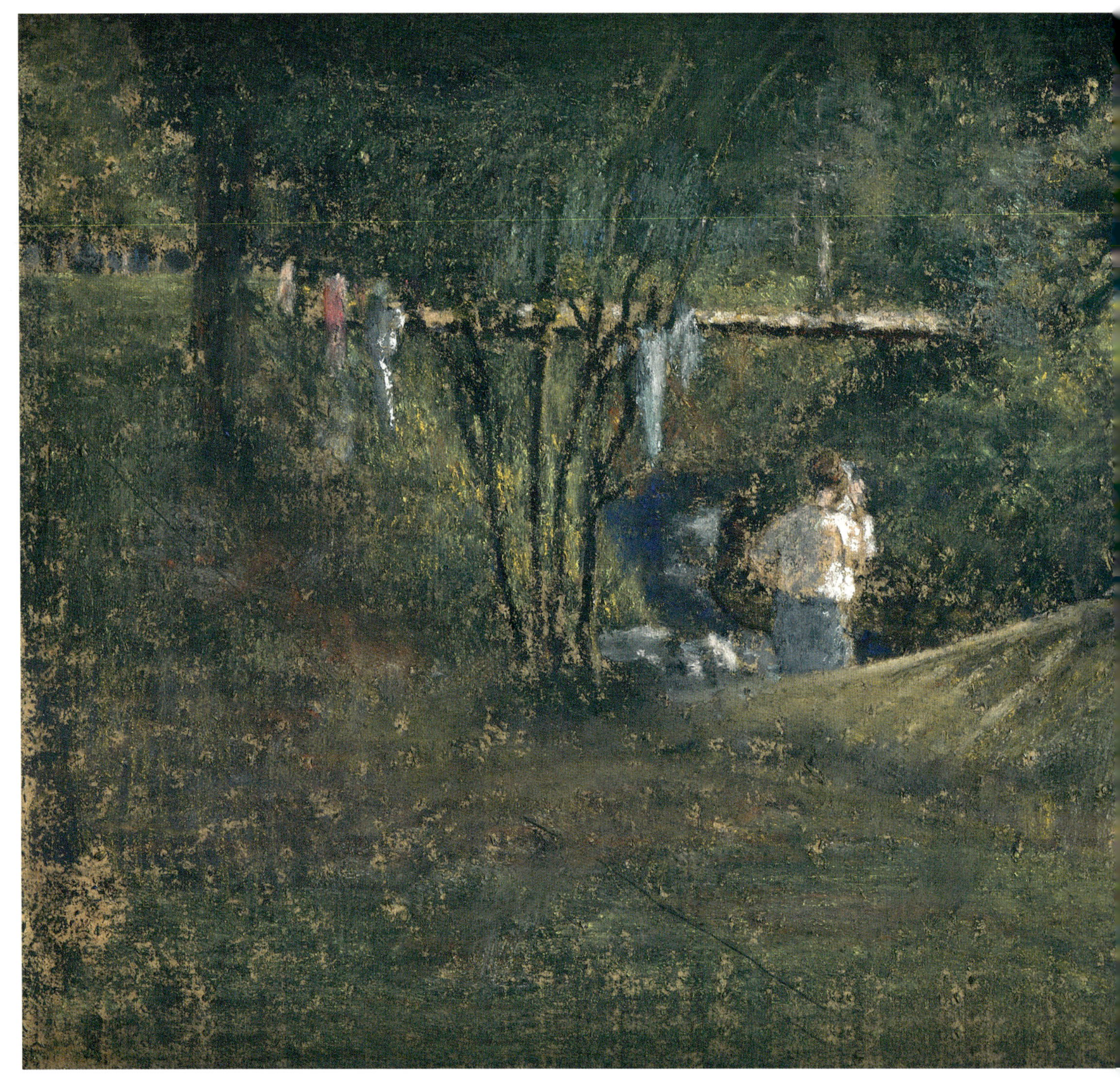

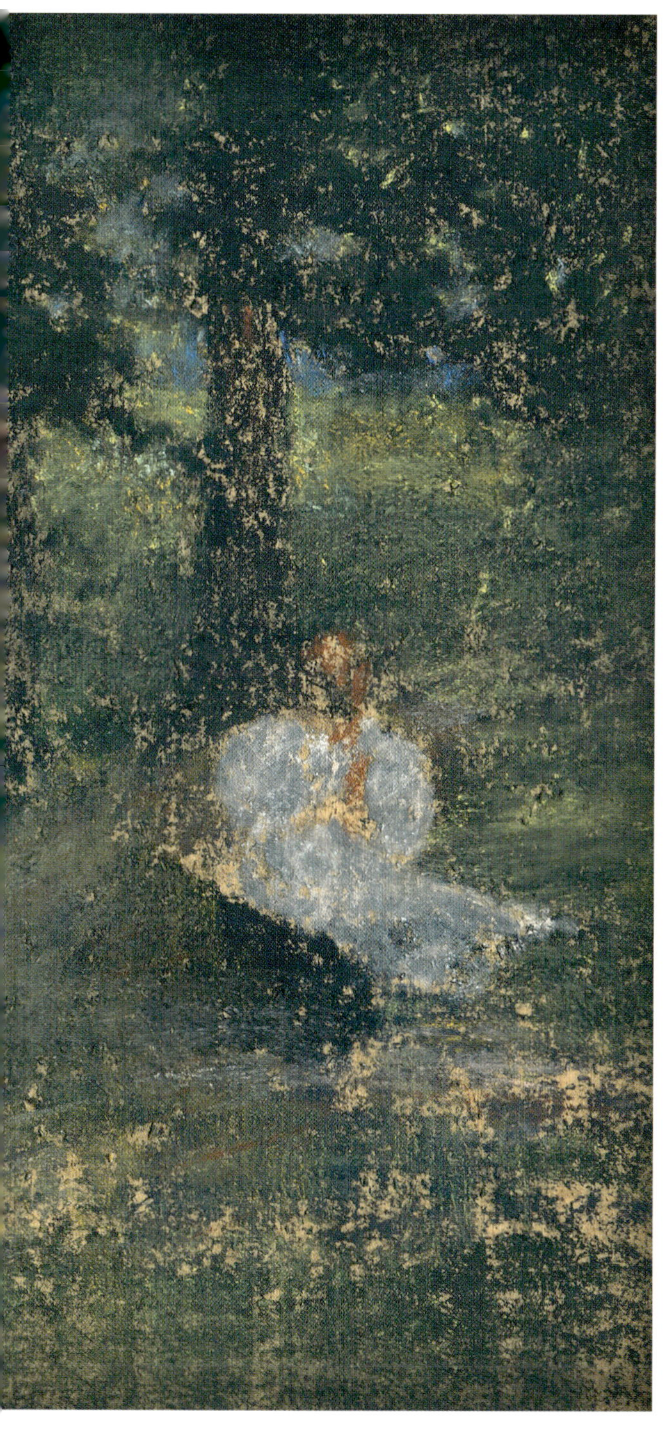

Édouard Vuillard

20. *Paysage à L'Étang-la-Ville*, 1900
Huile sur papier contrecollé sur carton / Oil on paper glued onto cardboard
51 x 48 cm
Paris, musée d'Orsay, legs de / bequest of M. Carle Dreyfus, 1953
Inv. RF 1997-391

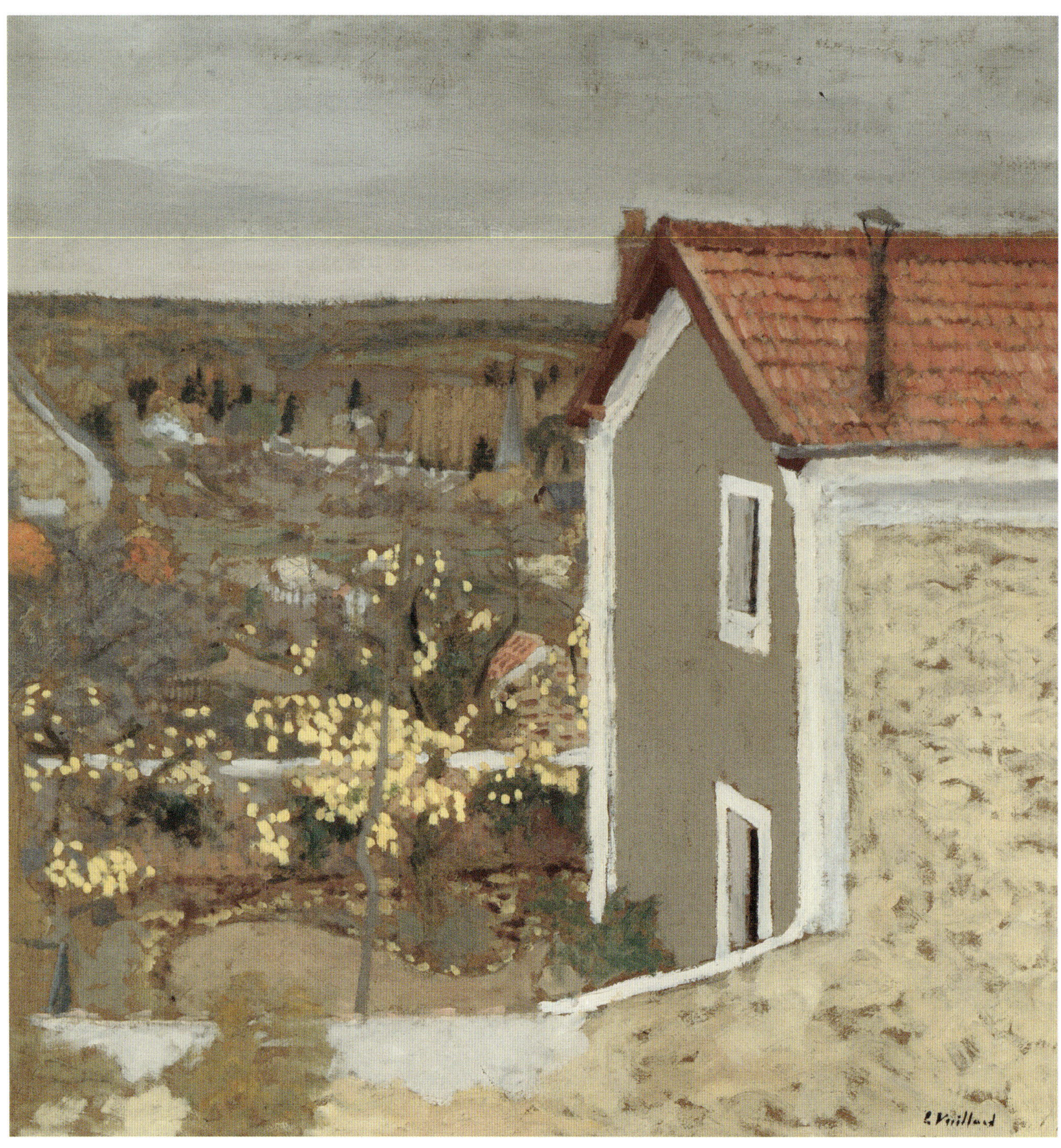

Édouard Vuillard

21. *La Maison de Roussel à la Montagne*, c. 1900
Huile sur carton / Oil on cardboard
29 x 33 cm
Signé et dédicacé en bas à droite / Signed and dedicated on the bottom right : *à mon ami Maillol* / *E. Vuillard*
Lausanne, Fondation de l'Hermitage, legs de / bequest of Lucie Schmidheiny, 1998

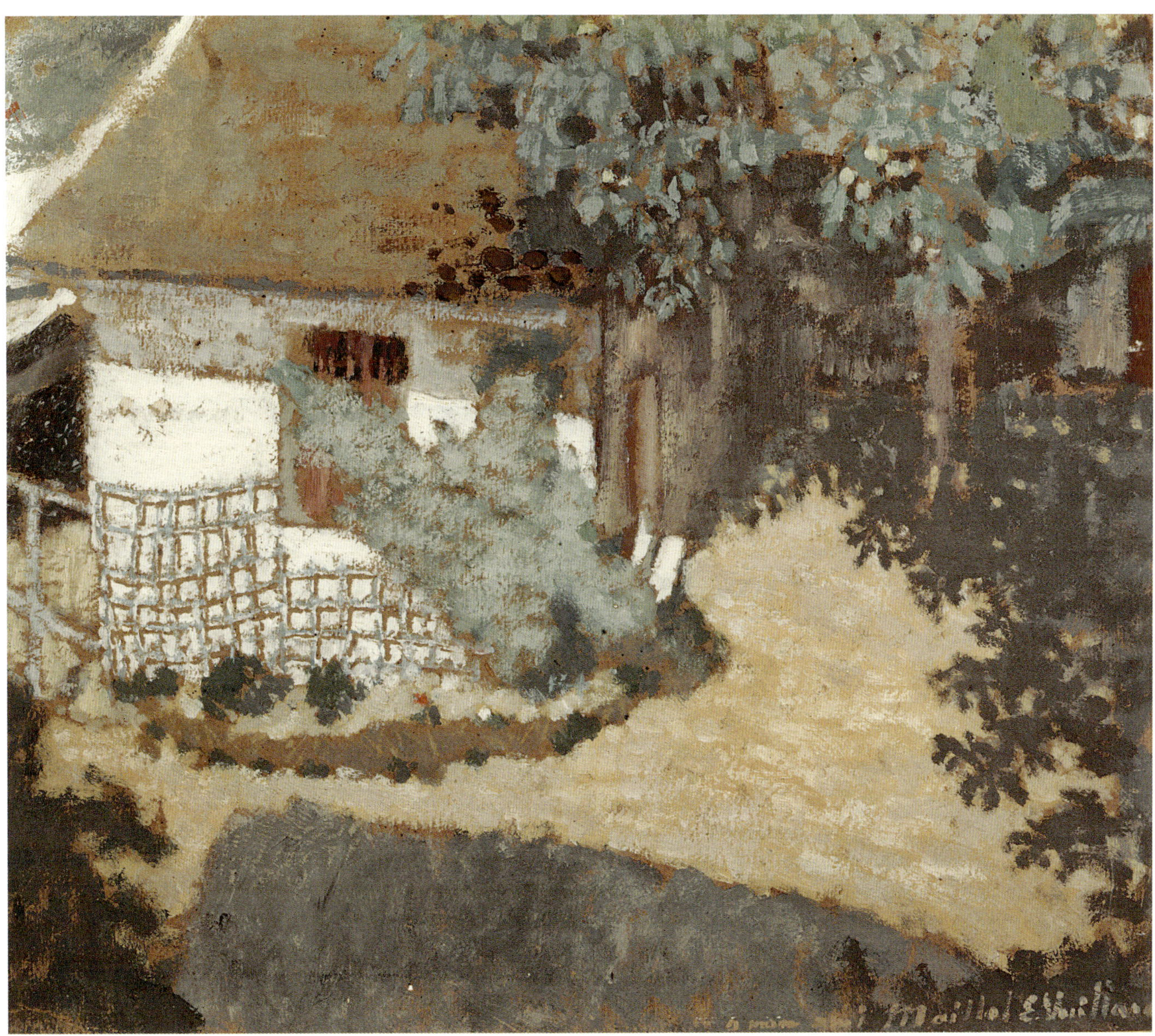

Longtemps titrée sobrement *Bacchus aux cymbales*[1], cette œuvre très « écrite » est datée 1896 depuis que Lucie Cousturier[2] l'a publiée comme telle, mais nous pensons qu'il faut plutôt en repousser l'exécution à 1900-1901. Cette différence n'est que de quelques années mais elle est pourtant significative. En 1896, Roussel stylisait encore ses figures en silhouettes hiératiques. En guise de décor, il modelait une nature idéale dont les formes imaginées répondaient aux besoins de la composition. Puis, au tournant du siècle, la perspective reconquiert l'espace de ses tableaux. Elle ouvre de vastes panoramas sur des bords de mer ou sur des campagnes qui ne doivent plus rien aux impératifs de l'arrangement mental. La nature s'impose d'elle-même, telle qu'elle est observée sur le motif. Et c'est là certainement que se situe le virage post-impressionniste de Roussel – comme de Vuillard d'ailleurs.

L'Ivresse au crépuscule illustre parfaitement cette conversion du regard de Roussel et peut difficilement être considérée comme de l'époque précédente. Le dynamisme échevelé de l'œuvre vient en grande partie d'une perspective complexe à points multiples, dont les basculements d'avant en arrière nourrissent cette impression de malaise propre à l'ivresse. Le point de vue du regardeur, d'abord situé en-dessous du groupe des figures, se renverse soudainement à la crête de la colline pour plonger vers la Seine et les peupliers qui la bordent. Latéralement, la scène semble tirée par plusieurs points de fuite, comme une toile extensible pourrait l'être vers ses bords. L'impression de tangage est encore renforcée par l'équilibre instable du Bacchus à tunique rouge, dont les jambes arquées par la danse font pendant à l'étrange silhouette d'une autre danseuse en chiton rose. Enfin, invisible au premier regard, une quatrième figure finit par émerger ; une danseuse, dont on ne voit dépasser que le vêtement rouge et les jambes lancées vers l'arrière, s'extrait de la silhouette du danseur comme une apparition ectoplasmique. Tout souligne la volonté du mouvement, du traitement dynamique de l'herbe aux brindilles fortement appuyées aux peupliers dont le rythme scande la nature de concert avec les stries des cultures au bord de l'eau. La matière picturale est épaisse, riche ; la touche est large et chaque coup de pinceau forme un rectangle qui, juxtaposé aux autres, compose un divisionnisme vu à la loupe ou, plus probablement, révèle de façon à peine voilée l'admiration de Roussel pour Cézanne.

Enfin, la couleur est l'autre élément qui annonce le passage vers un autre âge. L'utilisation de tons contrastés sert le ressort *tragique* du tableau. Les trois couleurs primaires – le rouge du pagne au premier plan, le bleu du ciel et de l'eau, le jaune de l'arbre à l'arrière et des champs – fondent la construction de la scène. C'est désormais la marque de Roussel que d'agencer ostensiblement ces trois couleurs entre elles, jusqu'à être considéré par la critique comme le dernier héritier du Grand Siècle classiciste.

[1] C'est le titre qu'il porte dès 1909 à l'exposition *Le Cercle de l'Art moderne* au Havre, sous le n° 64.

[2] Lucie Cousturier, *K.-X. Roussel*, Paris, éd. Bernheim-Jeune, 1927, ill. p. 39. Bien que publié du vivant de Roussel, l'ouvrage présente d'autres erreurs avérées de datation.

Known for a long time rather soberly as *Bacchus aux cymbals* (Bacchus with Cymbals),[1] this very "narrative" work dates from 1896 when Lucie Cousturier published it as such, but we believe that it was carried out slightly later in 1900–1901.[2] This is only a difference of a few years but nevertheless a significant one. In 1896, Roussel was still stylising his figures as hieratic silhouettes. He created ideal natural settings as decors and used imaginary forms that fitted the needs of the composition. Then at the turn of the century, perspective conquered his pictorial space again. It opened up vast panoramas of the coastlines or countryside that no longer owed anything to the imperatives of mental organisation. Nature dominated, as it was seen in real life. And it was almost certainly at this moment that Roussel, and Vuillard for that matter, experienced a post-impressionist turnabout.

L'Ivresse au crépuscule (Drunkenness at Twilight) illustrates perfectly this change in Roussel's way of seeing and cannot really be compared to the preceding period. The frenzied dynamism of the work mostly comes from a complex multi-point perspective, whose shifting backwards and forwards fuels that uncomfortable feeling so unique to drunkenness. The viewpoint of the spectator, initially situated below the group of figures, suddenly shifts to the crest of the hill diving downwards to the Seine and the poplars lining its banks. Widthways, the scene appears to be drawn by several vanishing points, like a canvas being stretched at the edges. The swaying impression is reinforced further by the off-balance of Bacchus in his red tunic, his legs bowed by dancing and echoing the strange silhouette of another dancer in a yellow *chiton*. Finally, invisible at first glance, a fourth figure emerges; a dancer with only her red clothing and her legs thrown backwards visible, appearing out of the silhouette of another dancer like a ghost-like apparition. Everything reinforces the desire for movement, from the dynamic treatment of the grass with its strongly-emphasized blades to poplars whose rhythm punctuates this concert of nature of ploughed crop fields along the water's edge. The pictorial matter is thick and rich; the touch is broad and each brushstroke forms a rectangle which when juxtaposed with the others creates a divisionism, as if the image is being seen through a magnifying glass, or more probably revealing Roussel's open admiration for Cézanne.

Finally, colour is the other element that announces the move to a different period. The use of contrasting tones participates in the painting's *tragic* energy. The three primary colours – the red of the loincloth in the foreground, the blue of the sky and the water, the yellow of the tree in the back and the fields – are the founding elements of the scene. From this point on it became Roussel's trademark to ostensibly arrange these three colours together, to the point where he was considered by critics as the last heir of the classicist *Grand Siècle*.

[1] It was the title it had in 1909 at the *Le Cercle de l'Art moderne* exhibition in Le Havre, n° 64.

[2] Lucie Cousturier, *K.-X. Roussel*, Paris, ed. Bernheim-Jeune, 1927, ill. p. 39. Although published during Roussel's lifetime, the work shows other proven dating errors.

Ker-Xavier Roussel

22. *L'Ivresse au crépuscule*, 1900-1901
Huile sur carton / Oil on cardboard
48 x 69 cm
Signé en bas à gauche / Signed on the bottom left
Le Havre, musée d'art moderne André Malraux
Inv. A 499

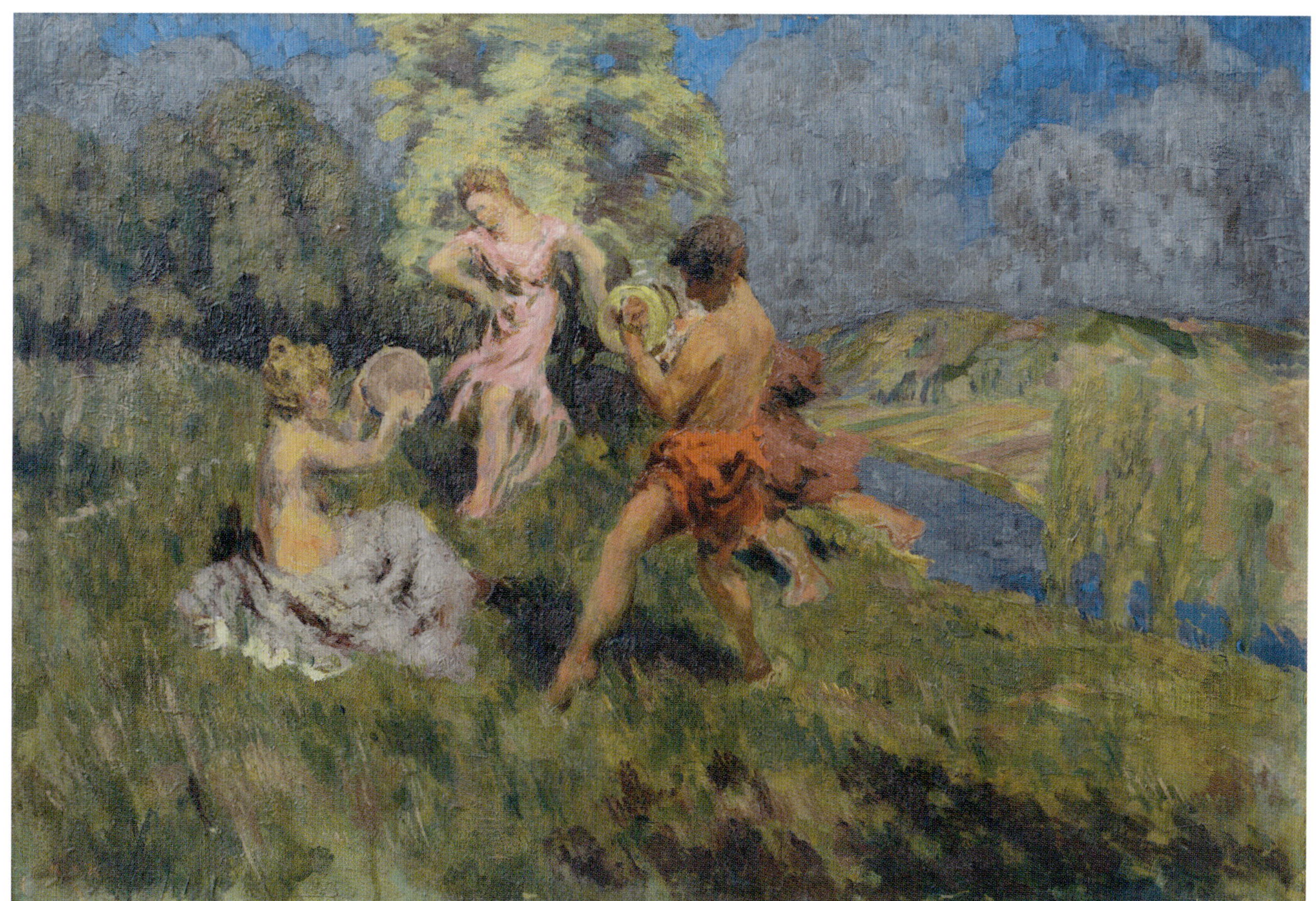

Section 2
Le tournant. Lumière d'ailleurs : le paysage de villégiature

Le début du XXe siècle s'accompagne d'un changement manifeste pour Roussel et Vuillard. Les excès de logique de la décade précédente ont fait leur temps et chacun – pour des raisons différentes – se rapproche d'un post-impressionnisme qui ne se cache plus. Les deux amis ont atteint une limite dans les expérimentations d'avant-garde et on devine, vers 1900, qu'il veulent tous les deux s'affranchir des codes de la nébuleuse nabie.
Au tournant du siècle, Vuillard vit une petite révolution qui le replace au centre d'une optique plus traditionnelle ; la perspective et le modelé retrouvent la place qui leur avait été enlevée par le synthétisme. Alors, s'éloignant du prisme nabi qui décompose et recompose, le peintre revient à une observation plus immédiate de ce qui l'entoure. Il élabore une modernité *à rebours* et fait mentir l'adage qui veut que la peinture aille toujours vers plus d'abstraction. Ses compositions se sont desserrées et n'ont plus grand chose à voir avec le *teatrino* stylisé des peintures nabies (*Les Collines bleues*, cat. n° 23). Le critique d'art Pierre Hepp avait d'ailleurs souligné le pari d'une telle mutation dans une de ses livraisons au *Divan* en 1908 : « Il veut, tout en grandissant son format, aérer son champ visuel. Voilà qui réclame un immense effort d'un peintre accoutumé à resserrer dans un infime espace la somme de ses intentions ».
Au même moment, Roussel engage une mue similaire et se défait d'un costume nabi décidément mal ajusté à ses impulsions vitalistes. Il a quitté Paris depuis juin 1899 pour habiter cette campagne d'Île-de-France qui inspirera ses mythologies. Comme Vuillard, lui aussi se dégage d'une stylisation qui paraît inadaptée à la fougue nouvelle de ses fictions antiques. Ses voyages dans le Midi pour visiter ses amis pointillistes – Paul Signac, Henri-Edmond Cross ou Theo van Rysselberghe – ressemblent à une *exploration initiatique* dont on suppute aujourd'hui qu'elle aurait eu lieu dès l'hiver 1899, bien avant la date de 1904 qu'on avance d'habitude (*Paysage : coteaux boisés au bord de la Méditerranée*, cat. n° 26). Le Midi est l'équivalent d'un tour d'Italie qu'il n'a jamais fait. Et c'est par le rivage méditerranéen français que Roussel revient à la grande mesure classique.
On connaît par quelques œuvres ses voyages sur la côte normande quand il y retrouve Vuillard en 1904 et 1905 (*La Côte normande à Vasouy*, cat. n° 24) mais le spectre d'Eugène Boudin est trop présent pour qu'on puisse imaginer Roussel tout à fait à l'aise avec les lumières du Nord. À peu près au même moment, et assez régulièrement ensuite, il suit Marie, sa femme qui est aussi la sœur de Vuillard, dans des visites à Cuiseaux, son village natal. Il existe ainsi un petit ensemble de paysages du Jura qui, réunis, forme une subtile chronique de ces pèlerinages des origines (*Paysage à Cuiseaux*, cat. n° 41). Mais son véritable horizon, celui que tout son esprit investit, que tous ses sens interrogent, flotte au-dessus de la Méditerranée. Roussel a éprouvé dès 1900 son « coup des Mille et une nuits » dont parlait Bonnard en 1909 pour expliquer le choc que le Sud avait opéré sur lui d'un coup. Roussel ne pensera plus qu'à y retourner le plus souvent possible, comme à une source, pour nourrir son rêve antique. Il décidera que la plage des Graniers est un rivage antique (*Petit Faune dansant*, cat. n° 28) et que la mer à Saint-Tropez est la mer Égée. Ses soleils plongeant au loin auront la force de crépuscules homériques (*Clair de lune sur la mer*, cat. n° 42, *La Plage au crépuscule*, cat. n° 43). Roussel réanime un monde disparu, une antiquité tragique et violente, sereine et élégiaque et résout par son érudition immense l'apparent contresens de ces deux pôles contraires.

Quand Roussel est à Saint-Tropez, Vuillard sillonne les côtes normandes et bretonnes, entre Honfleur et Saint-Jacut. Chaque été, il laisse Paris pour installer son « atelier de campagne » dans les villas que louent ses amis Hessel. Ses promenades pittoresques poussent Vuillard à une prise de note rapide (*Le Moulin du Diable à Guérande*, cat. n° 35), souvent au pastel. Son premier travail se fait directement sur le motif mais

Section 2
The Turning Point. Light from Elsewhere: Holiday Landscapes

The early twentieth century was accompanied by a clear change for Roussel and Vuillard. The excessive reason of the preceding decade had run its course and each of them – for different reasons – turned towards a kind of post-impressionism that was no longer afraid to reveal itself. The two friends had reached the limits of their avant-garde experiments and we suspect that around 1900 they both wanted to free themselves of the nebulous Nabis codes.

At the turn of the century, Vuillard experienced a small revolution that took him back to a more traditional way of seeing; perspective and modelling found their place again after having been abandoned for synthetisism. And so, moving away from the Nabis prism that decomposed and recomposed, the painter went back to a more immediate way of observing what was around him. He developed a kind of reverse modernity and disproved the adage that painting was continually moving towards abstraction. His compositions loosened up and were very different from the stylised *teatrino* of Nabis paintings (*Les Collines bleues* [The Blue Hills], cat. 23). The art critic Pierre Hepp had moreover highlighted the possibility of such a mutation in his address at the *Divan* in 1908: "He wants, whilst increasing the size of his works, to aerate his visual field. This demands great effort from a painter used to tightening together the totality of his intentions into a tiny space."

At the same time, Roussel began a similar transformation and threw off his Nabis costume, decidedly maladjusted to his vitalistic impulses. He had left Paris in June 1899 to live in the Ile-de-France countryside that was to inspire his mythologies. Like Vuillard, he abandoned the kind of stylisation that seemed unsuited to the new spirit of his Antique fictions. His journeys to the South of France to visit his pointillist friends – Paul Signac, Henri-Edmond Cross or Theo van Rysselberghe – seem like an *initiating exploration* and one which we estimate today began in the winter of 1899, well before the date usually given of 1906 (*Paysage : coteaux boisés au bord de la Méditerranée* [Landscape: Wooded Hillside on the Mediterranean Coast], cat. 26). The South of France was the equivalent of the tour of Italy that Roussel never did. And it was thanks to the shores of the French Mediterranean that Roussel made a return to the grand measure of classicism.

We know through some of his works about his trips to the Normandy coast where he met up with Vuillard in 1904 and 1905 (*La Côte normande à Vasouy* [The Normandy Coastline at Vasouy], cat. 24), but the ghost of Eugène Boudin was still so present that we cannot imagine that Roussel felt really at ease with the Northern light. At around the same time, and quite regularly from then on, he followed Marie, his wife and also Vuillard's sister, when she visited her hometown of Cuiseaux. Consequently, there exists a small number of Jura landscapes which, when united together, form a subtle chronicle of the origins of these pilgrimages (*Paysage à Cuiseaux* [Landscape in Cuiseaux], cat. 41).

But his true horizon, the one that occupied his mind and that all of his senses questioned, floated above the Mediterranean Sea. From 1900 on, Roussel experienced his own "*coup des Mille et une nuits*" that Bonnard had spoken of in 1909 to explain the sudden impact the South had had on him. Roussel only thought about going back there, as often as he could, like returning to a source to nourish his dreams of Antiquity. He decided that the beach at Les Graniers was an Antique shoreline (*Petit Faune dansant* [Small Dancing Faun], cat. 28) and that the sea at Saint-Tropez was the Aegean Sea. His sunsets diving into the distance had all the force of a Homeric twilight (*Clair de lune sur la mer* [Moonlight over the Sea], cat. 42, *La Plage au crépuscule* [The Beach at Twilight], cat. 43). Roussel brought a forgotten world back to life, a tragic and violent Antiquity, serene and elegiac, and through his immense erudition found a solution to the apparent antithesis of these contrasting poles.

il veut pourtant maintenir à bonne distance la *sensation immédiate* que l'impressionnisme a fini par user. Les paysages capturés sur l'instant se reconstruisent grâce au croisement de ses esquisses, des notes de son *Journal* et des clichés photographiques que sa mémoire utilise pour épingler les instants fugaces (*La Divette, Cabourg, le bord de la rivière*, cat. n° 31). Le souvenir ainsi réactivé ressuscitera une réalité vécue et achevée qui, même éphémère, se tiendra encore vivante sous ses pinceaux. Cette reconstruction *après-coup* laisse une empreinte de mélancolie à des souvenirs chéris et irrémédiablement passés. Et c'est précisément la sensation d'*impromptus nostalgiques* qui rend les paysages de villégiature si captivants (*La Promenade dans le port, Le Pouliguen*, cat. n° 37). Vuillard privilégie le pastel pour croquer sur place ce qui servira des compositions plus complexes. Les bâtons de pastels sont faciles à transporter et ils permettent à l'artiste de fixer immédiatement les couleurs changeantes de l'eau, des arbres et du ciel. Il les utilise pour enregistrer ses sensations comme un grand répertoire qu'il regarde régulièrement quand il rentre à Paris (*La Vague*, cat. n° 32). Les sables, les rivages herbeux, les variations de la mer du vert au bleu, du gris au mauve, la place laissée à de vastes ciels ; Vuillard a ouvert définitivement ses compositions à la perspective atmosphérique.

Whilst Roussel was in Saint-Tropez, Vuillard roamed the Normandy and Brittany coasts between Honfleur and Saint-Jacut. Each summer, he left Paris to set up in his "country studio" in villas rented for him by his friends the Hessels. His picturesque walks pushed Vuillard to take rapid notes (*Le Moulin du Diable à Guérande* [The Devil's Mill in Guérande], cat. 35), often in pastel. His first work was done directly from life but he nonetheless wanted to maintain a certain distance with the *sensation of immediacy* that Impressionism had ended up wearing out. The landscapes captured in-situ were built back up again using a mix of sketches, notes from his *Journal* and photos that he used to help his memory seize fleeting moments (*La Divette, Cabourg, le bord de la rivière* [La Divette, Cabourg, The River's Edge], cat. 31). Memories reactivated in this way brought back to life a certain lived and finished reality which, even though ephemeral, remained alive under his brushstrokes. This deferred reconstruction left a melancholy imprint on cherished and irremediably bygone memories. And it was just this sensation of *nostalgic impromptu* that rendered his holiday spot landscapes so captivating (*La Promenade dans le port, Le Pouliguen* [Promenade in the Port, Le Pouliguen], cat. 37). Vuillard privileged pastels for jotting down on the spot what would later become more complex compositions. The pastel sticks were easy to transport and they allowed artists to immediately fix the changing colours of the water, trees and sky. He used them to record his feelings like a vast repertoire he regularly looked at when he went back to Paris (*La Vague* [The Wave], cat. 32). Sand, grassy banks, the variation in the colour of the sea from blue to green, from grey to mauve, the space given over to the vastness of the skies; Vuillard definitively opened up his compositions to a new atmospheric perspective.

Édouard Vuillard

23. *Les Collines bleues*, 1900
Huile sur carton / Oil on cardboard
42,5 x 48 cm
Signé et daté en bas à droite / Signed and dated on the bottom right : *EVuillard 1900*
Kunsthaus, Zürich, legs du / bequest of Dr Hans Schuler
Inv. 1412

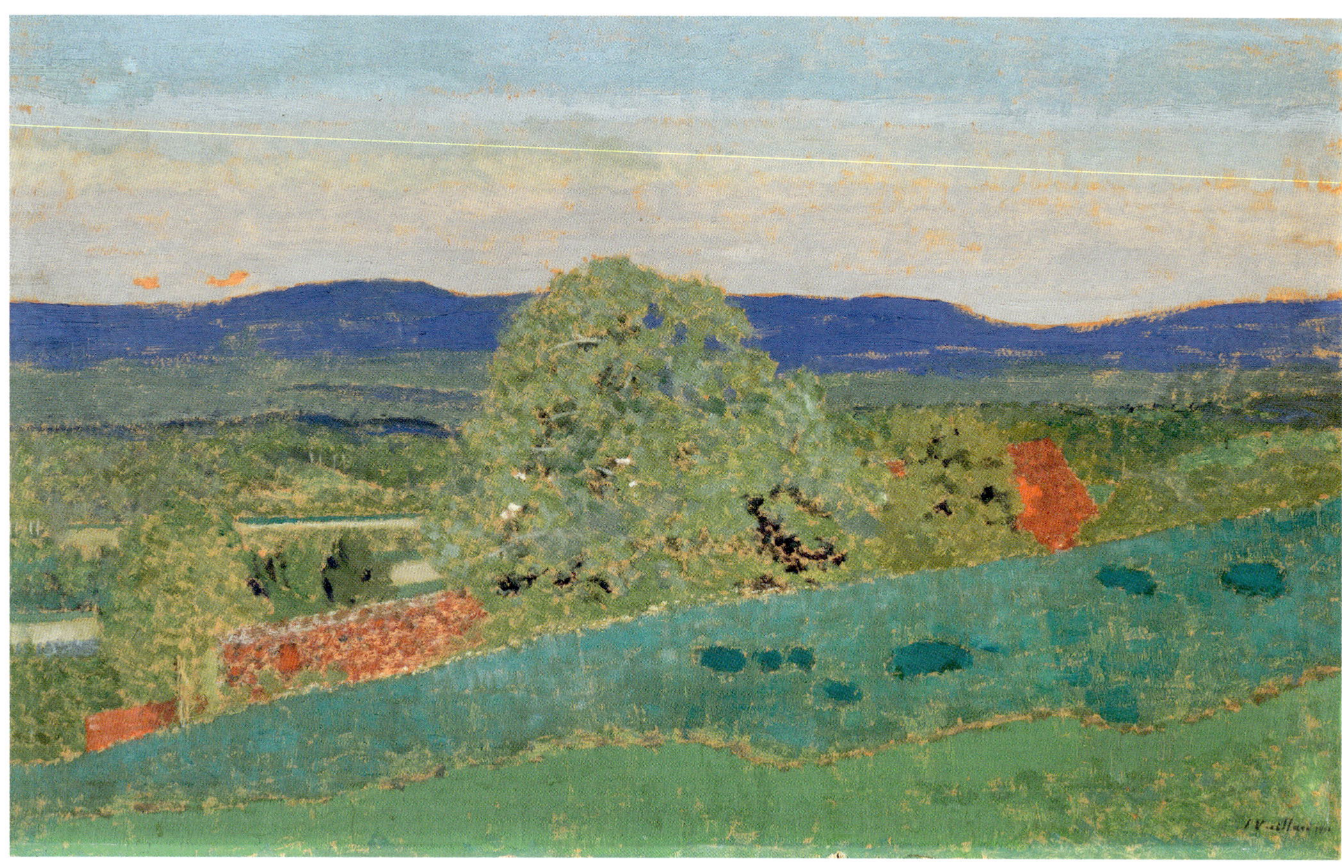

Ker-Xavier Roussel

24. *La Côte normande à Vasouy*, 1904
Pastel sur papier / Pastel on paper
28 x 44,5 cm
Signé, localisé et daté en bas à gauche / Signed, located and dated on the bottom left : *kx roussel Vasouy 1904*
Collection particulière / Private collection

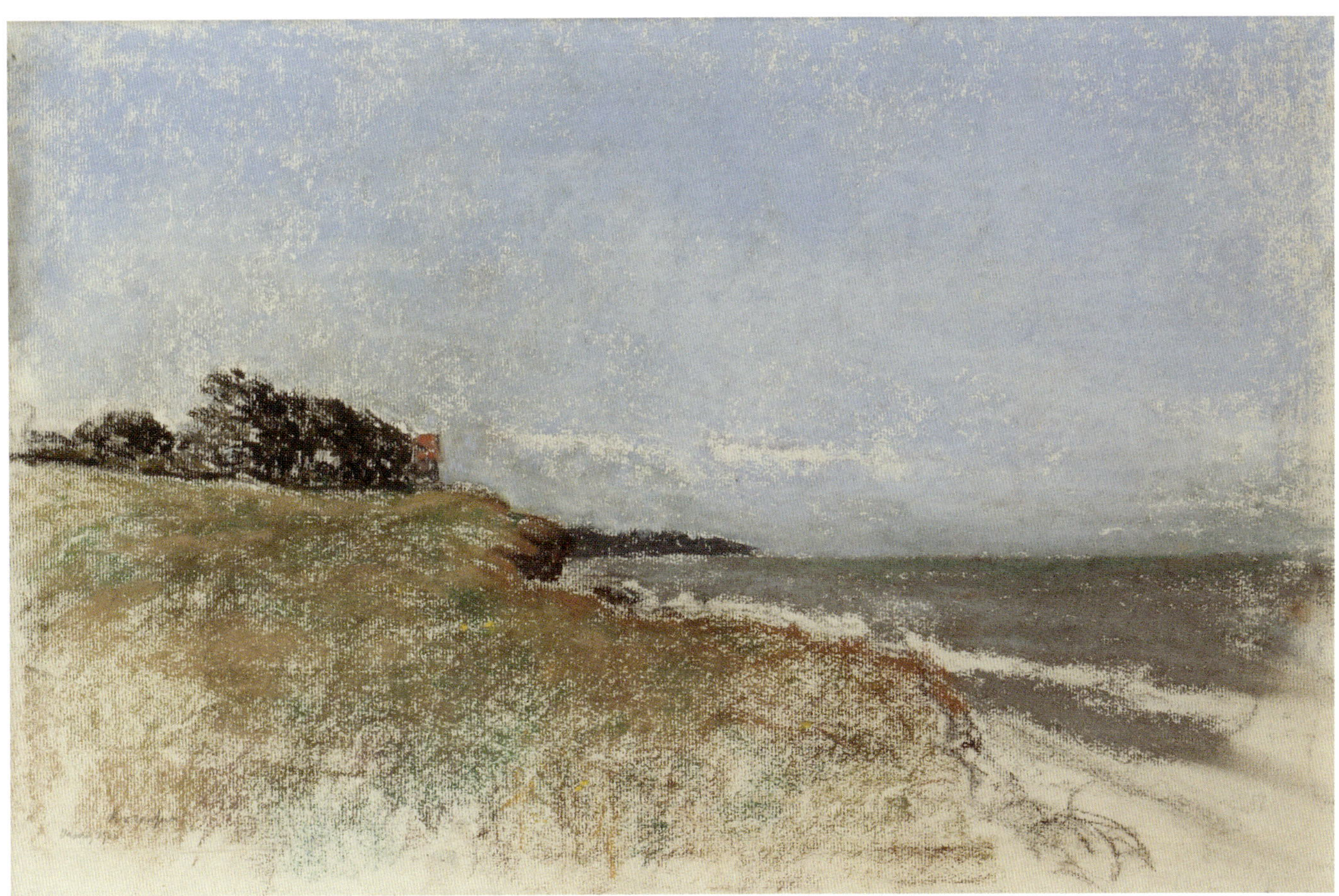

Les paysages méditerranéens (cat. n°s 25 à 29)

Roussel entreprend son « voyage du Midi » quelques années après ses contemporains Signac, Cross et Valtat. Il ne s'y installera jamais définitivement, mais y multipliera les séjours, essentiellement à Saint-Tropez, entre 1899 et 1940. Le rivage méditerranéen sera, avec la campagne d'Île-de-France, le cadre favori de ses visions antiques. La Côte d'Azur, selon l'expression forgée par le poète et écrivain dijonnais Stéphen Liégeard en 1887, connaît alors un essor rapide par la prolongation de la ligne de chemin de fer Paris-Lyon-Méditerranée qui étend la liaison jusqu'à Nice en 1864. Mais ce pourtour côtier, fréquenté par un tourisme de luxe, n'est pas ce que les peintres septentrionaux viennent chercher. Ils préfèrent s'installer dans la partie toujours préservée de la modernité, entre Collioure et Saint-Tropez, où la luxuriance de la nature n'a pas été gâtée par les aménagements touristiques. À l'inverse des villégiatures opulentes de Monaco ou de Cannes, c'est la vie simple et la fiction d'une pureté primordiale qui attirent les quelques artistes qui ont fait le voyage dans les années 1890.
« La Normandie est traversée par autant de promeneurs que le boulevard des Italiens », déplore Guy de Maupassant en 1884. « La vieille Bretagne cache un touriste, un odieux touriste, derrière chaque menhir ». Restait la Provence, et Roussel sera lui aussi sensible au caractère abrupt du paysage et y trouvera le décor parfait pour donner à ses pastorales une consistance différente des paysages de L'Étang-la-Ville. *Petit Faune dansant* (cat. n° 28), par exemple, reflète parfaitement l'utilisation que l'artiste fait de l'alentour méridional. Comme le fait remarquer Richard Thomson[1], les peintres qui ont tourné le dos à la *French Riviera* pour adopter un Midi reculé ont volontairement gommé les traces du progrès technique, comme le chemin de fer, pour ne conserver qu'une évocation idéale du littoral. Roussel lui aussi adapte le panorama qu'il choisit pour faire coïncider son paysage idyllique au paysage réel, loin de la laideur du monde prosaïque. Le récit en est absent car le genre de la pastorale s'extrait de la narration historique pour ne garder qu'une invitation à la rêverie, évoquant, telle la poésie lyrique, un âge d'or disparu. *Petit Faune dansant* reprend ainsi tous les codes classiques de la pastorale : une indolence harmonieuse, un faune pour indiquer la dimension mythique de l'œuvre, des femmes, au nombre de trois, alanguies au bord de l'eau, à l'ombre d'un tamaris dont la présence est souvent attestée dans les *Églogues* de Virgile et dont on peut imaginer qu'il était réellement là. Le lieu qui sert de décor à cette scène n'a certainement pas été inventé car il est repris presque littéralement dans une autre peinture, *Nymphes au bord de la mer*[2] : là encore, lieu réel et lieu idéal sont imbriqués.
Les voyages de Roussel dans le Midi commencent à l'hiver 1899-1900. Ceux de 1901 et de 1904 sont connus par des indices dans la correspondance de l'artiste et quelques photographies. Le voyage de janvier 1906 avec Maurice Denis est certainement le plus connu, par les souvenirs écrits qu'il en reste – Denis y consacre plusieurs passages de son *Journal* – et par la noblesse des buts de ce périple – la visite à Cézanne prend la forme d'un véritable hommage dont Denis, encore lui, laissera une œuvre montrant Cézanne peignant dans les vignes d'Aix-en-Provence, devant un Roussel mesmérisé[3]. Les deux amis parcourent le sud de la France à vélo, visitent Cross et Signac. « Sur la route, on s'arrête pour dessiner. Roussel a tout un attirail qu'il porte sur le dos, et il met du temps à faire son étude. Enfin, il n'est pas fatigué, et cependant je l'ai mené tambour battant depuis lundi ![4] ». Après être passé à Aix, ils termineront leur boucle à Cagnes, aux Collettes chez Renoir. Roussel laissera ainsi beaucoup de dessins à la mine de plomb ou des pastels pris comme des instantanés photographiques des paysages qui se déroulent sous ses yeux. *Sur la côte méditerranéenne* (cat. n° 27) et *Paysage : coteaux boisés au bord de la Méditerranée* (cat. n° 26) ont été croqués rapidement, avec une grande sûreté, et témoignent déjà de cette représentation en triangle aigu que Roussel adoptera toujours pour représenter un golfe ou une crique. *Paysage de Saint-Tropez* (cat. n° 25) est encore imprégné de divisionnisme, et l'on devine Roussel toujours sous l'influence de Signac. Nombre de ses œuvres entre 1900 et 1906 font écho aux théories néo-impressionnistes, en négligeant toutefois d'en respecter tous les préceptes ; les tendances divisionnistes de Roussel se traduisent en pluies de larges traits qui deviendront au fil du temps des hachurages serrés que l'on retrouve dans les œuvres de la fin de sa vie, comme dans *La Danse* (cat. n° 65), *Les Marronniers* (cat. n° 79) ou *Le Cap d'Antibes* (cat. n° 80). Comme souvent avec Roussel, on hésite entre l'esquisse et l'œuvre achevée. C'est pour lui fréquemment la même chose, car achever est comme une phase plus poussive où l'impulsion – le nerf de l'œuvre – n'existe plus. Traditionnellement daté de 1906, *Paysage de Saint-Tropez* pourrait pourtant témoigner d'une présence plus précoce de l'artiste dans la région, autour de 1900-1901 par exemple, car c'est précisément le moment où il initie ce divisionnisme en touches très appuyées, comme il fait pour le ciel ou la mer. Mais justement, ce ciel d'argent bleui, cette voûte céleste constellée de comètes inventées, la plage presque déserte – on distingue avec peine un personnage vêtu de rouge camouflé entre le brun du carton et la lumière vespérale du sol – la masse sombre et profonde des pins ; beaucoup des éléments qui font la sensibilité symboliste ont spontanément été rassemblés ici. En effet, Roussel montre en parallèle une inclination symboliste entre 1900 et 1906 qui prolonge son époque nabie avec le thème des bois sacrés habités par les muses (*Personnages dans la campagne (Après-midi d'été)*, cat. n° 12) ou celui des bosquets mystérieux (*Paysage aux arbres jaunes*, cat. n° 5). La plage de ce grand paysage aux lueurs fabuleuses aurait d'ailleurs tout aussi pu être la vision de René Ménard ou de Francis Auburtin.

[1] Richard Thomson, « 'Un jardin incomparable'. Pays et modernité dans les images du Midi méditerranéen, 1880-1905 », dans cat. exposition *Le Grand Atelier du Midi*, Paris, Éditions RMN-Grand Palais, 2013.
[2] Ker-Xavier Roussel, *Nymphes au bord de la mer* ou *La Plage des Graniers à Saint-Tropez*, 1904, huile sur toile, 40,6 x 61 cm, collection particulière New York.
[3] Maurice Denis, *La Visite à Cézanne*, 1906, huile sur toile, 51 x 64 cm, musée Granet, Aix-en-Provence.
[4] Lettre de Maurice Denis à Marthe Denis, 30 janvier 1906, citée dans Maurice Denis, *Journal*, t. II, p. 32.

Mediterranean Landscapes (cats. 25–29)

Roussel did his "trip to the South of France" several years after his contemporaries Signac, Cross and Valtat. He never settled there definitively, but he multiplied his stays between 1899 and 1940, mainly in Saint-Tropez. Along with the countryside of Île-de-France, the Mediterranean coastline was the favourite setting for his visions of Antiquity. The Côte d'Azur, according to an expression invented by the poet and writer Stéphen Liégeard from Dijon in 1887, saw a rapid boom due to the prolongation of the Paris-Lyon-Mediterranean railway line that was extended to Nice in 1864. But this coastal region, frequented by high-end tourists, was not what the Northern painters had come to find. They preferred to stay in the areas preserved from modernity, between Collioure and Saint-Tropez, where the lush nature had not been spoilt by touristic development. In contrast to the opulent coastal resorts of Monaco or Cannes, it was the simple life and the idea of a primordial purity that attracted artists who made the journey there in the 1890s. "There are as many visitors in Normandy as on the Boulevard des Italiens," deplored Guy de Maupassant in 1884. "In old Brittany, there is an odious tourist hiding behind every menhir." There was still Provence, and Roussel was also taken by the abrupt character of the landscape and found the setting there perfect for giving his pastoral scenes, a different feel to those of L'Étang-la-Ville. *Petit Faune dansant* (Small Dancing Faun, cat. 28), for example, reflects perfectly how the artist used these southern surroundings. As Richard Thomson points out,[1] painters who turned their backs on the French Riviera to adopt a more remote South of France intentionally erased any traces of technical progress, such as railways, from their work, in order to preserve an idealised image of the coast. Roussel too adapted the panoramas: he used to make his idyllic landscape and the real one blend together, far from the ugliness of the everyday. There is no real story here either because the pastoral genre extracts itself from historical narrative in order to be nothing more than an invitation to daydream, evoking, like lyrical poetry, a bygone golden age. In this way, *Petit Faune dansant* reworks the classical codes of pastorals: harmonious indolence, a faun to indicate the mythological dimension of the work, three women, stretched out on the water's edge in the shade of a tamarind tree and whose presence is often confirmed in Virgil's *Eclogues* but whom we can imagine were actually there. The setting for this scene is almost certainly not an imaginary one because it is reused almost identically in another painting, *Nymphes au bord de la mer* (Nymphs on the Water's Edge)[2]: here again, the real and idealised places are wound together.

Roussel's journeys to the South of France began in the winter of 1899–1900. We know of trips in 1901 and 1904 thanks to clues in the artist's correspondence and some photographs. His trip with Maurice Denis in January 1906 is certainly the most well known, due to written memories that have survived – Denis devoted several passages to it in his *Journal* – and by the noble objectives of this journey – the visit to Cézanne took the form of a real homage, captured once again by Denis, showing Cézanne painting in the vineyards in Aix-en-Provence in front of a mesmerised Roussel.[3] The two friends travelled through southern France by bike, visiting Cross and Signac. We stop off on the way to draw. Roussel carries a lot of paraphernalia around on his back, and he takes ages to do his sketches. And he's not tired even though I've been rushing him around since Monday! [4] After having stopped off in Aix, they ended their round trip at Renoir's home, at Les Collettes in Cagnes. And so Roussel left a lot of pencil drawings and pastels, like instant photos of the landscapes that stretched out before his eyes. *Sur la côte méditerranéenne* (cat. 27) and *Paysage : coteaux boisés au bord de la Méditerranée* (Wooded Hillside on the Mediterranean Coast, cat. 26) were rapidly sketched with a very sure hand, and already bear witness to this sharp triangular form that Roussel always used to represent a gulf or a creek.

Paysage de Saint-Tropez (Landscape at Saint Tropez, cat. 25) is impregnated with divisionism and we can still make out Signac's influence on Roussel. A great number of his works between 1900 and 1906 resonate with neo-impressionist theories but which don't always respect all of its principles; Roussel's divisionist tendancies often translated in showers of wide lines that would eventually become the tight hatching that we find in the works towards the end of his life, like in *La Danse* (Dance, cat. 65), *Les Marronniers* (Chestnut Trees, cat. 79) or *Le Cap d'Antibes* (The Cap d'Antibes, cat. 80). As so often with Roussel's work, we are never quite sure if it's a sketch or a finished work. For him, this usually meant the same thing, because finishing was a more lethargic phase where impetus – the spontaneity of the work – no longer existed. Usually dated 1906, *Paysage de Saint-Tropez* could nevertheless bear witness to the artist's earlier presence in the region, around 1900–1901 for example, because this was precisely the moment that he started to use this style of divisionism with very insistent touches, like the sky or the sea. But, this silvery blue sky, this heavenly vault spangled with imaginary comets, the almost-deserted beach – we can barely make out a figure dressed in red camouflaged between the brown of the cardboard and the evening light of the ground – the deep dark mass of the pines; many elements that reflect the symbolist sensibility have been spontaneously brought together here. Indeed, between 1900 and 1906, Roussel showed in parallel symbolist tendencies that prolonged his Nabis period with the theme of sacred wood inhabited by muses (*Personnages dans la campagne (Après-midi d'été)* [People in the countryside (Summer Afternoon)], cat. 12) or mysterious copses (*Paysage aux arbres jaunes* [Landscape with Yellow Trees], cat. 5). The beach in this large landscape with its mystical glow might just have easily be a vision by René Ménard or Francis Auburtin.

[1] Richard Thomson, "'Un jardin incomparable.' Pays et modernité dans les images du Midi méditerranéen, 1880–1905," in exhibition cat. *Le Grand Atelier du Midi*, Paris, RMN-Grand Palais publishing, 2013.

[2] Ker-Xavier Roussel, *Nymphes au bord de la mer* or *La Plage des Graniers à Saint-Tropez* (Les Graniers Beach at Saint-Tropez), 1904, oil on canvas, 40.6 x 61 cm, private collection, New York.

[3] Maurice Denis, *La Visite à Cézanne* (Visiting Cézanne), 1906, oil on canvas, 51 x 64 cm, Granet Museum, Aix-en-Provence.

[4] Lettre from Maurice Denis to Marthe Denis, 30 January 1906, mentioned in Maurice Denis, *Journal*, t. II, p. 32.

Ker-Xavier Roussel

25. *Paysage de Saint-Tropez*, 1906
Huile sur carton / Oil on cardboard
41 x 60 cm
Collection particulière / Private collection

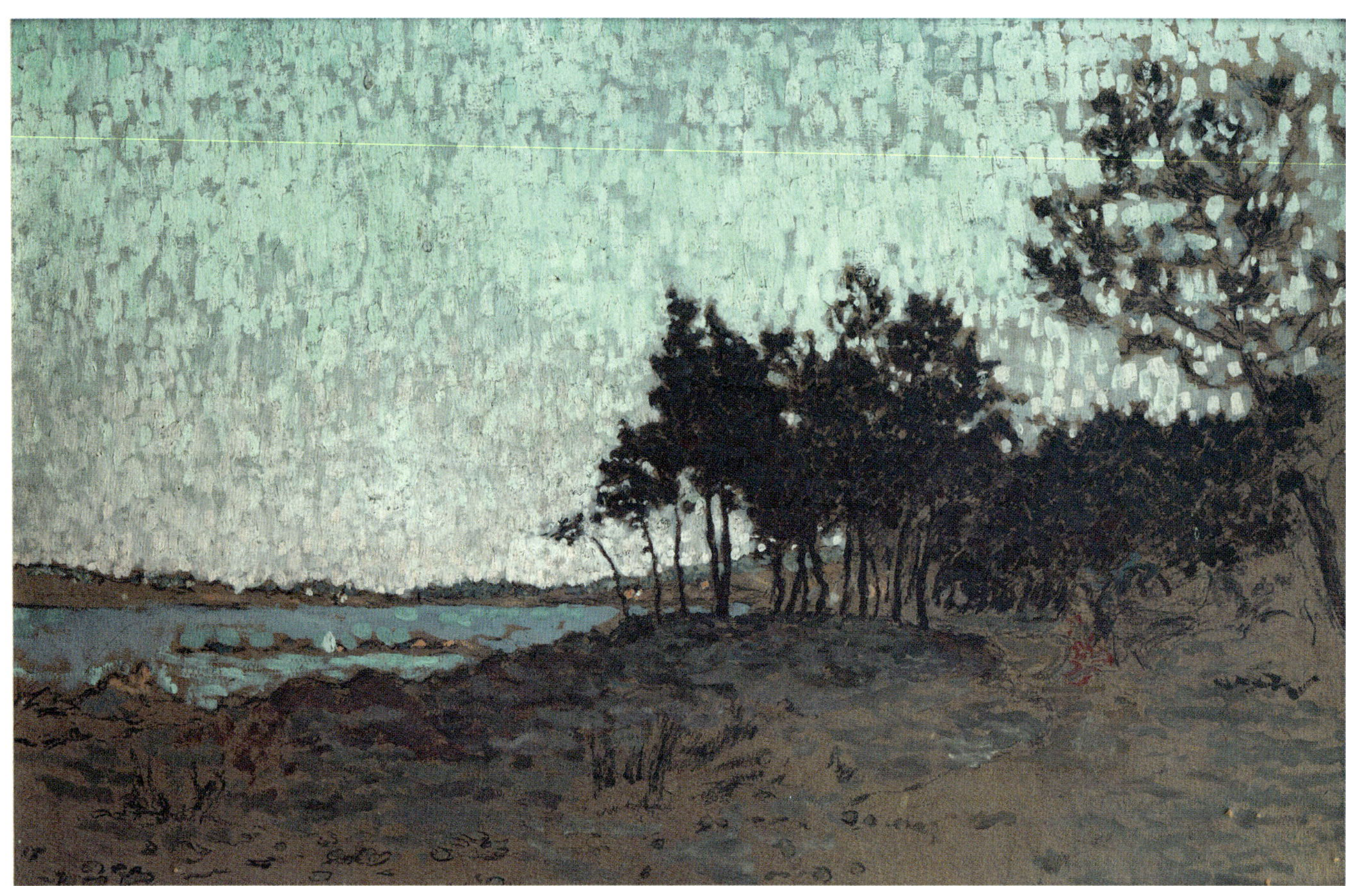

Ker-Xavier Roussel

26. *Paysage : coteaux boisés au bord de la Méditerranée*, c. 1904
Pastel sur papier chamois / Pastel on chamois paper
36 x 49,5 cm
Signé en bas à gauche / Signed on the bottom left : *k.x. roussel*
Paris, musée d'Orsay
RF 40089

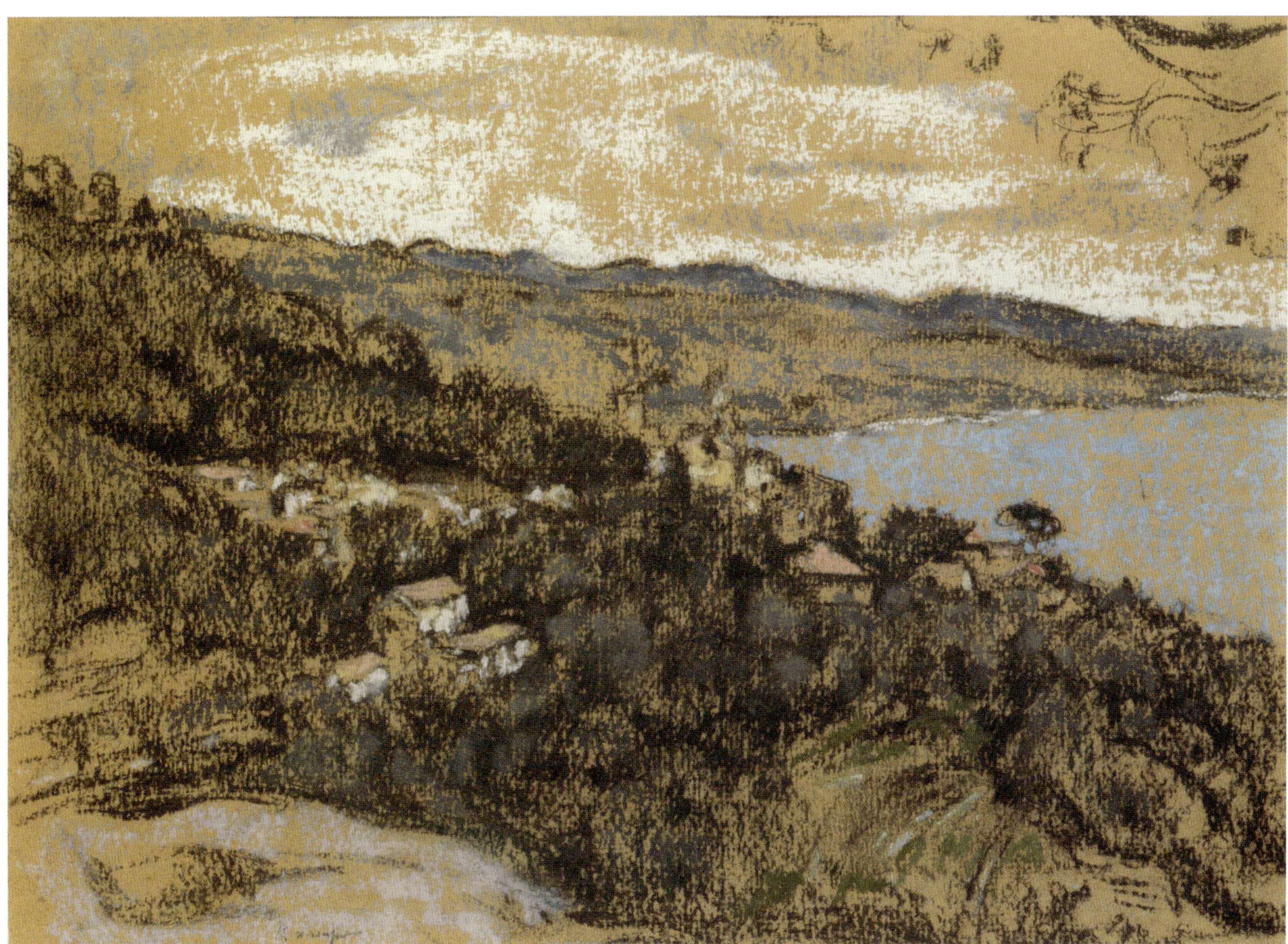

Ker-Xavier Roussel

27. *Sur la côte méditerranéenne*, c. 1906
Pastel sur papier gris / Pastel on grey paper
22,9 x 35,9 cm
Paris, musée d'Orsay, legs de / bequest of Paul Jamot, 1941
Inv. RF 29311

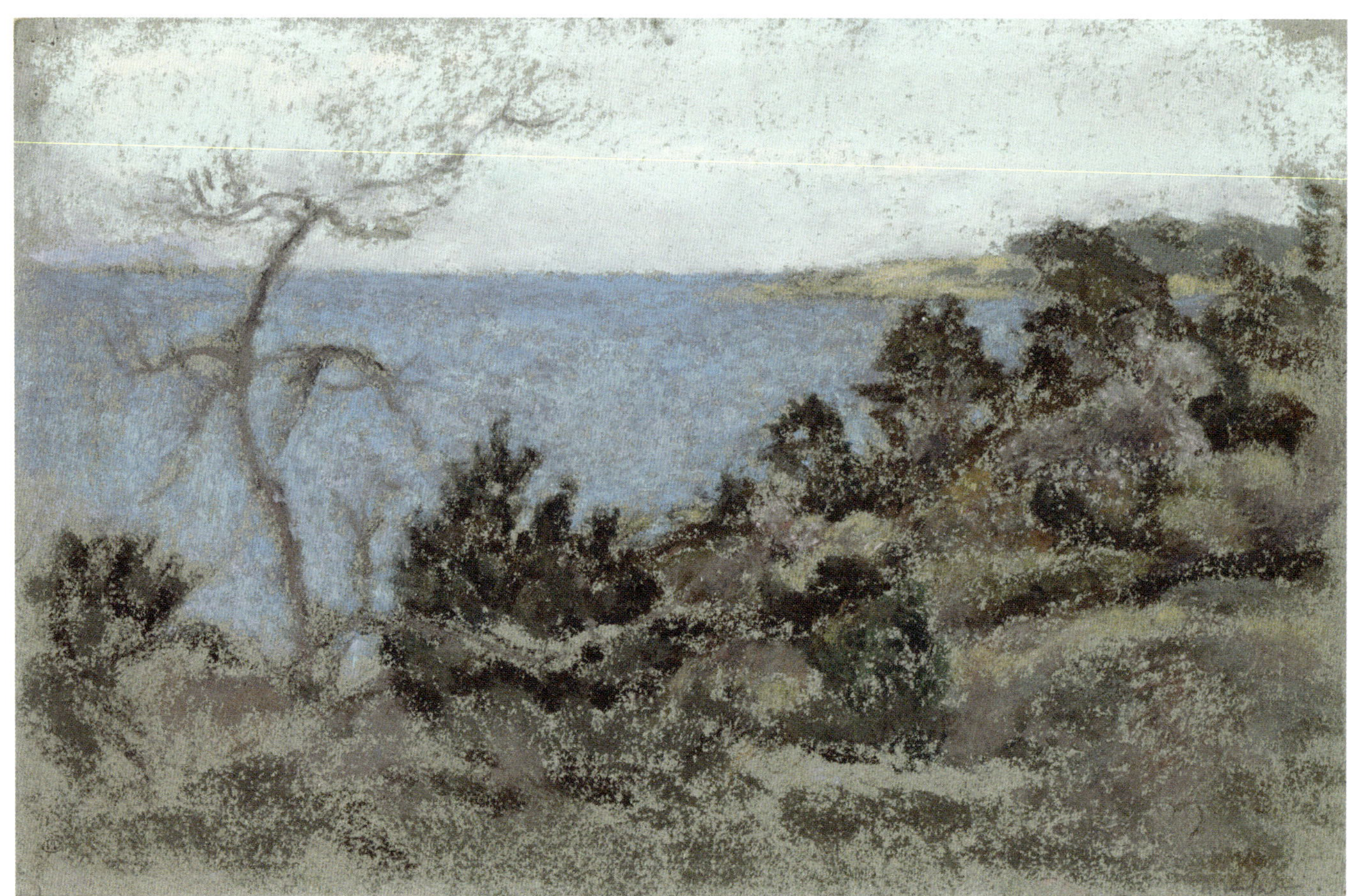

Ker-Xavier Roussel

28. *Petit Faune dansant*, c. 1904
Huile sur carton / Oil on cardboard
42 x 61,5 cm
Signé en bas à droite / Signed on the bottom right : *k.x. roussel*
Collection particulière / Private collection

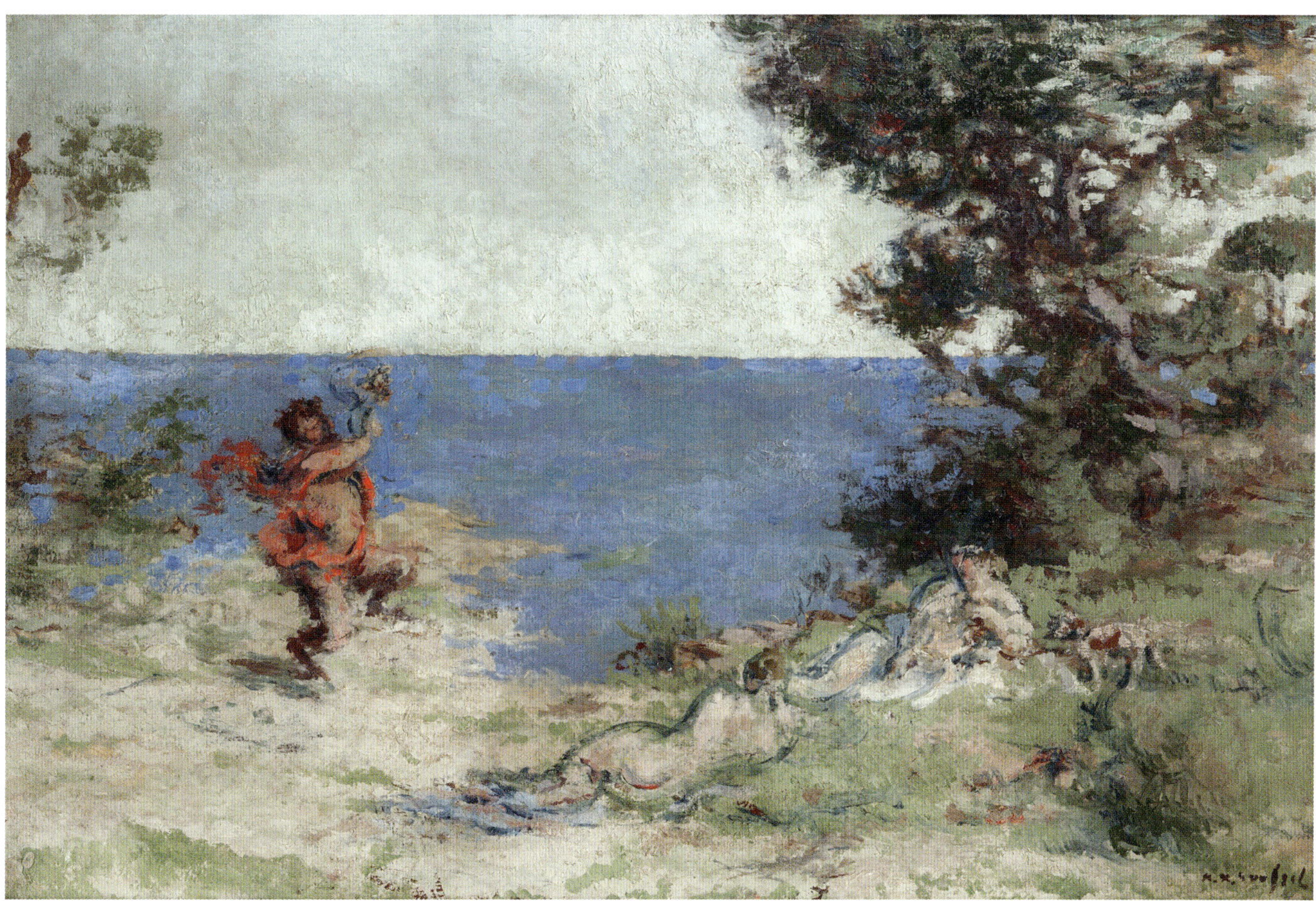

Édouard Vuillard

29. *Paysage du midi*, 1901
Huile sur carton, contrecollé sur panneau / Oil on cardboard, pasted onto panel
47 x 36 cm
Genève, musée d'art et d'histoire
Inv. 1990-0057

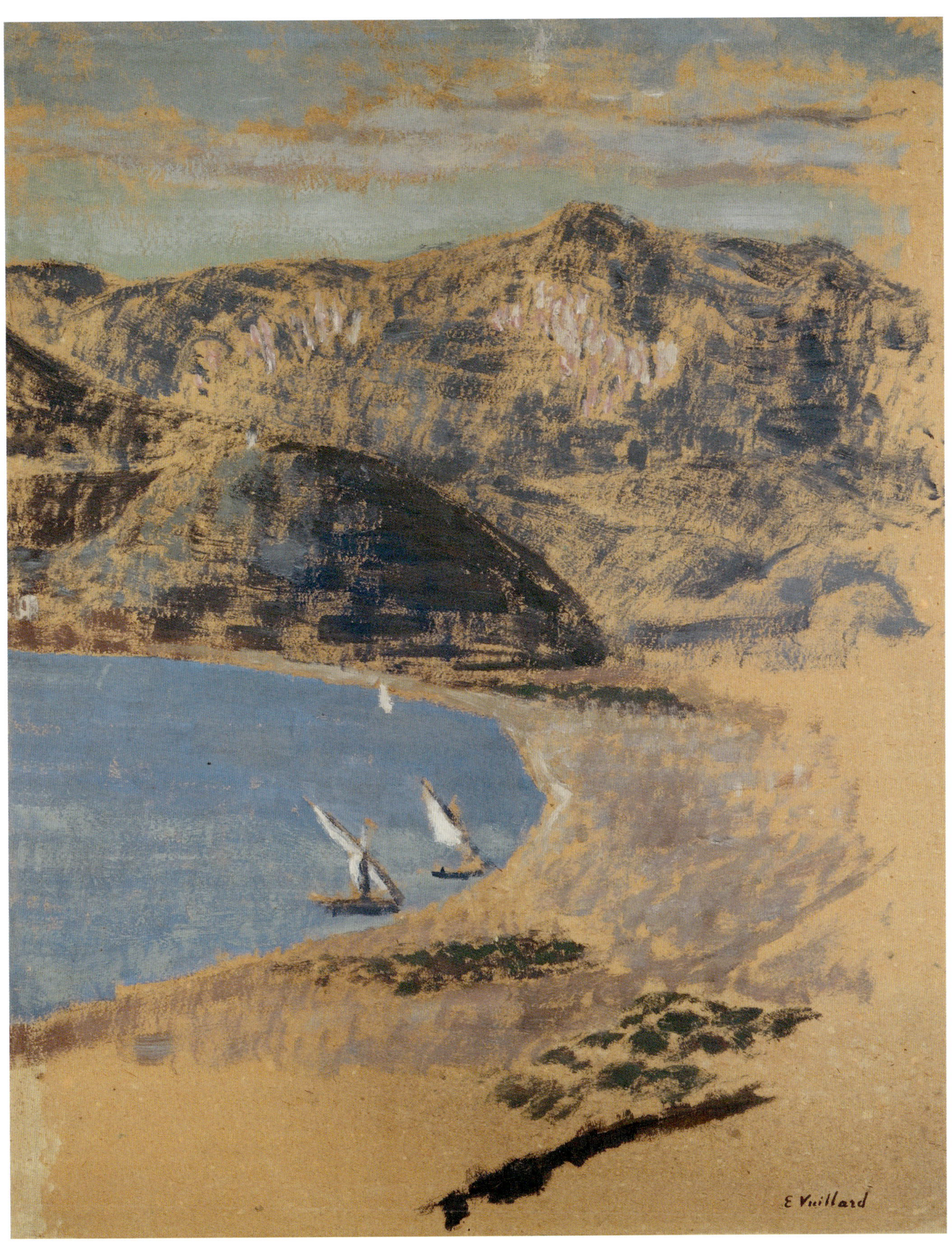
E Vuillard

Édouard Vuillard

30. *Coin de parc, Amfreville*, c. 1907
Peinture à la colle sur papier contrecollé sur carton / Distemper on paper glued onto cardboard
59 x 45 cm
Paris, musée d'Orsay, legs verbal d'Édouard Vuillard, exécuté grâce à M. et Mme K.X. Roussel, beau-frère et sœur de l'artiste / Édouard Vuillard's spoken bequest, carried out thanks to Mr and Mrs K.X. Roussel, the artist's brother-in-law and sister, 1941
Inv. RF 1977-380

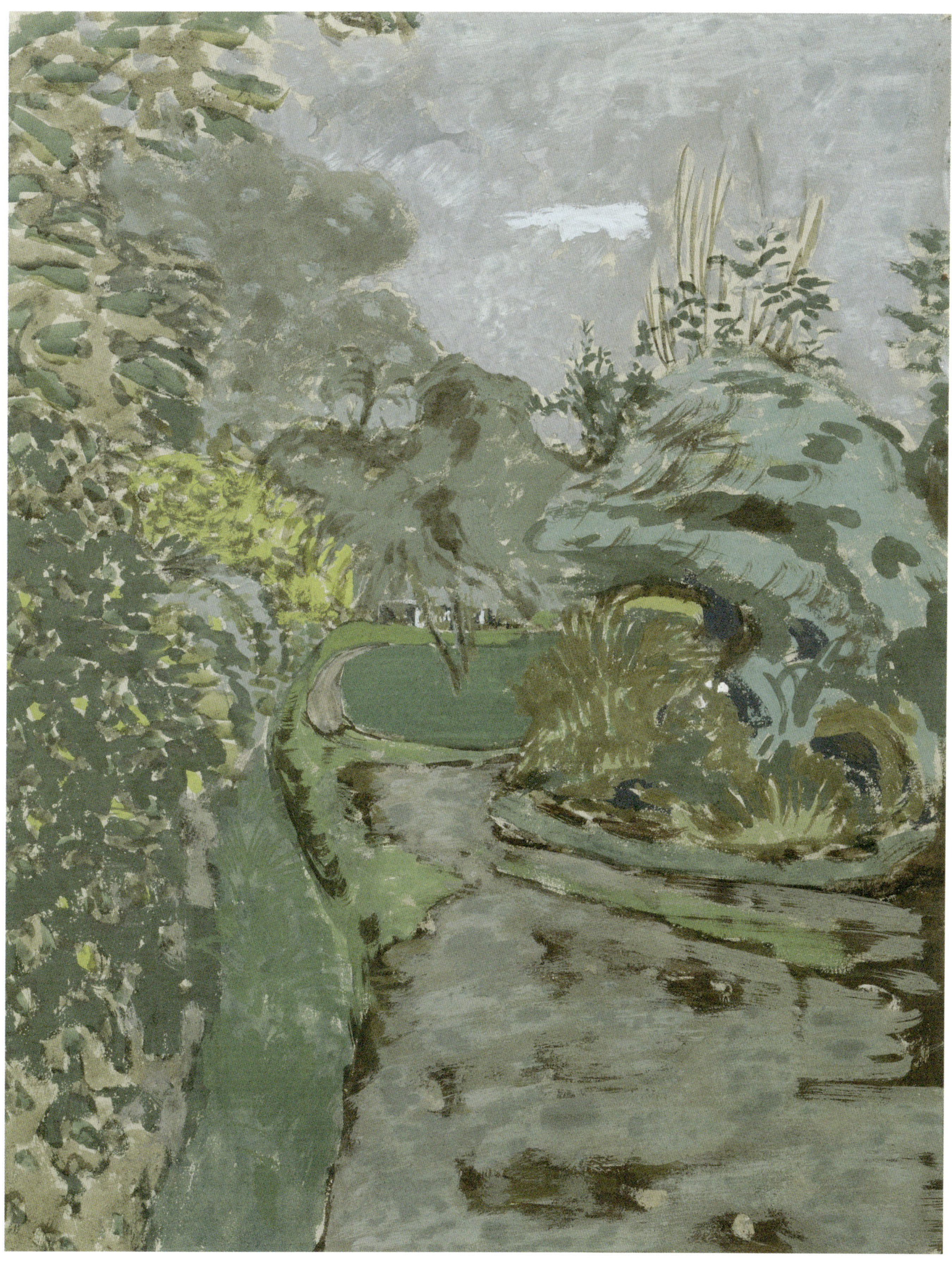

En 1911, les frères Bernheim commandent à Vuillard une décoration pour leur villa normande, « Bois-Lurette », à Villers-sur-Mer. C'est certainement son cycle décoratif le plus ambitieux en taille puisqu'il se compose de treize panneaux ; ils seront peints en trois ans, en trois séries consécutives livrées en 1911, 1912 et 1913. Notre tableau est la grande esquisse pour l'un d'eux, exécuté en 1913.
Encore une fois, Vuillard impose son cadre privé aux commanditaires ; Madame Vuillard, sa mère, en train de coudre et Lucie Hessel, sa maîtresse, debout dans la lumière occupent chacune un pan vertical de l'encadrement d'une porte, comme l'intrusion grandeur nature d'une intimité dans une autre. Pour le reste, ce sont des scènes d'intérieurs ou des fenêtres ouvertes sur de vastes paysages, comme celui d'*À la Divette*. Vuillard n'a pas représenté les vues idéales d'un paysage mental, comme les Italiens de la Renaissance : chaque train de décoration figure en fait *ce que le peintre a sous les yeux*, et pas même une prolongation de l'environnement des Bernheim. Ainsi, la suite de panneaux de 1911 dépeint la Normandie où l'artiste séjournait avec les Hessel pendant l'été ; celle des panneaux de 1912 a pour cadre la Bretagne et celle de 1913 encore la Normandie, à Cabourg. Comme l'énonce justement Gloria Groom, « l'intention de Vuillard (...) semble avoir été de créer des représentations d'un monde social parallèle qui seraient reconnaissables et dignes d'intérêt pour ses commanditaires, plutôt que simplement un miroir de leur propre environnement[1] ».
Une série d'esquisses à la mine de plomb et quelques photographies constituent les préparatifs d'*À la Divette*. Elles montrent surtout que Vuillard hésite peu sur le cadrage et sélectionne rapidement les éléments qui entreront dans la composition finale. Confrontés aux mentions du *Journal* de l'artiste, ces documents forment une véritable génétique de l'œuvre et nous racontent les étapes de la conception des panneaux. À deux décennies de distance, ils serviront à retravailler les œuvres sans en perdre l'esprit, à faire ressurgir à la surface consciente de l'artiste les souvenirs des impressions et des spéculations mentales qui avaient entouré leur réalisation. Une dizaine de photos montrent le jardin de la maison « La Divette » à Cabourg, dont le nom fait référence au cours d'eau éponyme qui file derrière le jardin. On y sent l'après-déjeuner d'une chaude journée d'août ; le soleil perce sous les frondaisons et les personnages, autour d'une table de fin de repas, sont habillés d'étoffes légères.
L'étude à la colle présentée ici fait abstraction des détails. On comprend que le cadre des frondaisons et le panorama de la prairie au second plan sont en fait ce que Vuillard voulait conserver. La seule différence notable avec la version finale se trouve dans le changement de la ligne d'horizon : montée à la limite du dernier tiers supérieur dans l'esquisse, elle repasse sous la moitié inférieure dans la version finale. En gommant la contre-plongée initiale, Vuillard renforce l'effet illusionniste d'une impression de plain-pied avec le paysage.
Arsène Alexandre, lors de leur exposition à la galerie Bernheim-Jeune en décembre 1913, s'était enthousiasmé pour ces panneaux : « La décoration, en somme, (...) c'est une échappée sur la vie transformée par une interprétation supérieure. Les décorateurs médiocres exécutent des trompe-l'œil, les grands décorateurs exécutent des trompe-l'âme[2] ».

[1] Gloria Groom, dans cat. expo. *Beyond the Easel*, Chicago-New York, 2001, p. 244.
[2] Arsène Alexandre, « Deux harmonies », *Comoedia*, 27 décembre 1913.

In 1911, the Bernheim brothers commissioned a wall decoration from Vuillard for their Normandy villa, "Bois-Lurette," in Villers-sur-Mer. It was undoubtedly his most ambitious-sized decoration as it was made up of thirteen panels; they were painted over a period of three years and in three consecutive series delivered in 1911, 1912 and 1913. Our work is the preparatory work for one of them, carried out in 1913.
Once again, Vuillard imposed his personal life on his clients; Madame Vuillard, his mother, sewing and Lucie Hessel, his mistress, standing in the light and each occupying a vertical section of a doorway, like one life-size intrusion of privacy represented in another. The rest were interior scenes or windows opening out onto vast landscapes, like *À la Divette*. Vuillard did not represent idealised views of mental landscapes as the Italian Renaissance artists had done: each decorative group shows in fact *what the painter could see in front of him* and were not at all an extension of the Bernheim's own environment. And so in this way, the series of panels from 1911 depicts Normandy where the artist used to meet up with the Hessels in the summer, the panels from 1912 use Brittany as their framework and the ones from 1913, Normandy again, in Cabourg. As Gloria Groom rightly pointed out, "Vuillard's intention (...) appears to have been to create representations of a parallel social world that was recognisable and worthy of the client's attention rather than simply a reflection of their own immediate environment."[1]
A series of pencil sketches and some photographs constitute the preparatory works for *À la Divette*. Above all they show us that Vuillard hardly hesitated on the frame and rapidly selected the elements that would be in the final composition. Associated with the notes in the artist's *Journal*, these documents form a genetic map of the work and tell us about the steps involved in designing the panels. With two decades separating them, they were used to rework the compositions without losing their spirit, to revive the memories and mental speculations that surrounded their creation in the artist's mind. There are a dozen or so photos of the garden at "La Divette" in Cabourg, whose name refers to a stream of the same name running behind the house. We can feel the after-lunch atmosphere of a hot day in August; the sun coming through the foliage and the guests around the table at the end of a meal, dressed in light clothing.
The distemper study presented here disregards the details. We can see that the foliage framework and the view of the prairie in the background are in fact the elements Vuillard wanted to keep. The only noticeable difference from the final version is a change in the horizon: reaching the upper third of the work in the study, it is restricted to the lower half in the final version. By eliminating the initial low-angle view, Vuillard reinforces the illusionistic impression of being on the same level as the landscape.
During an exhibition at the Bernheim-Jeune gallery in December 1913, Arsène Alexandre showed his enthusiasm for the work: "In short, the decoration (...) is an escape from everyday life transformed by a superior interpretation. Mediocre designers deceive our eyes with *trompe-l'œil*, great designers deceive our souls with *trompe-l'âme*."[2]

[1] Gloria Groom, in the *Beyond the Easel* exhibition catalogue, Chicago–New York, 2001, p. 244.
[2] Arsène Alexandre, "Deux harmonies", *Comoedia*, 27 December 1913.

Édouard Vuillard

31. *La Divette, Cabourg, le bord de la rivière*, projet / project, 1913
Peinture à la colle sur papier marouflé sur toile / Distemper on paper pasted onto canvas
130 x 145 cm
Cachet de l'atelier en bas à droite / Atelier seal on the bottom right
Collection particulière / Private collection

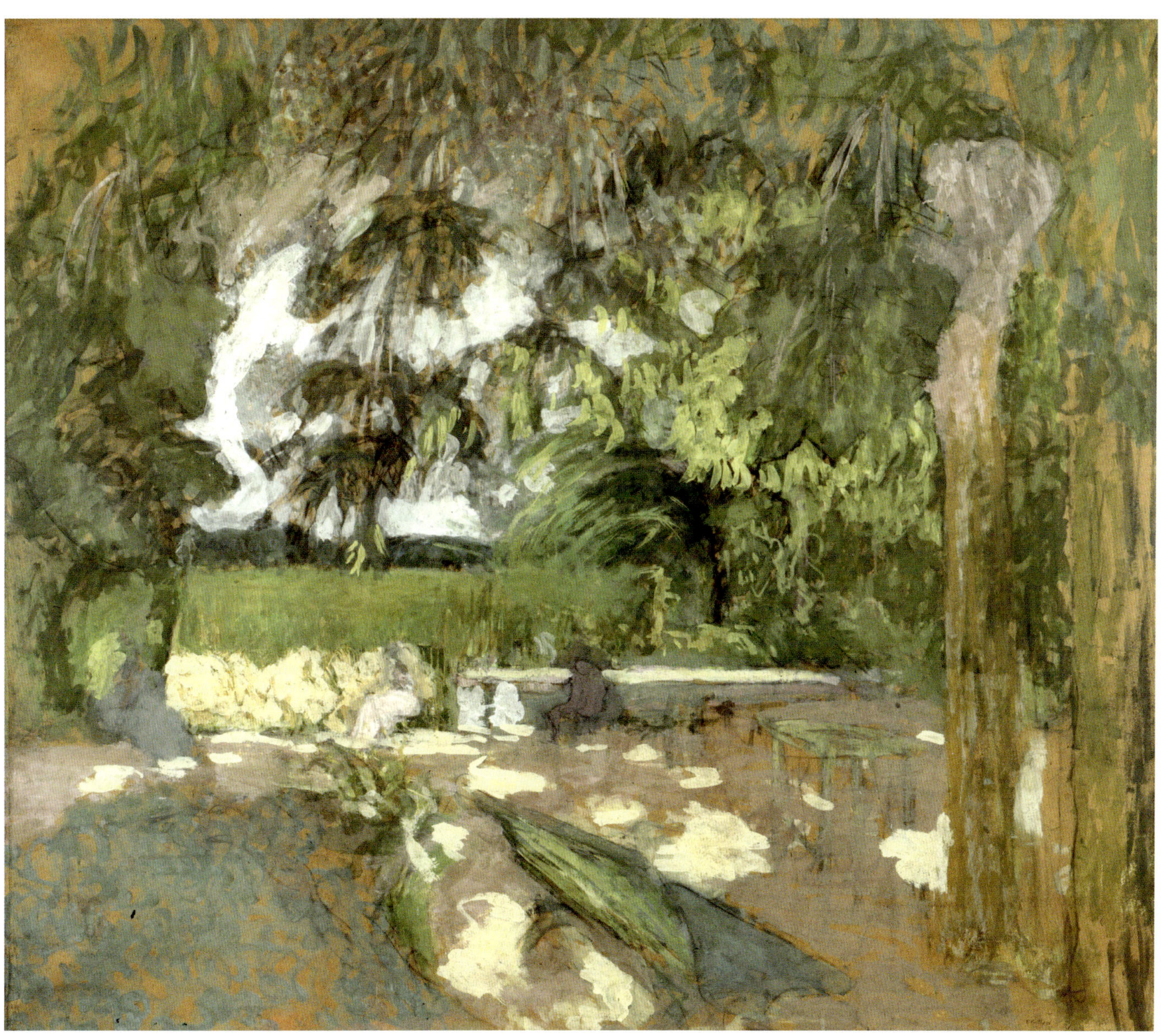

On pense immédiatement aux estampes japonaises, et notamment à la célèbre *Grande Vague de Kanagawa* d'Hokusai, mais aussi à celle de Georges Lacombe[1] ou de Paul Gauguin[2]. Vuillard s'est arrêté sur ce motif aux réminiscences nabies, une quinzaine d'années plus tard, lors de son séjour breton à Saint-Jacut en 1909. Il ne trace plus les cernes caractéristiques des années synthétistes, mais il travaille au contraire d'une manière plus diluée, notamment avec les pastels qu'il utilise comme des pollens de couleurs qu'il frotte aux aspérités du support.
Cette œuvre d'une exécution légère laisse apparaître le papier gris-brun un peu partout. Elle a été exécutée sur le vif, par accents rapides qui couvrent délicatement la surface de l'œuvre. Au premier plan, le papier a été laissé presque vierge et ne s'anime que du scintillement jaune des genêts de la plage.
Le « paysage de mer » est un thème souvent traité par Vuillard en vacances. À Saint-Jacut-de-la-Mer, il exécute une trentaine de croquis du rivage ou de la mer, au crayon dans ses carnets ou au pastel sur des feuilles plus grandes. Cette série d'œuvres, regardée dans son ensemble, montre comment Vuillard cherche à capturer le souvenir d'une impression, sans toujours le souci de ramener un sujet à travailler en atelier. C'est l'empreinte d'une émotion qui doit en sortir, et on peut dans cette optique rapprocher *La Vague* du très beau pastel conservé au musée d'Art et d'Histoire de Genève, *Le Petit Promontoire* ; lui aussi se définit par une économie de moyens qui sert le propos poétique.
La Bretagne au début du XXe siècle représente les confins reculés de la France, dont les traditions ancestrales, voire archaïques, avaient déjà fasciné les artistes de l'école de Pont-Aven. Vuillard qui, contrairement à Sérusier, à Ranson, à Denis ou à Lacombe, n'a pas « fait le voyage » dans ses jeunes années, n'a découvert que tard – 1909 – cet éden néo-primitif. Il a été d'emblée attiré par ce folklore breton encore très vif – plus qu'en Normandie en tous cas – mais aussi par les reliefs sauvages de la côte et les couleurs de la mer. Les colorations changeantes de l'eau – bleu ardoise, vert jaspe, gris argent – l'ont fortement impressionné et il a été frappé par cette dose brute de nature. On peut imaginer que la Normandie, déjà à la mode depuis une cinquantaine d'années, très construite et peuplée d'une grande bourgeoisie en transhumance estivale, a suscité des sentiments plus distants, plus urbains. Son attachement à retranscrire les couleurs de la côte bretonne montre cette nouvelle préoccupation post-impressionniste qui se dessine depuis le début du XXe siècle ; son attention se porte plus à fixer le souvenir d'une lumière ou le moment fugace d'une journée qu'à décrire avec ses couleurs le caractère d'un sentiment.
La Vague, avec un grand sens de l'ellipse, évoque une poésie édénique que l'on ne retrouvera qu'une vingtaine d'années plus tard, quand Vuillard se laissera aller aux sortilèges des immenses ramures du parc des Clayes.

[1] Georges Lacombe, *Marine bleue. Effet de vagues*, c. 1893, tempera sur toile, 43 x 64,2 cm, musée des beaux-arts de Rennes, ou *La Mer jaune, Camaret*, c. 1892, huile sur toile, 60,7 x 81,5 cm, musée des beaux-arts de Brest.
[2] Paul Gauguin, *La Vague*, 1888, huile sur toile, 60 x 73 cm, collection particulière.

This work immediately makes us think of Japanese prints and especially the famous *Great Wave off Kanagawa* by Hokusai, but also those by Georges Lacombe[1] or Paul Gauguin.[2] Vuillard settled on this motif with its Nabis references, around fifteen years later in 1909, during his Brittany trip to Saint-Jacut. He no longer drew the characteristic outlines of his synthesist years, but on the contrary worked in a more diluted way, mainly with pastels that he used like coloured pollen rubbed into the asperities of the support.
This lightly-executed work allows the grey-brown paper to show through in a lot of places. It was done from life, with rapid accents delicately covering the surface of the work. In the foreground, the paper has been left almost blank and is only brought to life by the yellow sparkle of the brooms on the beach.
Seascapes were one of Vuillard's frequent holiday themes. In Saint-Jacut-de-la-Mer, he made around thirty pencil sketches of the shore or the sea, either in his sketchpads or in pastels on larger sheets of paper. When seen as a group, this series of works shows how Vuillard was looking to capture the memory of an impression, without always worrying about having a subject to take back to the studio. It is the imprint of an emotion that has to be expressed, and in this respect we can compare *La Vague* (The Wave), to the very beautiful pastel housed at the Museum of Art and History in Geneva, *Le Petit Promontoire* (The Small Headland), also characterised by an economy of means working on behalf of the poetic discourse.
In the early twentieth century, Brittany represented the distant confines of France, with its ancestral and sometimes archaic traditions that had already attracted artists from the Pont-Aven School. Vuillard, who unlike Sérusier, Ranson, Denis or Lacombe, had not "made the Grand Tour" in his younger years, only discovered much later on – in 1909 – this neo-primitive Garden of Eden. He was immediately drawn to its ever-present Breton folklore – more so than in Normandy in any case – but also by the wild coastlines and the colour of the sea. The changing colour of the water – slate blue, jasper green, silver grey – made a strong impression on him and he was deeply struck by this raw dose of nature. We imagine that Normandy, which had already been fashionable for around fifty years, well established and where the *grande bourgeoisie* migrated in the summer months, had aroused more distant feelings, more urban. His concern for transcribing the colours of the Breton coastline shows this new post-impressionist preoccupation that came into play at the beginning of the twentieth century; his attention was no longer focused on capturing the memory of a certain light or fleeting moment of the day but on expressing the character of an emotion through colour.
With a great sense of ellipsis, *La Vague* evokes an Eden-like poetic charm that we would only see again some twenty years later when Vuillard fell under the spell of the immense branches of the trees at Les Clayes.

[1] Georges Lacombe, *Marine bleue. Effet de vagues*, c. 1893, tempera on canvas, 43 x 64.2 cm, Rennes Fine Arts Museum, or *La Mer jaune, Camaret*, c. 1892, oil on canvas, 60.7 x 81.5 cm, Brest Fine Arts Museum.
[2] Paul Gauguin, *La Vague*, 1888, oil on canvas, 60 x 73 cm, private collection.

Édouard Vuillard

32. *La Vague*, 1909
Pastel sur papier / Pastel on paper
25 x 32,5 cm
Cachet de l'atelier en bas à droite / Atelier seal on the bottom right
Collection particulière / Private collection

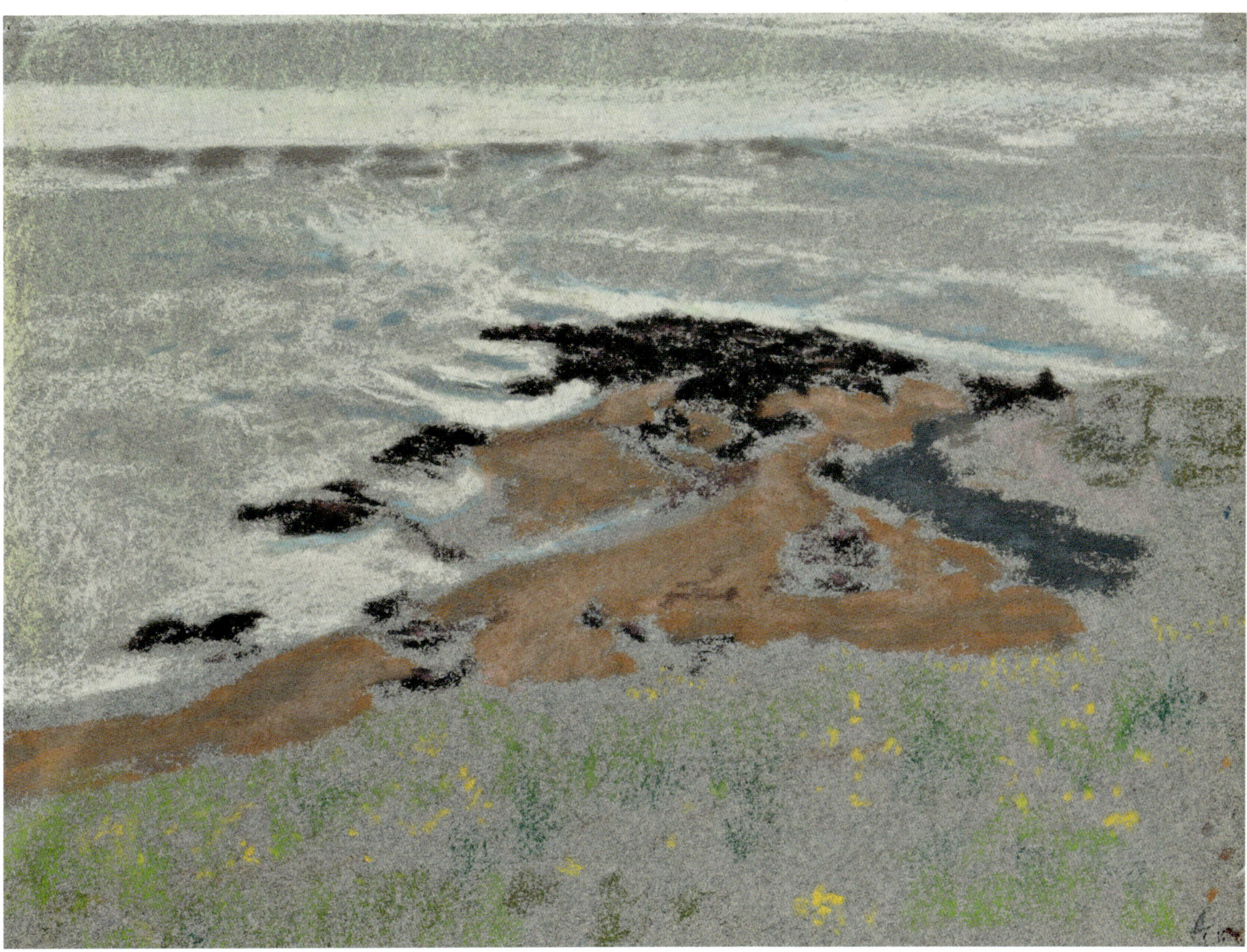

Édouard Vuillard

33. Étude pour / Study for *Bonnard. Les Anabaptistes*, détail de / detail from *Paysage du Cannet*, c. 1928-1929
Mine de plomb et crayons de couleur sur papier / Lead pencil and coloured pencils on paper
10 x 15,5 cm
Collection particulière / Private collection

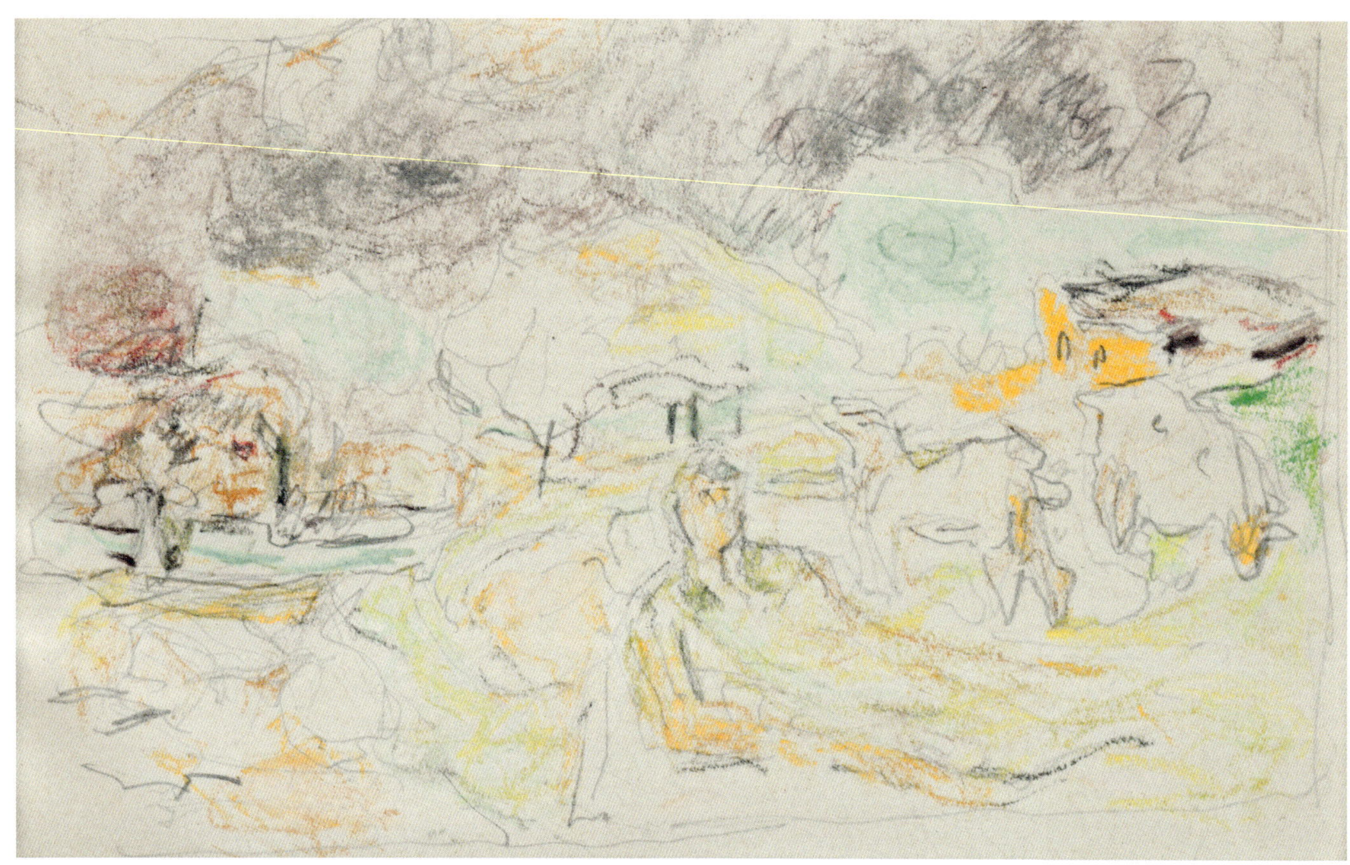

Édouard Vuillard

34. Étude pour / Study for *Bonnard. Les Anabaptistes*, détail de / detail from *Paysage du Cannet*, c. 1928-1929
Mine de plomb et crayons de couleur sur papier / Lead pencil and coloured pencils on paper
9,2 x 14,9 cm
Collection particulière / Private collection

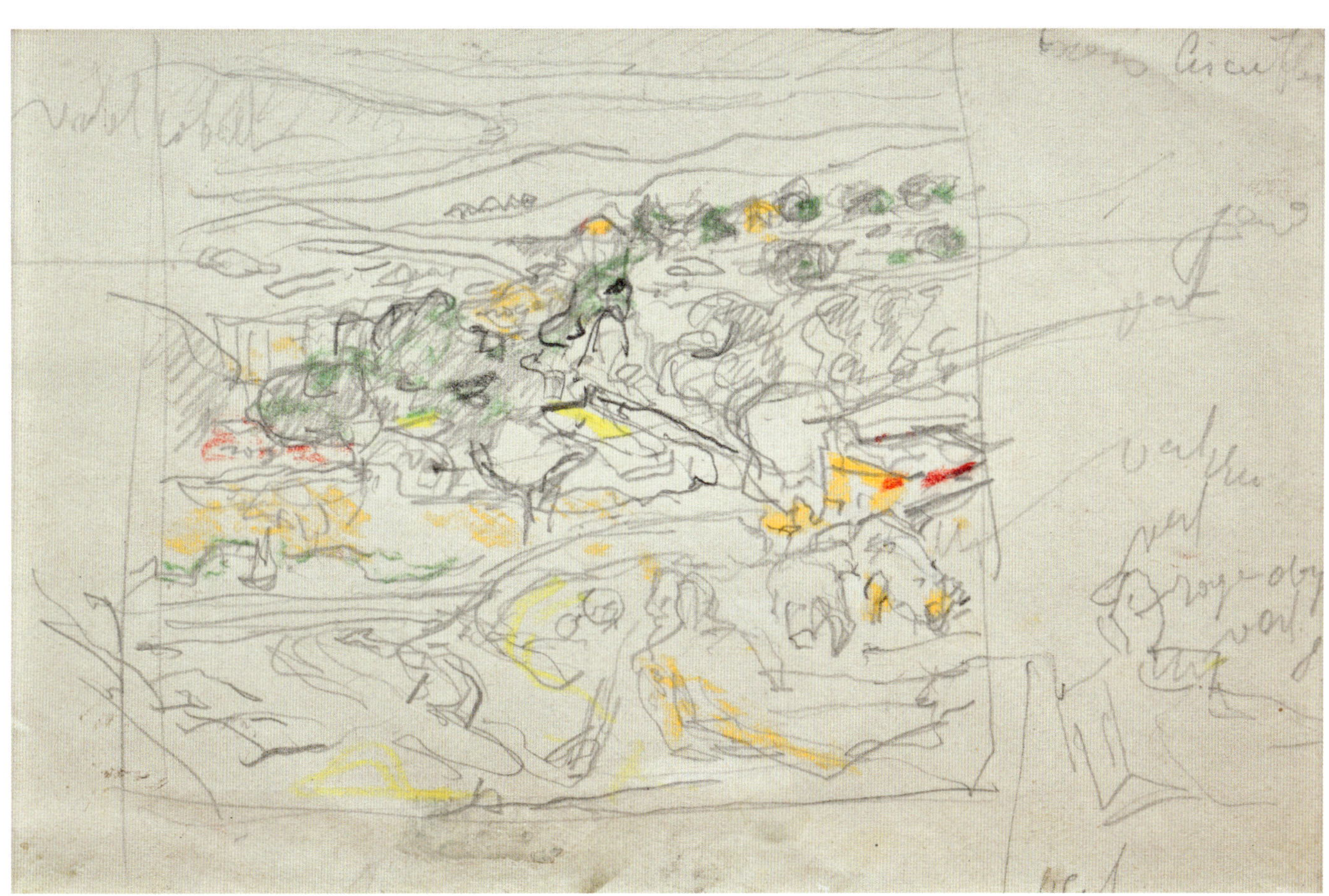

Édouard Vuillard

35. *Le Moulin du Diable à Guérande*, 1908
Pastel sur papier / Pastel on paper
24 x 31 cm
Signé en bas à gauche / Signed on the bottom left : *E. Vuillard*
Paris, musée des Arts Décoratifs, donation Raymond Koechlin
Inv. 18392

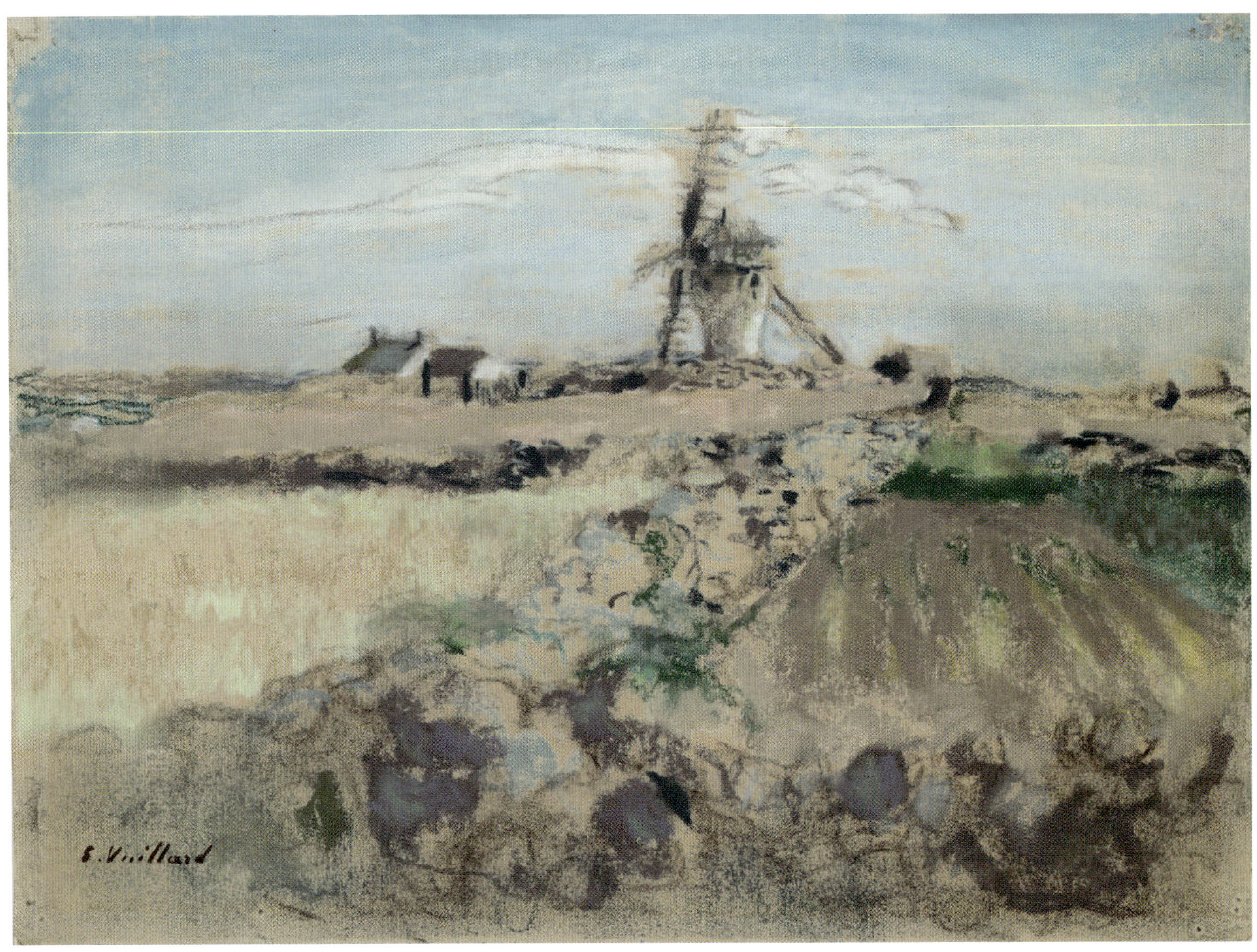

Édouard Vuillard

36. *Le Port par temps gris*, 1908
Peinture à la colle sur papier, contrecollé sur carton / Distemper on paper, glued onto cardboard
113 x 67 cm
Paris, musée d'Orsay, legs verbal d'Édouard Vuillard, exécuté grâce à M. et Mme K.X. Roussel, beau-frère et sœur de l'artiste / Édouard Vuillard's spoken bequest, carried out thanks to Mr and Mrs K.X. Roussel, the artist's brother-in-law and sister, 1941
Inv. RF 1977-379

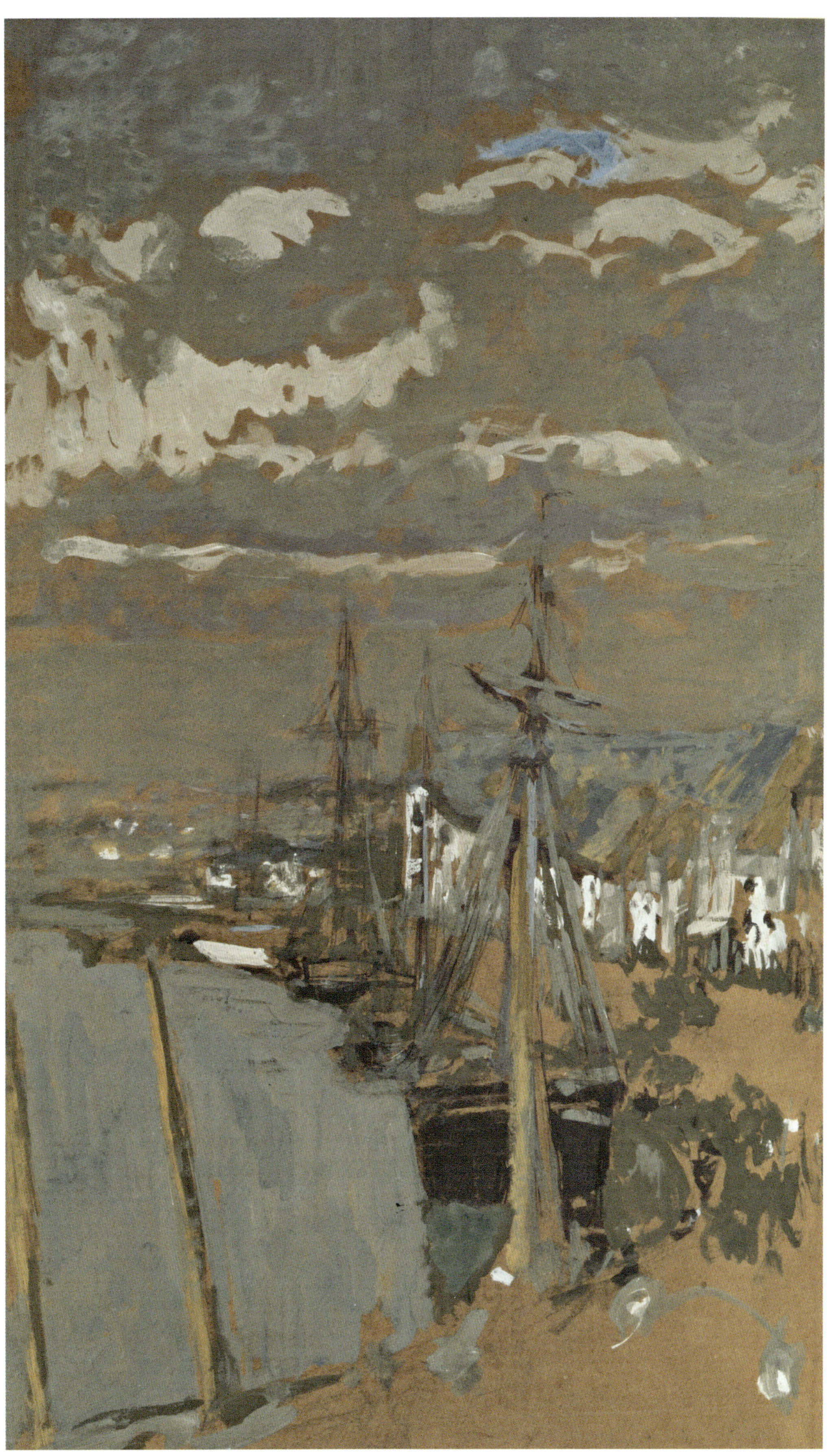

Édouard Vuillard

37. *La Promenade dans le port, Le Pouliguen*, 1908
Peinture à la colle sur papier, contrecollé sur carton / Distemper on paper, glued onto cardboard
65 x 64,5 cm
Paris, musée d'Orsay, legs verbal d'Édouard Vuillard, exécuté grâce à M. et Mme K.X. Roussel, beau-frère et sœur de l'artiste / Édouard Vuillard's spoken bequest, carried out thanks to Mr and Mrs K.X. Roussel, the author's brother-in-law and sister, 1941
Inv. RF 1977-377

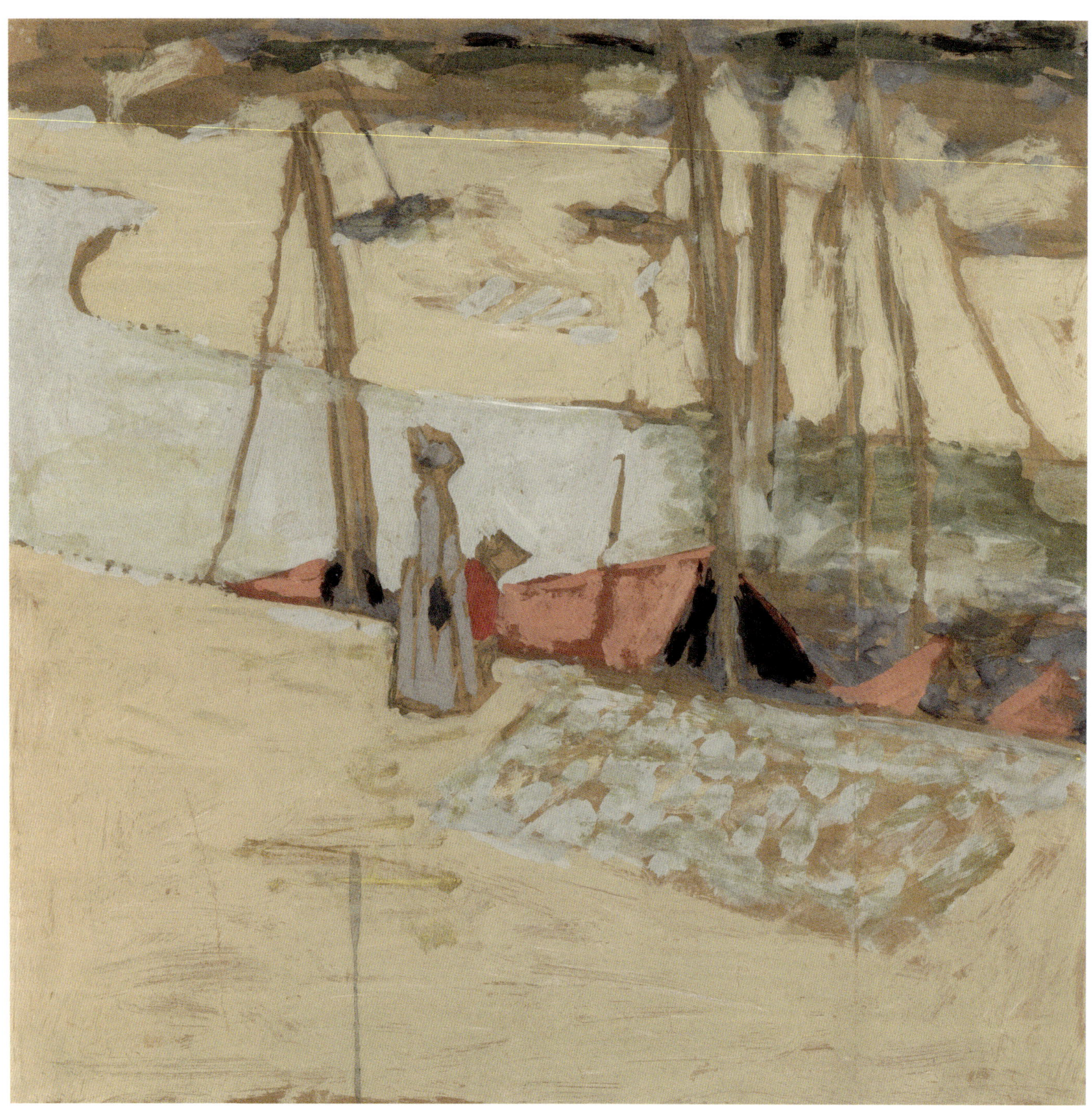

Édouard Vuillard

38. *Le Cargo à quai, Hambourg*, 1913
Peinture à la colle sur papier beige, contrecollé sur carton / Distemper on beige paper, glued onto cardboard
53 x 52 cm
Paris, musée d'Orsay, legs verbal d'Édouard Vuillard, exécuté grâce à M. et Mme K.X. Roussel, beau-frère et sœur de l'artiste / Édouard Vuillard's spoken bequest, carried out thanks to Mr and Mrs K.X. Roussel, the artist's brother-in-law and sister, 1941
Inv. RF 1977-378

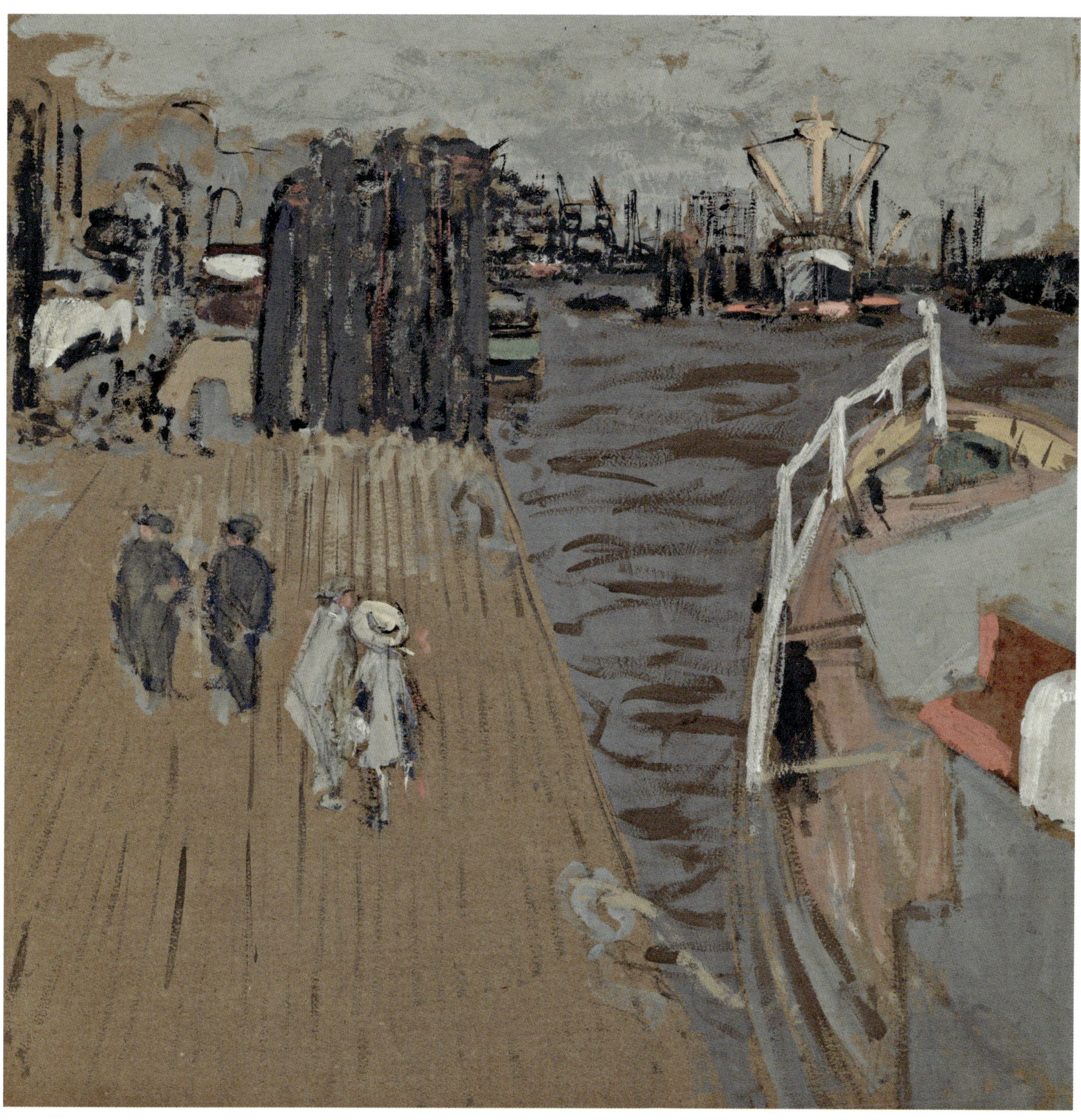

Édouard Vuillard

39. *Voiliers sous un ciel orageux*, 1908
Pastel sur papier / Pastel on paper
64,2 x 34,7 cm
Paris, musée d'Orsay, en dépôt à / on deposit at Limoges, musée des beaux-arts, legs / bequest Vuillard, 1942
Inv. AM 1525 / BAL ED.065

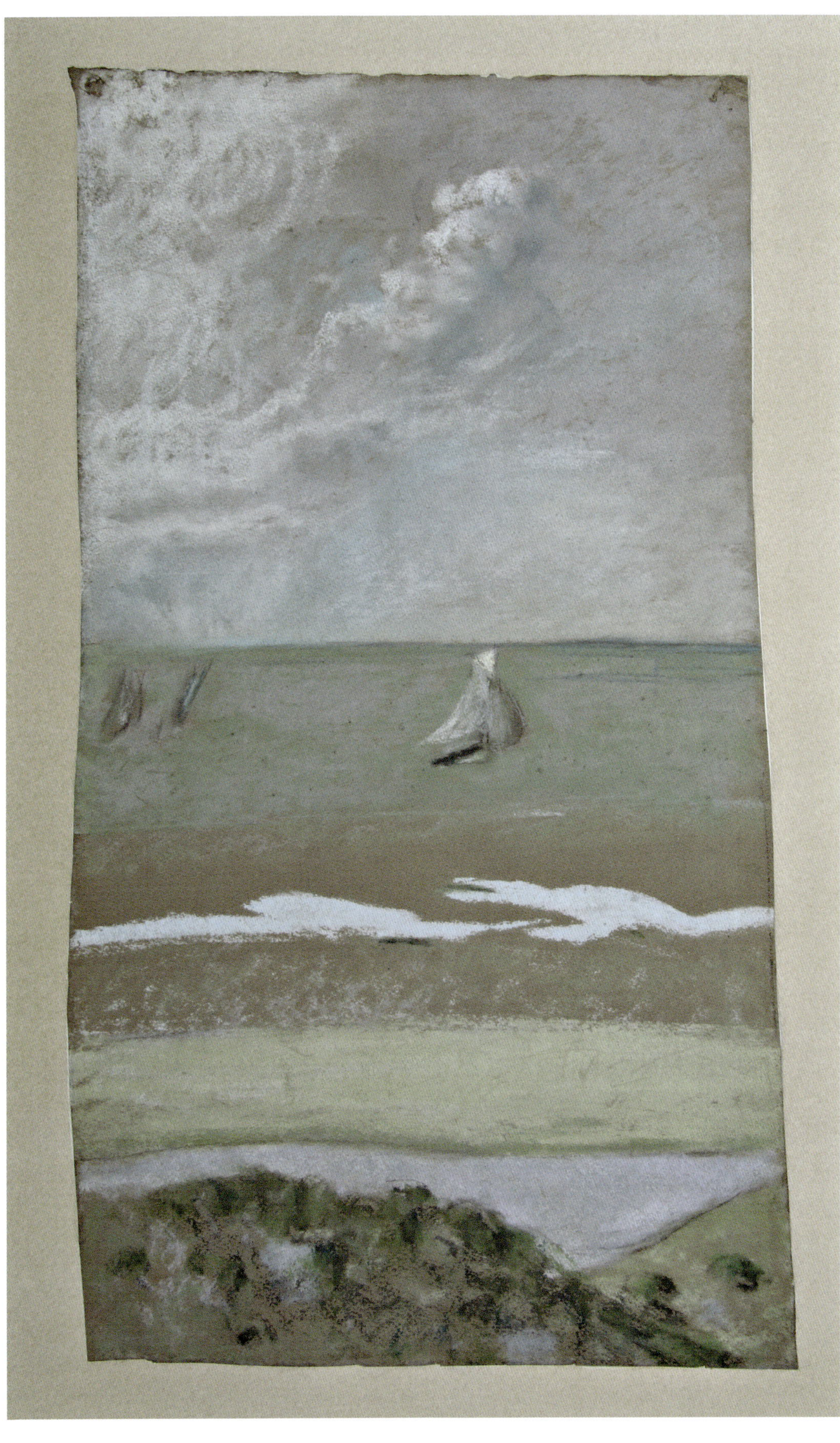

Ker-Xavier Roussel

40. *Paysage à Cuiseaux*, 1905
Pastel sur papier / Pastel on paper
35,5 x 54,5 cm
Signé et daté en bas vers la droite / Signed and dated towards the bottom right : *k.-x. roussel 1905*
Collection particulière / Private collection

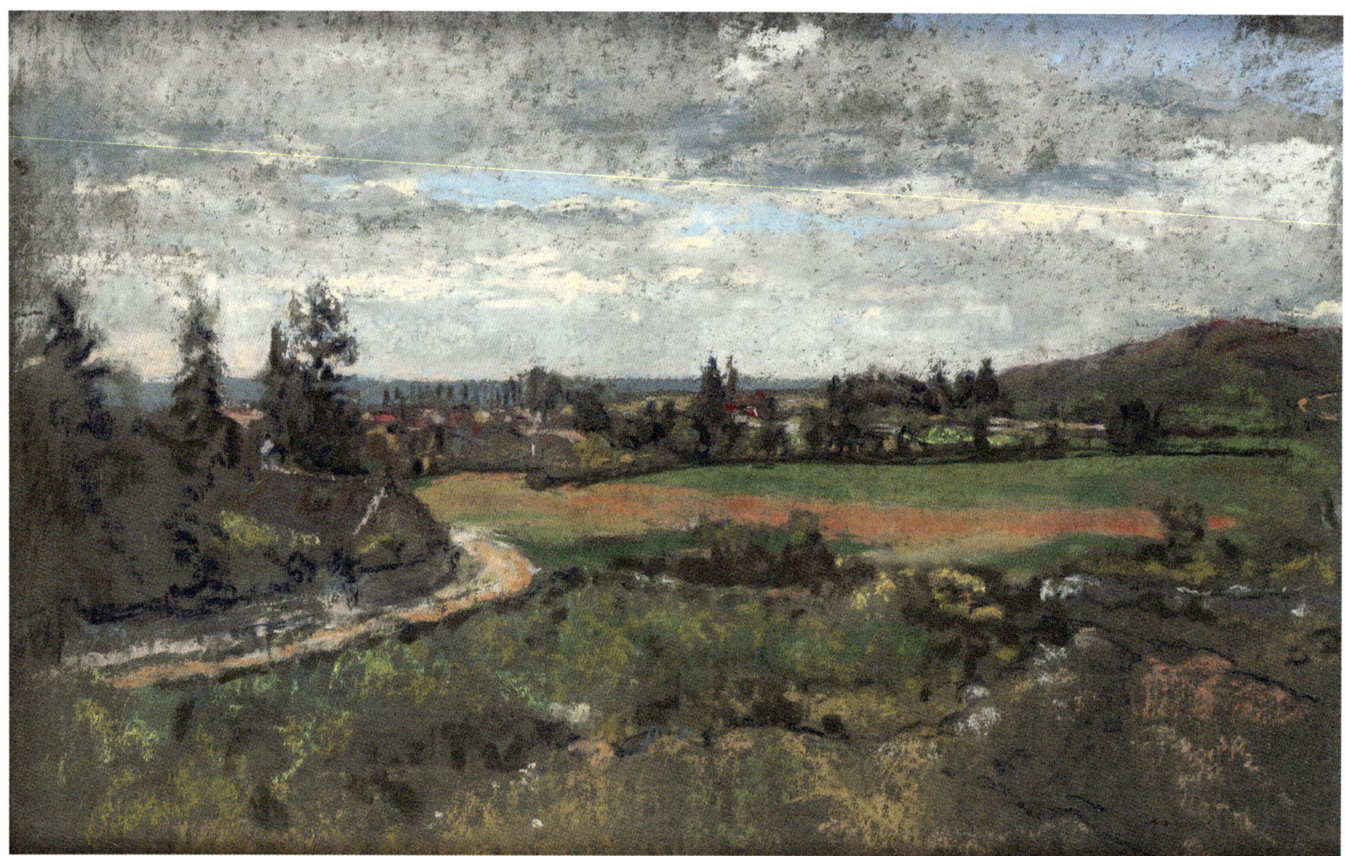

Ker-Xavier Roussel

41. *Paysage à Cuiseaux*, 1906
Pastel sur papier / Pastel on paper
35 x 53,5 cm
Signé et daté 1906 en bas vers la droite / Signed and dated 1906 towards the bottom right
Collection particulière / Private collection

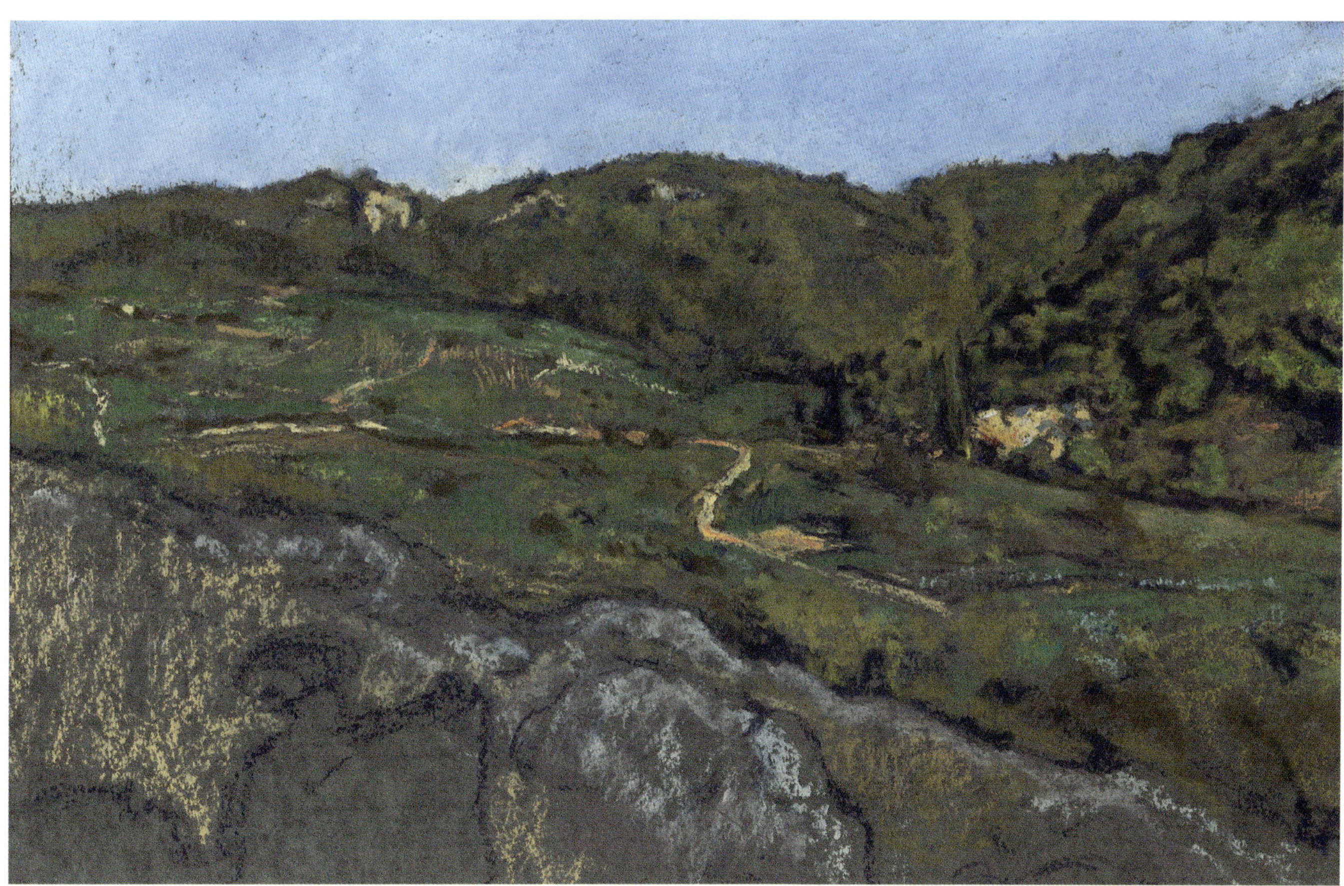

Ker-Xavier Roussel

42. *Clair de lune sur la mer*, 1941
Pastel sur papier / Pastel on paper
14 x 21 cm
Signé et daté en bas à gauche / Signed and dated on the bottom left : *k.x roussel 41*
Collection particulière / Private collection

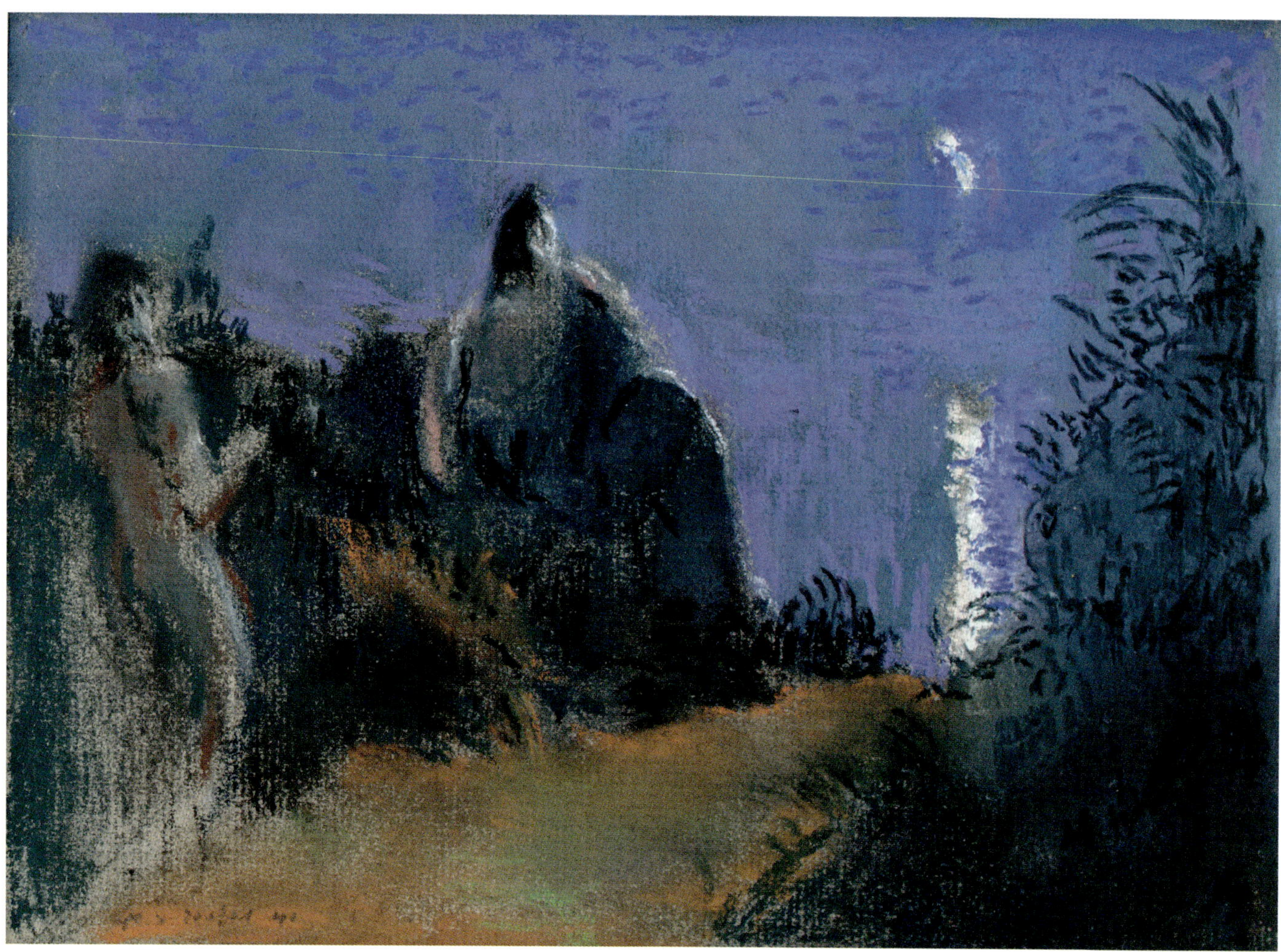

Ker-Xavier Roussel

43. *La Plage au crépuscule*, c. 1906-1910
Mine de plomb et pastel sur papier / Lead pencil and pastel on paper
12,2 x 20,5 cm
Cachet de l'atelier en bas à droite / Atelier seal on the bottom right
Collection particulière / Private collection

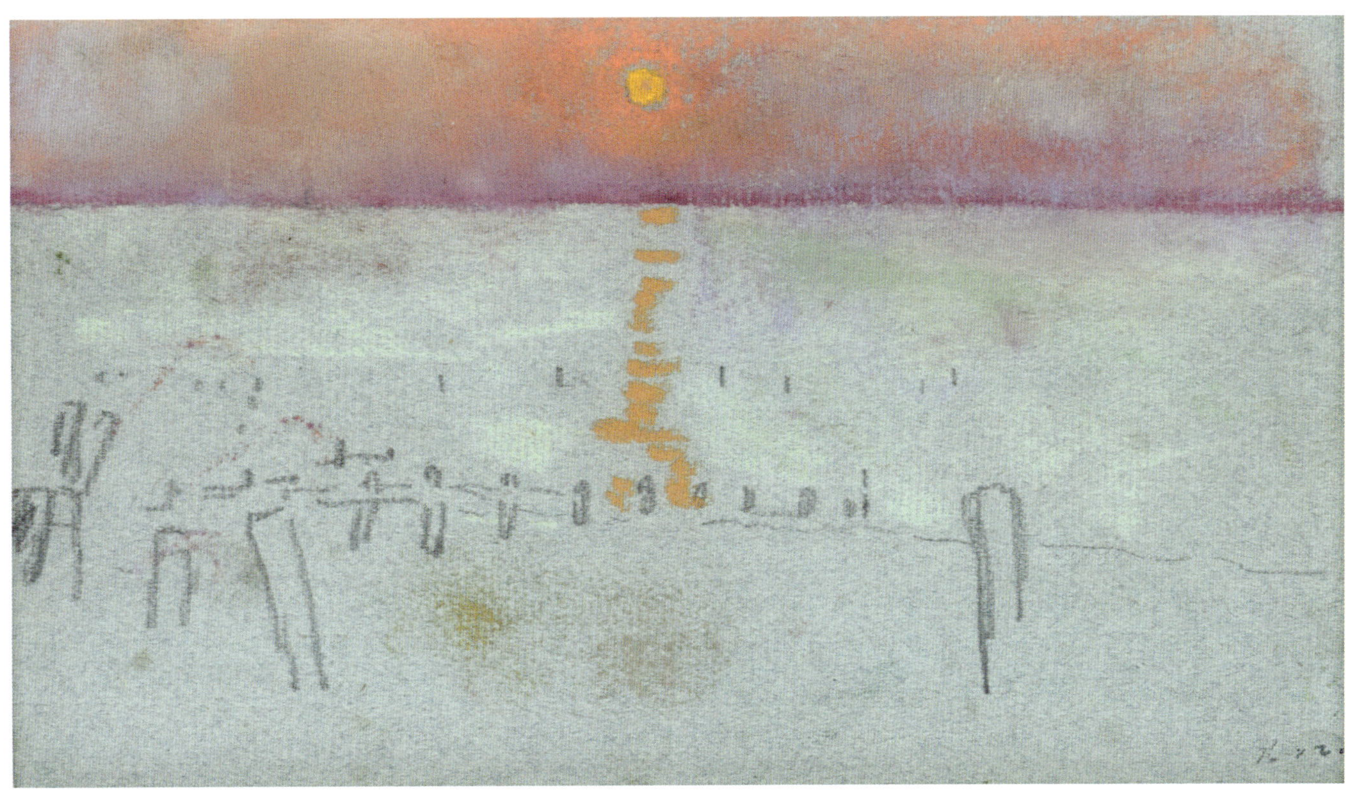

Section 3
L'alentour idéal : le paysage du quotidien

Roussel et Vuillard ne vivent pas sous les mêmes cieux. Le premier a quitté Paris en 1899 et s'est installé à la campagne. Il passe du temps à modeler son beau jardin de L'Étang-la-Ville et l'utilise comme cadre pour peindre des mythologies. Vuillard, lui, est un artiste urbain et s'est presque toujours cantonné autour de la place de Clichy. Après 1918, son rythme de vie change ; il passe du temps dans la campagne de Versailles, à Vaucresson ou aux Clayes-sous-Bois, dans les propriétés des Hessel. La nature devient à ce moment un sujet à part entière de sa peinture, une source d'inspiration immuable qui, jusqu'alors, s'était limitée aux excursions estivales.

Immergés dans un même paysage – celui de L'Étang n'est distant que de quelques kilomètres de celui de Versailles – les deux peintres portent le même regard sur une nature qui leur permet d'escamoter un monde mal ajusté à leur sensibilité. Roussel très tôt a choisi la campagne encore rustique de L'Étang-la-Ville, à côté de Marly, pour y installer maison, famille et atelier. Il rompt ainsi définitivement avec cet alentour urbain si peu adapté à ses rêveries antiques et utilise le vallon qui s'étire autour de lui pour nourrir un véritable répertoire de décors. Roussel parcourt sa campagne et, à force d'études et de pastels (*Paysage d'orage*, cat. n° 58, *L'Arbre à L'Étang-la-Ville*, cat. n° 56), trace une géographie familière de cet environnement idéal. Ce n'est pas sur les reliefs escarpés du Péloponnèse ou dans les plates vallées de Campanie que ses fables mythologiques trouveront à s'épanouir mais en forêt de Marly, sous les taillis du jardin ou au milieu du verger (*Le Verger à L'Étang-la-Ville*, cat. n° 45). Le jardin, qu'il terrasse avec soin, qu'il transforme et qu'il embellit pour donner corps à son idée de nature parfaite, fournit à l'inspiration de Roussel l'autre cadre de ses élégies. Les habitués de L'Étang-la-Ville identifient ainsi facilement où la fiction mythologique prend naissance : les danseurs du théâtre de Chaillot[1] s'étagent en fait sous la tonnelle du jardin ; les acteurs des *fontaines de jouvence* prennent place dans un des bosquets derrière la maison quand les *faunes au printemps* posent dans une nature en floraison que l'on reconnaît comme les pêchers en fleurs du verger (*Paysage aux arbres roses*, cat. n° 51).

Ces paysages d'alentours, ces vues d'Île-de-France, entretiennent pendant quarante ans un dialogue ininterrompu et anachronique avec les fables latines imaginées par Roussel. Vuillard lui aussi a découvert les vertus introspectives de la nature. Son caractère naturellement en retrait le porte à un examen moins exalté de la nature que Roussel, mais on mesure sans doute mieux l'intérêt croissant de Vuillard pour l'observation du paysage en lisant son *Journal*. Et notamment après la Première Guerre mondiale, lorsque les Hessel acquièrent une maison à Vaucresson, le Clos Cézanne. Au printemps et pendant tout l'été, Vuillard y rejoint les Hessel plusieurs fois dans la semaine. Il flâne le matin dans les allées fleuries du Clos Cézanne et observe Lucie Hessel se livrer aux mille usages du jardinage. Il est préoccupé d'harmonies de verts, d'arbres, de changements dans la floraison des parterres. Il note par exemple le 13 mai 1923 : « (...) à pied au Clos Cézanne, surpris intérêt nouveau aux talus, colorations franchement mauves, vert tendre me fait réfléchir (...) ». Ou encore, le 24 juillet 1923, cette mention mallarméenne qui montre sa cogitation autour de la notion de paysage : « le secret de l'inspiration des petits paysages de Renoir effet de soir ; colorations bizarres, mot de Van Dongen il n'y a pas d'effet de soir (...) journée passée au Clos Cézanne cueillette de fleurs, de roses ». Infusé par un sentiment champêtre, Vuillard délaisse périodiquement, chaque semaine, les obligations de la vie urbaine pour trouver une retraite dans le calme salvateur d'une nature amie, celle des Hessel.

En 1926, Jos et Lucie Hessel ont vendu le Clos Cézanne et acquis le château des Clayes, à quelques kilomètres de distance (*Les Enfants sur le banc devant le château*, cat.

Section 3
Ideal Surroundings: The Daily Landscape

Roussel and Vuillard did not live under the same skies. The former left Paris in 1899 and settled in the countryside. He spent his time landscaping his beautiful garden in L'Étang-la-Ville and used it as a setting for mythological paintings. Vuillard was an urban artist and rarely went further afield than the area around Place de Clichy. After 1918, this rhythm of life changed and he went to stay in the countryside near Versailles, in Vaucresson or Les Clayes-sous-Bois, at properties owned by his friends the Hessels. At that time, nature became a subject in its own right in his painting, an immutable source of inspiration that up until then had been limited to his summertime trips.

Immersed in the same landscape – the one at L'Étang was only a couple of kilometres from Versailles – the two painters had the same vision of nature that let them sidestep a world so badly-suited to their sensibilities. Very early on, Roussel chose to move his home, family and studio to the rustic countryside of L'Étang-la-Ville, not far from Marly. In doing so, he broke definitively with the urban surroundings so little–adapted to his daydreams of Antiquity and used the valley that stretched out before him as inspiration for his repertoire of decors. Roussel travelled around the local countryside and through his studies and pastels (*Paysage d'orage* [Stormy Landscape], cat. 58, *L'Arbre à L'Étang-la-Ville* [Tree in L'Étang-la-Ville], cat. 56) became very familiar with the geography of this ideal environment. It was not on the craggy reliefs of the Peloponnese or the flat valleys of Campania that his mythological fables blossomed but rather in the forest at Marly, in the garden thickets or the middle of the orchard (*Le Verger à L'Étang-la-Ville* [The Orchard at L'Étang-la-Ville], cat. 45). The garden, that he carefully levelled, transformed and embellished to embody his ideal of nature, provided Roussel's imagination with the second setting for his elegies. People who know L'Étang-la-Ville can quite easily identify the origins of this fictional mythology: the dancers from the *Théâtre de Chaillot* are indeed positioned under the arbour in the garden; the actors from the *fountains of youth* take up their positions in the copses behind the house whilst the *fauns in springtime* pose amidst the blossoms that we can recognise as the flowering peach trees in the orchard (*Paysage aux arbres roses* [Landscape with Pink Trees], cat. 51).[1]

Over a period of forty years, these neighbouring landscapes, these views of the Île-de-France region, entered into an uninterrupted and anachronic dialogue with the Latin fables of Roussel's imagination. Vuillard also discovered the introspective virtues of nature. His naturally reserved character resulted in a less exuberant vision of nature than Roussel, but we can almost certainly understand Vuillard's growing interest for observing landscapes more easily by reading his *Journal*. And notably after the First World War, when the Hessels acquired a house at Vaucresson, the "Clos Cézanne." During the spring and throughout the summer months, Vuillard joined the Hessels there several times a week. He spent the mornings strolling around the flower-lined pathways of the Clos Cézanne, observing Lucie Hessel carry out a thousand different jobs in the garden. He was preoccupied by the harmonies of greens, the trees, the changes in the flowerbeds. On 13 may 1923 he noted for example: "On foot at Clos Cézanne, surprise new interest in the thickets, colorations truly mauve, soft green makes me think." Or further still, on 24 July 1923, this Mallarmé-like note reveals his thoughts on landscape: "The secret of the inspiration for Renoir's small landscapes evening effect; bizarre colourings, word from Van Dongen there is no evening effect [...] day spent at the Clos Cézanne gathering flowers, roses." Filled with a bucolic sentiment, Vuillard periodically put aside the everyday commitments of urban life to retreat to the redeeming calm of a familiar environment, the Hessel's.

n° 49). Vuillard y est accueilli dans le même esprit de famille ; une partie de la demeure, la tourelle, lui sera même réservée afin qu'il puisse y séjourner à sa guise. Jamais son acuité pour les saisons, pour les couleurs du ciel, pour l'entomologie florale et animale ou les différentes espèces d'arbres n'ont atteint un tel degré. Son *Journal* se remplit de notes sur les différents états du parc du château, jusque dans ses moindres bosquets. Vuillard ne cesse de parcourir cet espace aux ressources inépuisables, même l'hiver (*Le Jardin hivernal au paon*, cat. n° 60, *Le Bassin sous la neige*, cat. n° 59). Tout y est consigné. Pour être retranscrit dans un grand nombre de pastels figurant le parc sous tous ses angles, avec toutes ses nuances, sous toutes les lumières (*Le Vieil Arbre*, cat. n° 52 ou *Le Château d'eau*, cat. n° 53).

Le parc du château des Clayes, dessiné au XVIIe siècle par André Le Nôtre, devient pour Vuillard un refuge vaste et serein, un *hortus conclusus* qui le met à l'abri de la contrainte sociale et lui épargne la dispersion mondaine qu'il subit à Paris (*La Passerelle*, cat. n° 47). Dans son *Journal*, le mot « paix » est d'ailleurs celui qui est le plus souvent associé à « Clayes ». Vuillard remplit un grand nombre de pages dans ses carnets pour saisir le relief d'un tronc, un taillis ou une frondaison au fond d'un chemin. Là encore, les noirs de la mine de plomb et les indications du pastel devaient aider à faire resurgir, seulement pour Vuillard, les couleurs et les lumières que ses œuvres reprendraient ensuite. Les notes du *Journal*, une fois de plus, sont les corolaires indispensables pour comprendre ses paysages du quotidien et servent ainsi mieux à fixer le souvenir. On sait qu'il exécute aussi des pastels sur le vif (*Les Communs au château des Clayes*, cat. n° 48) qui sont autant d'instantanés d'une grande liberté et de couleurs très décidées. Tous réunis, ils composent comme un grand herbier, un précipité des dernières décennies d'un Vuillard transformé en promeneur bucolique.

[1] *La Danse*, 1937, huile sur toile, 350 x 350 cm, Théâtre national de Chaillot.

In 1926, Jos and Lucie Hessel sold the "Clos Cézanne" and bought Château des Clayes, several kilometres away (*Les Enfants sur le banc devant le château* [The Children on a Bench in front of the château], cat. 49). Vuillard was welcomed with the same family warmth; part of the building, the turret, was reserved especially for him so that he could stay whenever he wanted. Never had his awareness for the seasons, for the colours of the sky, for floral or animal entomology or the different species of trees reached such a level. His *Journal* became filled with notes on the different states of the Château's gardens, even down to the smallest thicket. Vuillard relentlessly roamed around this space with its untiring resources, even in winter (*Le Jardin hivernal au paon* [The Wintergarden with Peacock], cat. 60, *Le Bassin sous la neige* [Pond in the Snow], cat. 59). Everything is recorded in it. Ready to be transcribed into a large number of pastels showing the grounds from all angles, with all its nuances, in all different lights (*Le Vieil Arbre* [The Old Tree], cat. 52 ou *Le Château d'eau* [The Water Tower], cat. 53).

The grounds at Château des Clayes, designed in the seventeenth century by André Le Nôtre, became for Vuillard a vast and peaceful haven, a *hortus conclusus* that protected him from social commitments and spared him the society life that he was subjected to in Paris (*La Passerelle* [The Footbridge], cat. 47). In his *Journal*, the word "peace" is the word most often associated with "Clayes." Vuillard blackened a large number of pages in his notebooks in order to capture the relief of a tree trunk, a copse or foliage at the end of a path. Here once again, the black of the lead pencil and the indication of the pastel must have helped to bring to the surface, for Vuillard anyway, the colours and the light that the works would then develop further. The notes in his *Journal* were once more indispensable for understanding his everyday landscapes and also helped to fix them more easily in his memory. We know that he also did some pastels from life (*Les Communs au château des Clayes* [Outbuildings at Château des Clayes], cat. 48) that are like snapshots revealing a great sense of liberty and some highly resolute colours. Gathered together, they resemble a large herbarium, the sediment of the last decades of a Vuillard who had been transformed into a bucolic ambler.

[1] *La Danse*, 1937, oil on canvas, 350 x 350 cm, Théâtre National de Chaillot.

Édouard Vuillard

44. *Antoinette David-Weill et son neveu Maurice Lambiotte à Mareil-le-Guyon*, projet / project, 1928-1930
Peinture à la colle et pastel sur papier / Distemper and pastel on paper
148 x 146 cm
Paris, musée d'Orsay, en dépôt à / on deposit at Roubaix, musée d'art et d'industrie André Diligent - La Piscine, legs verbal d'Édouard Vuillard, exécuté grâce à M. et Mme K.X. Roussel, beau-frère et sœur de l'artiste / Édouard Vuillard's spoken bequest, carried out thanks to Mr and Mrs K.X. Roussel, the artist's brother-in-law and sister, 1941
Inv. RF 1977-376

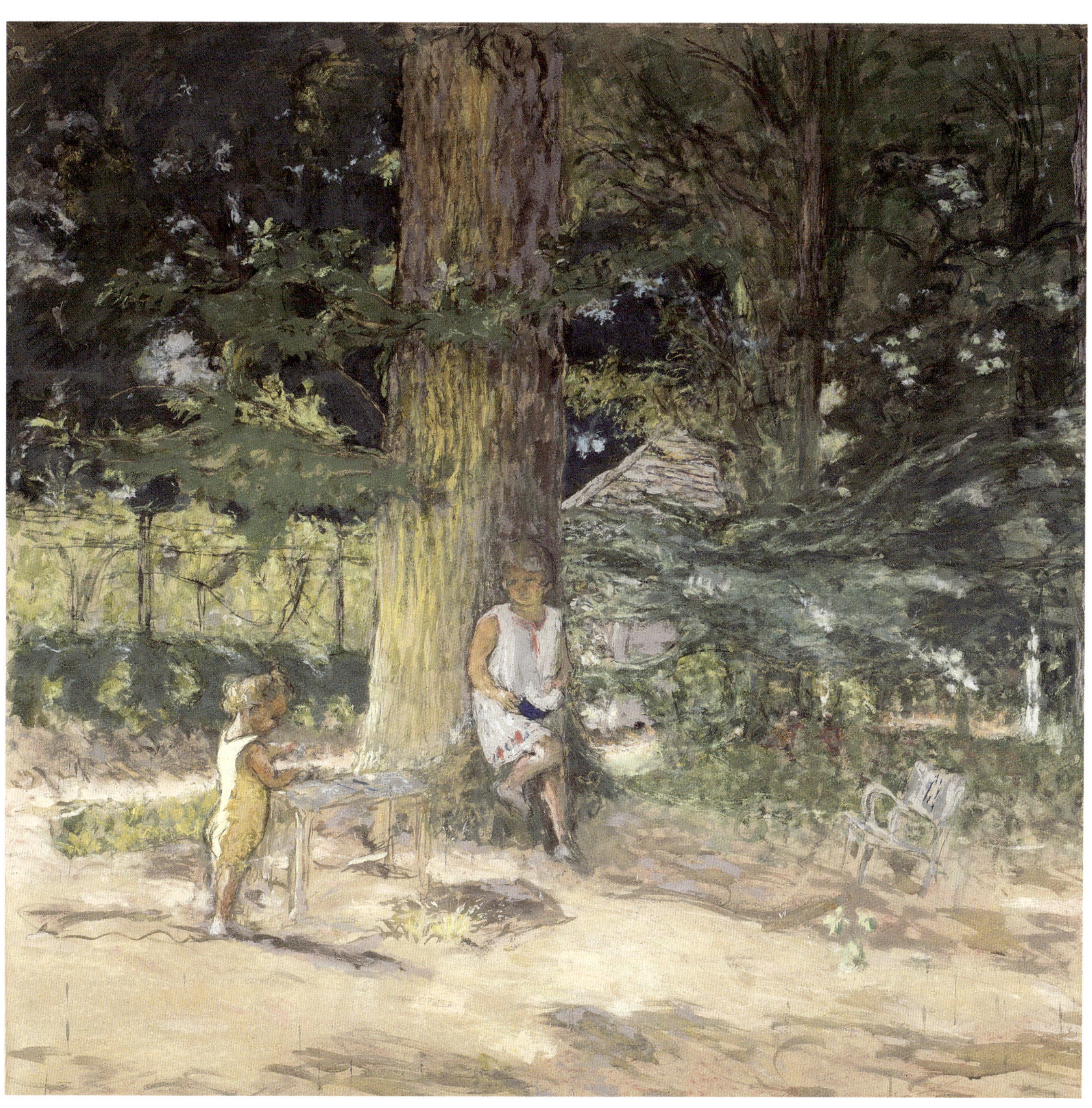

Ker-Xavier Roussel

45. *Le Verger à L'Étang-la-Ville*, 1928
Pastel sur carton / Pastel on cardboard
27 x 61 cm
Signé en bas vers la gauche / Signed towards the bottom left : *k.x roussel*
Collection particulière / Private collection

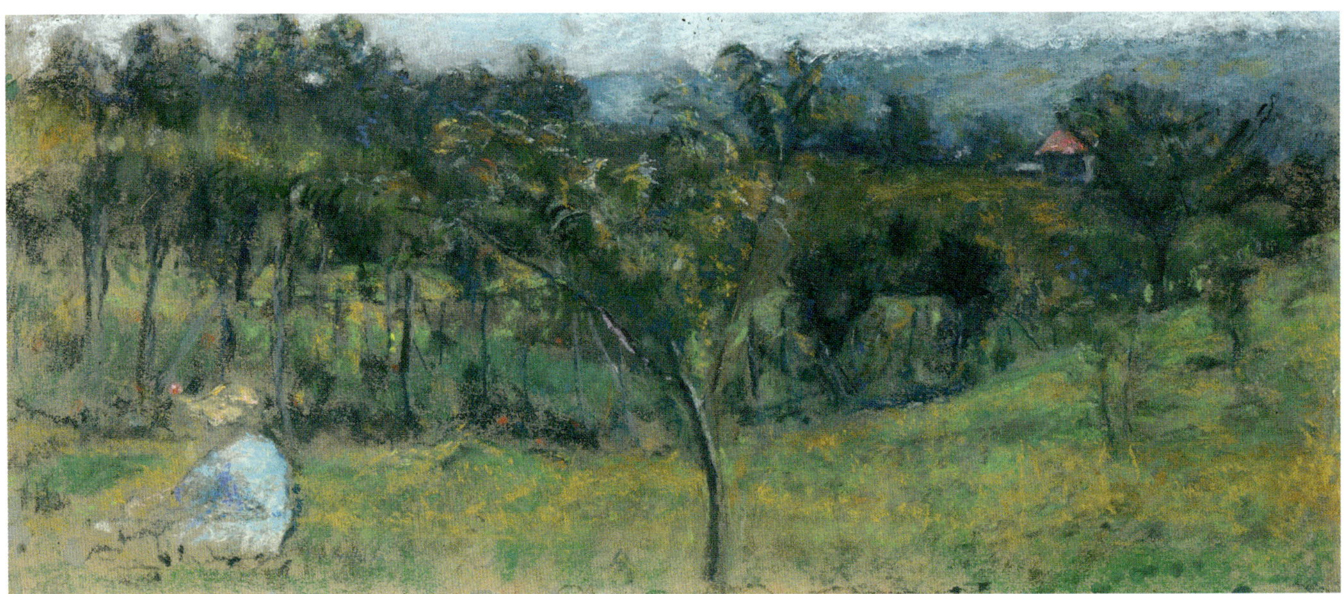

Ker-Xavier Roussel

46. *Pommiers en fleurs dans le verger de L'Étang-la-Ville*, c. 1928
Pastel sur papier / Pastel on paper
33 x 50,5 cm
Signé en bas à droite / Signed on the bottom right : *kx roussel*
Collection particulière / Private collection

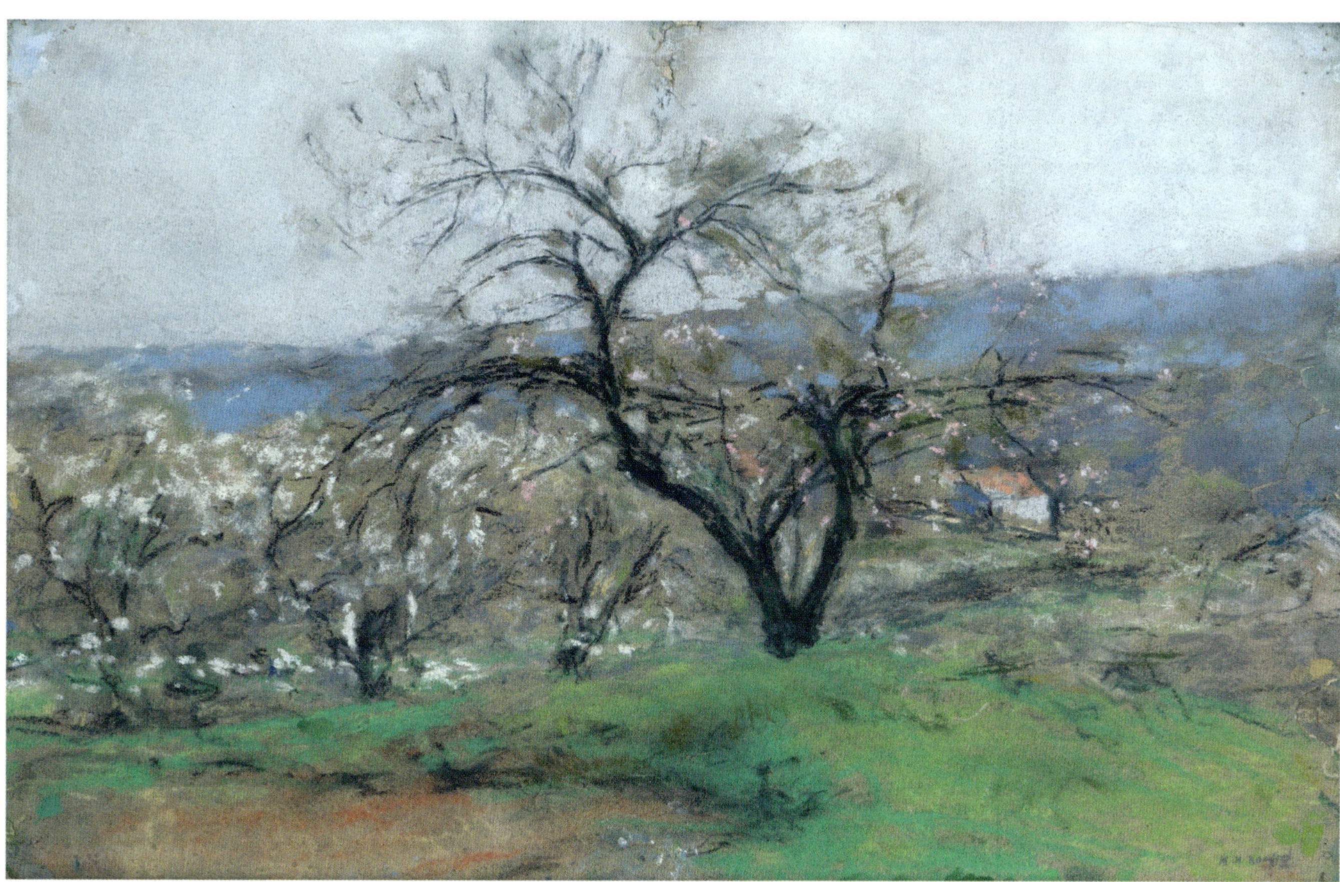

Lucie et Jos Hessel avaient acheté le château des Clayes en 1926, à Clayes-sous-Bois dans les Yvelines. C'était une grande bâtisse construite entre 1800 et 1815, entourée d'un parc du XVIIe siècle conçu par Le Nôtre. Le château n'existe plus aujourd'hui ; il a été incendié par les troupes allemandes avant leur reflux en 1944 et seules subsistent les deux tours latérales qui encadraient le corps du bâtiment. Il reste encore des parties du grand parc avec ses arbres centenaires, dont « l'arbre de Diane », un platane de 400 ans.
Meublé par les Hessel dans le goût Art déco, le château se distinguait surtout par ses collections de tableaux. La revue *La Renaissance* y avait consacré un numéro spécial en juillet 1930. Chacune des pièces principales de la maison se trouvait détaillée dans des clichés d'une troublante parenté avec ce que Vuillard a exécuté au pastel à la même époque.
Cependant, c'est le grand parc qui retient toute l'attention du peintre. Un croisement de ses photographies, de son *Journal* et de ses carnets montre bien que Vuillard est plus fasciné par l'extérieur que par l'intérieur. Les carnets décrivent tout un répertoire de formes et de lumières. Mais surtout, le peintre a produit plus de 140 œuvres sur le même sujet. La nature du parc des Clayes et ses possibilités infinies de paysages ont envoûté l'artiste. Il a délaissé son appartement de la place Vintimille qu'il occupe en célibataire depuis la mort de sa mère en décembre 1928. L'été notamment, il ne paraît plus que par éclipses dans la capitale et organise son atelier dans l'aile du château que les Hessel lui ont réservée.
Les vues du parc se multiplient entre 1932 et 1938. Aucune partie n'est oubliée ; le bassin à l'arrière du château, l'étang au fond du parc, les arbres aux frondaisons immenses, la terrasse, les communs et même le poulailler. Les animaux font aussi partie de cette grande narration inaltérable – on conserve des croquis rehaussés de dindons, de paons, de chats ou de perruches. Le végétal est devenu le sujet essentiel de ces œuvres ; les personnages, qui auparavant donnaient leur sens aux tableaux, sont devenus des détails qui n'équilibrent la composition que par leurs couleurs.
La Passerelle est véritablement un « portrait de nature ». Rien ne vient troubler la déclinaison de verts, si ce n'est le chemin jaune poudreux qui donne la direction de la perspective. Le cadrage de la scène a occulté totalement le ciel ; seules les frondaisons occupent le registre supérieur. La passerelle est à peine visible ; elle enjambe les eaux noires d'un cours d'eau obscurci par l'ombre des arbres. Aucun horizon bleu ne permet à l'œil de fuir vers le lointain. Seule une prairie verte claire offre une ligne de fond elle-même bordée d'une haie. Le camaïeu de verts tendres est comme une métaphore du monde protégé dans lequel s'est désormais installé Vuillard.

Lucie and Jos Hessel had bought Château des Clayes in 1926, at Clayes-sous-Bois in the Yvelines. It was a large building built between 1800 and 1815, surrounded by seventeenth century gardens designed by Le Nôtre. The château no longer exists today; it was burnt down by German troops before they retreated in 1944 and all that remains are the two side towers that once framed the main body of the building. Some areas of the grounds still boast trees that are hundreds of years old, including the 400-year-old "Diane" plane tree.
The château was furnished by the Hessels in an Art Déco style, but the thing that really made it stand out was its painting collection. *La Renaissance* magazine devoted a special edition to it in July 1930. Each of the main rooms of the house was highly detailed in some photos that disturbingly resembled those Vuillard did in pastel at the same period.
However, it was the large gardens that captured the painter's attention. Looking at his photographs, his *Journal* and his sketchbooks we can clearly see that Vuillard was more fascinated by the outside than the inside. The sketchbooks described a whole repertoire of forms and lights. But above all, the painter produced more than 140 works on the same subject. Nature in the grounds at Les Clayes and its infinite landscapes enchanted the artist. He abandoned his apartment at Place Vintimille where he had been living alone since his mother died in December 1928. And in the summer, he was rarely seen in the capital, setting up his studio in the wing of the château that the Hessels had reserved especially for him.
There were an increasing number of views of the gardens between 1932 and 1938. Nothing was left out; the pond behind the château, the lake at the back of the gardens, the trees with their dense foliage, the terrace, the outbuildings and even the chicken run. Animals were also part of this great unalterable narrative – we still have sketches brought to life with turkeys, peacocks, cats or budgerigars. Plants became the essential subject of his works; figures that up until then had given the paintings their meaning became mere details that only balanced the composition thanks to their colour.
La Passerelle (The Footbridge) is truly a "portrait of nature." Nothing disturbs the shades of greens, except perhaps the powdery yellow pathway that gives the perspective its direction. The way the scene is framed totally blocks out the sky; nothing but foliage occupies the upper register. The footbridge is barely visible; it crosses over the blackened waters of a river darkened by the shade of the trees. There is no blue horizon to draw our eye into the distance. Only a bright green prairie itself bordered by a hedge acts as a base line. The *camaïeu* of soft green is like a metaphor for the protected world in which Vuillard now lived.

Édouard Vuillard

47. *La Passerelle*, 1932-1938
Pastel sur papier / Pastel on paper
24,5 x 32,5 cm
Cachet de l'atelier en bas à droite / Atelier seal on the bottom right
Collection particulière / Private collection

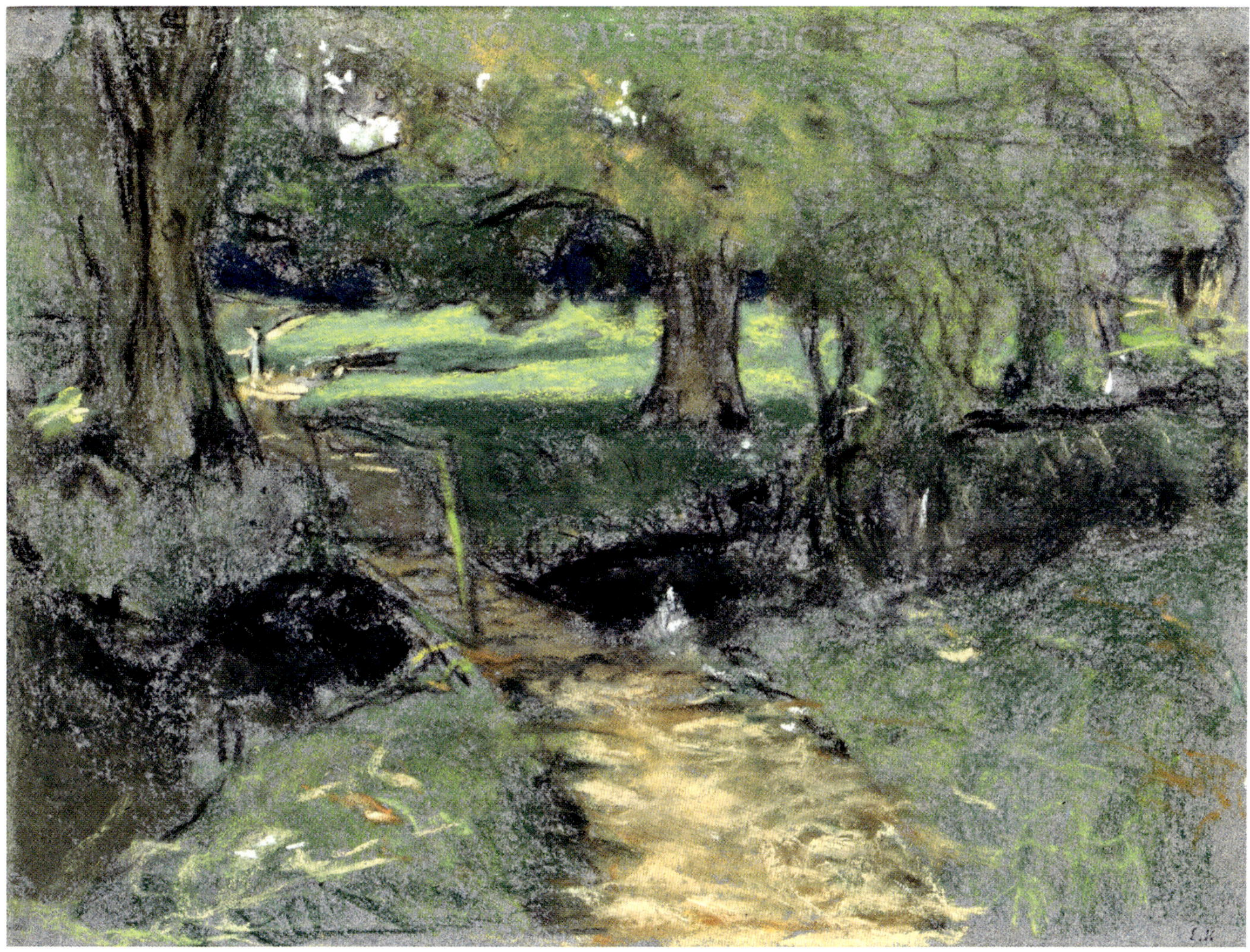

Édouard Vuillard

48. *Les Communs au château des Clayes*, c. 1932-1938
Pastel sur papier / Pastel on paper
32 x 25 cm
Collection particulière / Private collection

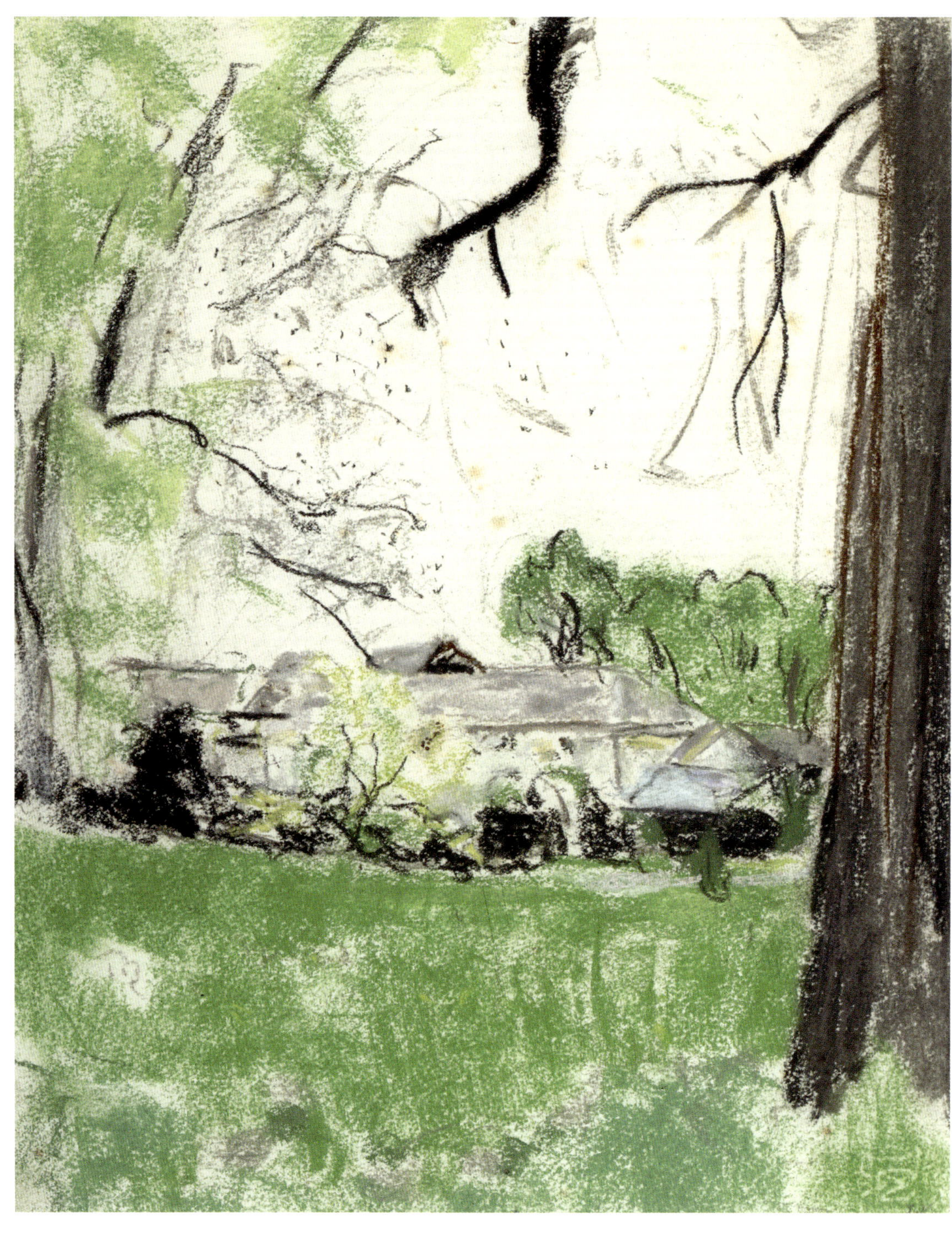

Édouard Vuillard

49. *Les Enfants sur un banc devant le château*, c. 1930-1932
Peinture à la colle et pastel sur papier gris / Distemper and pastel on grey paper
80 x 64 cm
Paris, musée d'Orsay, en dépôt à / on deposit at Chalon-sur-Saône, musée Dominique Vivant Denon
Inv. AM 1521 / P. 315

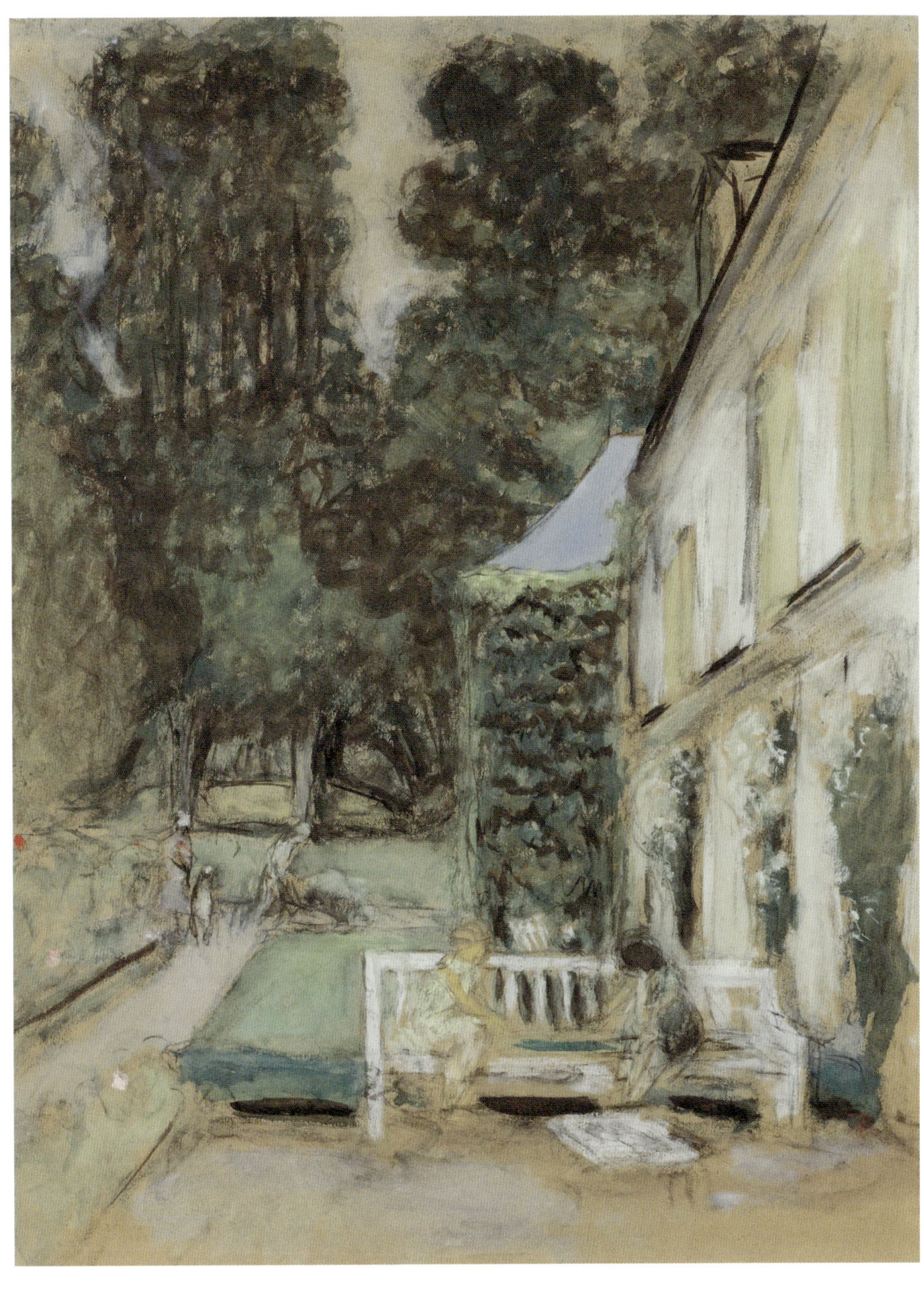

Ker-Xavier Roussel

50. *Dans le verger*, c. 1928
Peinture à la colle sur toile / Distemper on canvas
129 x 298 cm
Collection particulière / Private collection

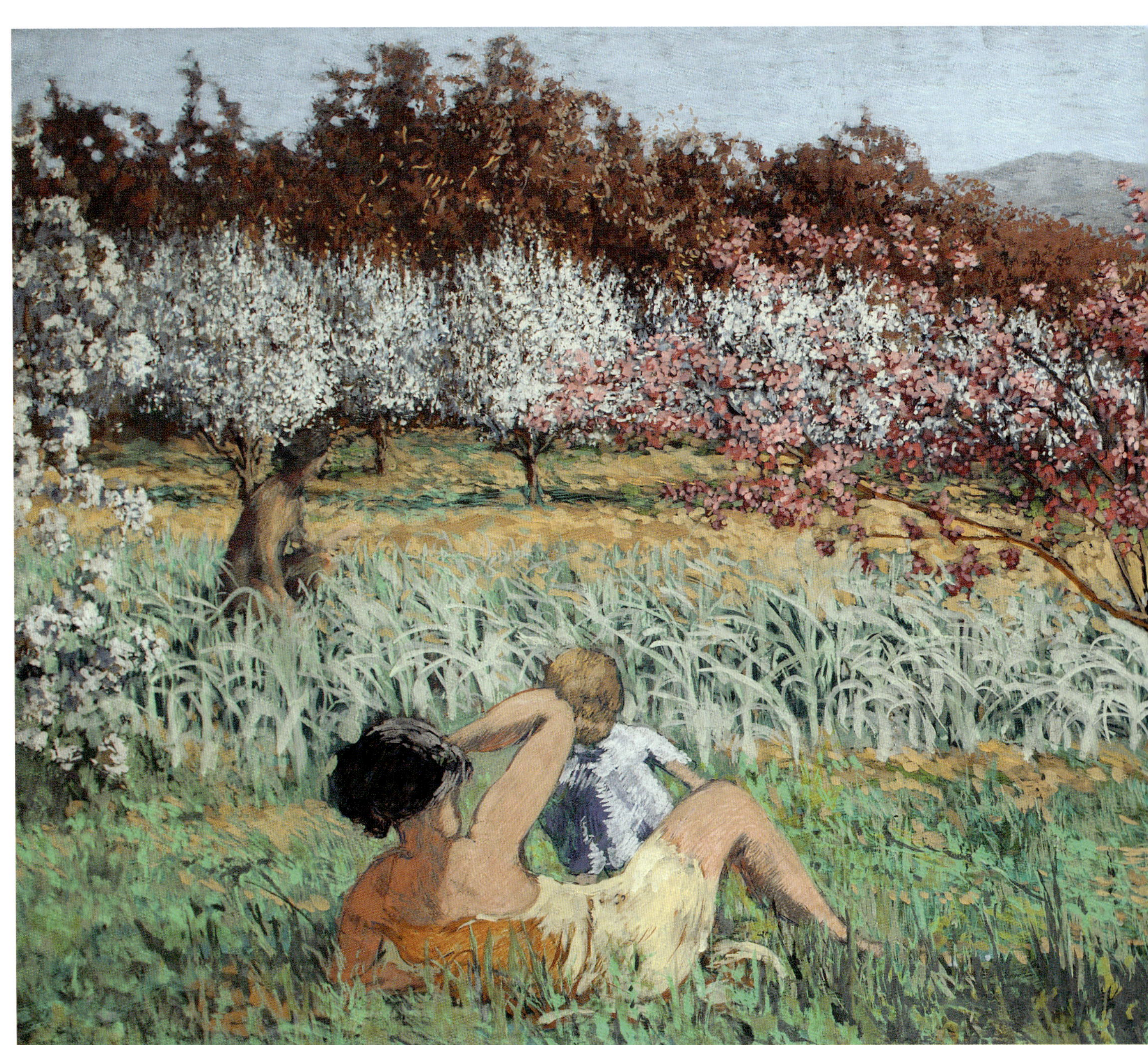

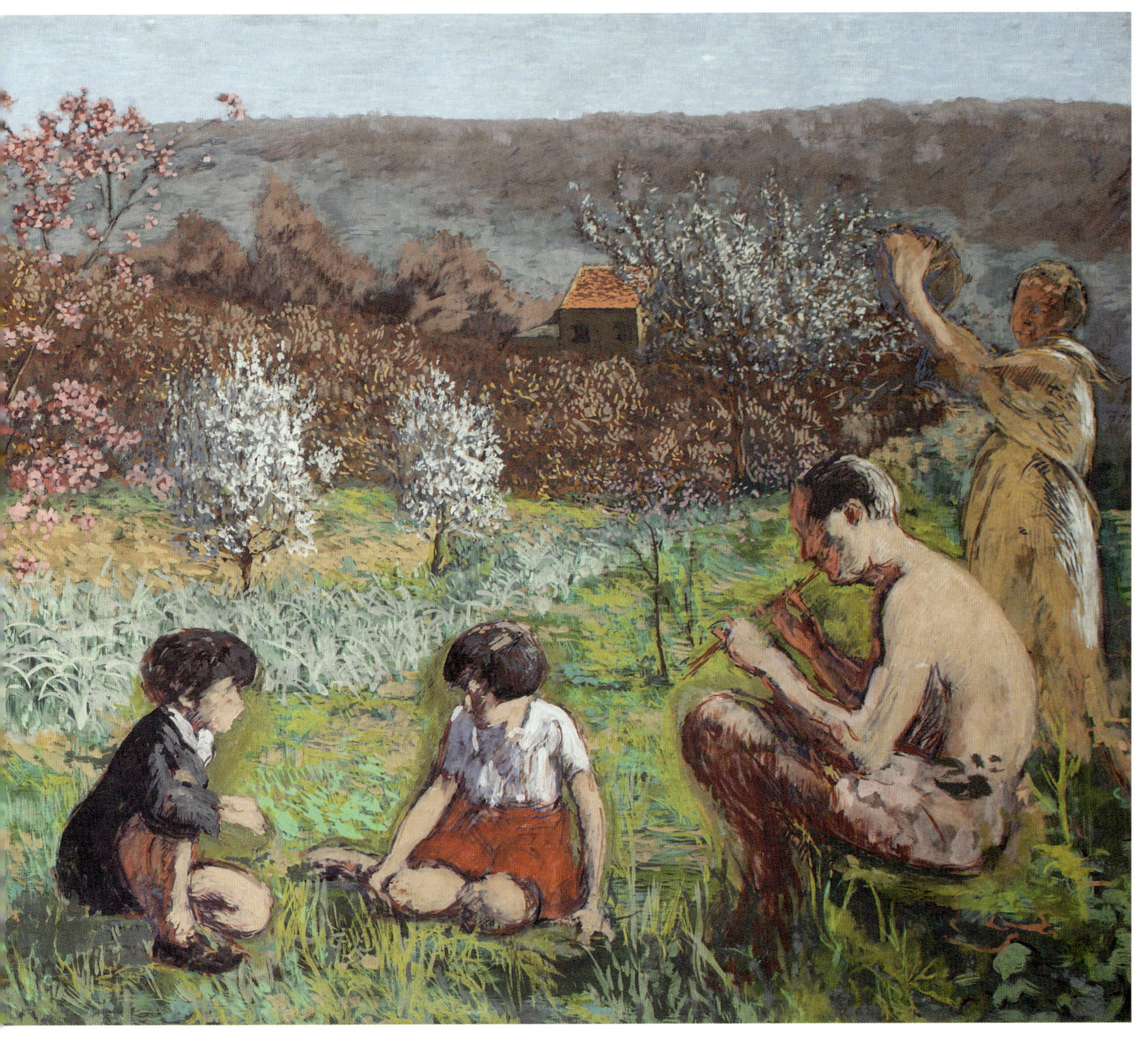

Ker-Xavier Roussel

51. *Paysage aux arbres roses*, c. 1909-1912
Pastel sur papier / Pastel on paper
37 x 53,5 cm
Signé en bas à droite / Signed on the bottom right : *kx roussel*
Collection particulière / Private collection

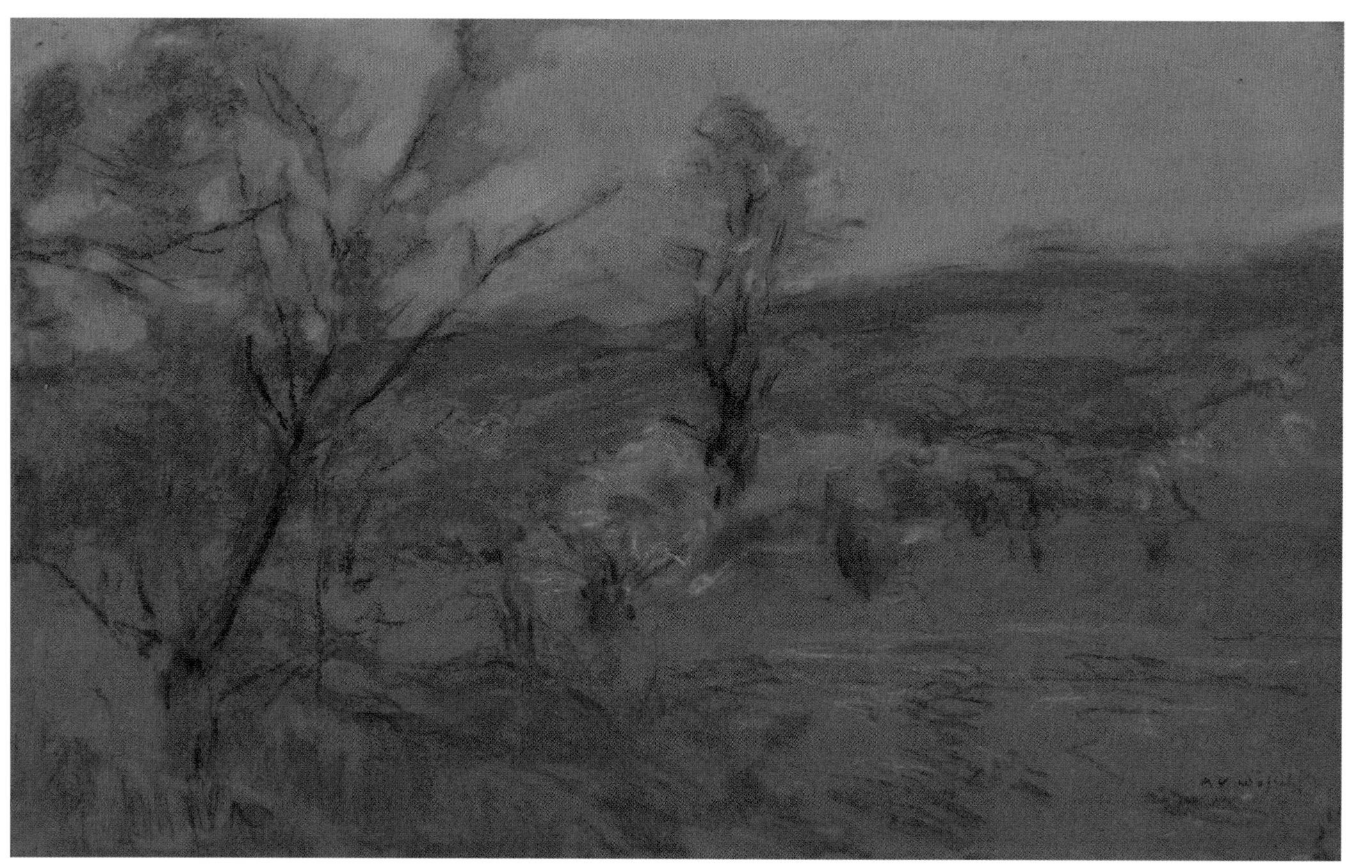

Édouard Vuillard

52. *Le Vieil Arbre* ou / or *Madame Hessel au château des Clayes l'hiver*, c. 1932-1935
Peinture à la colle sur papier / Distemper on paper
72 x 113 cm
Paris, musée d'Orsay, en dépôt à / on deposit at Montbrison, musée d'Allard
Inv. AM 2385 / D.2013.10.049

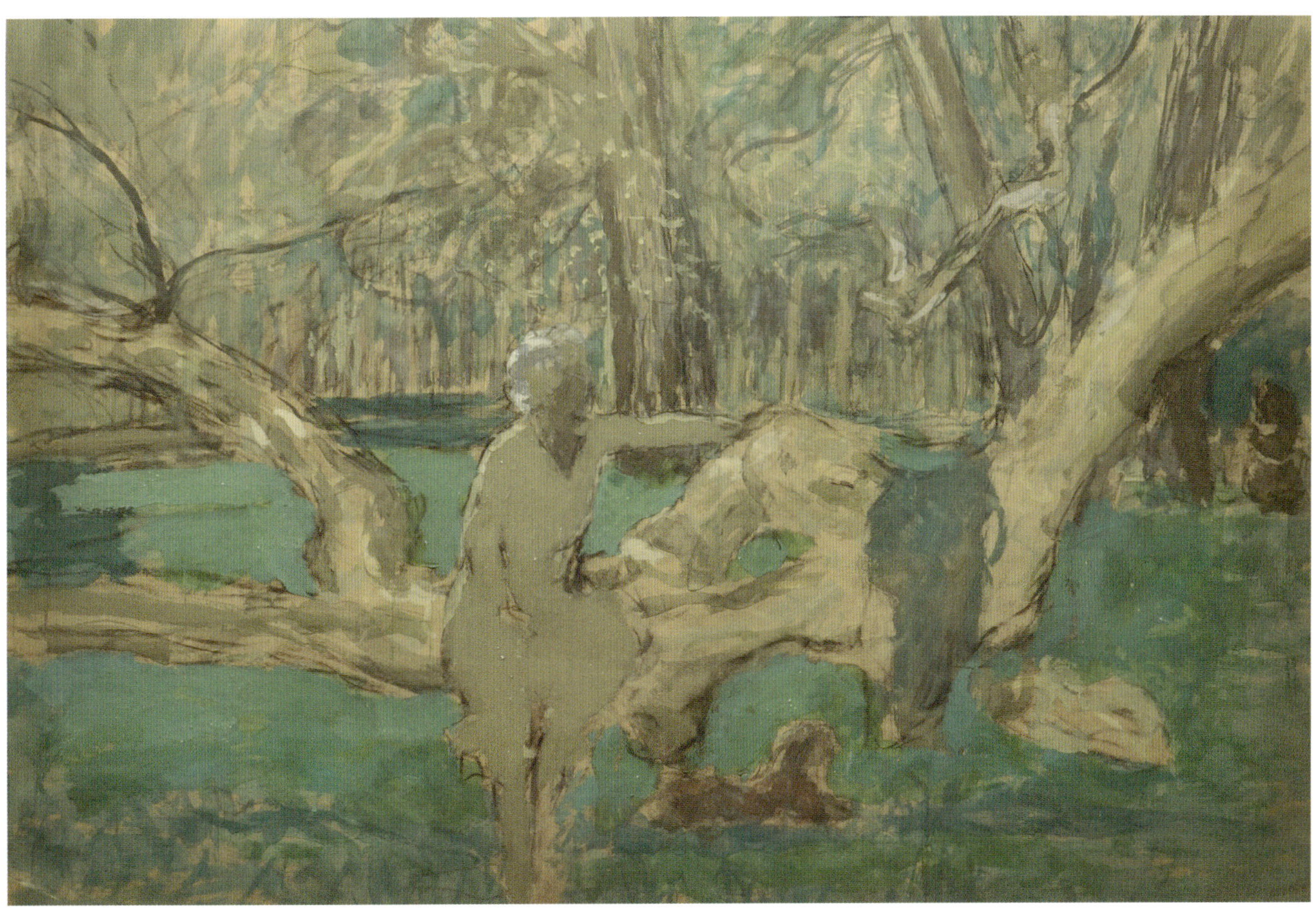

Édouard Vuillard

53. *Le Château d'eau*, c. 1932-1935
Peinture à la colle et pastel sur papier, contrecollé sur carton / Distemper and pastel on paper, glued onto cardboard
101 x 66 cm
Paris, musée d'Orsay, en dépôt à / on deposit at Saint-Germain-en-Laye, musée départemental Maurice Denis « Le Prieuré », legs verbal d'Édouard Vuillard, exécuté grâce à M. et Mme K.X. Roussel, beau-frère et sœur de l'artiste / Édouard Vuillard's spoken bequest, carried out thanks to Mr. and Mrs. K.X. Roussel, the artist's brother-in-law and sister, 1941
RF 1977-381 / D.MdP.1980-9

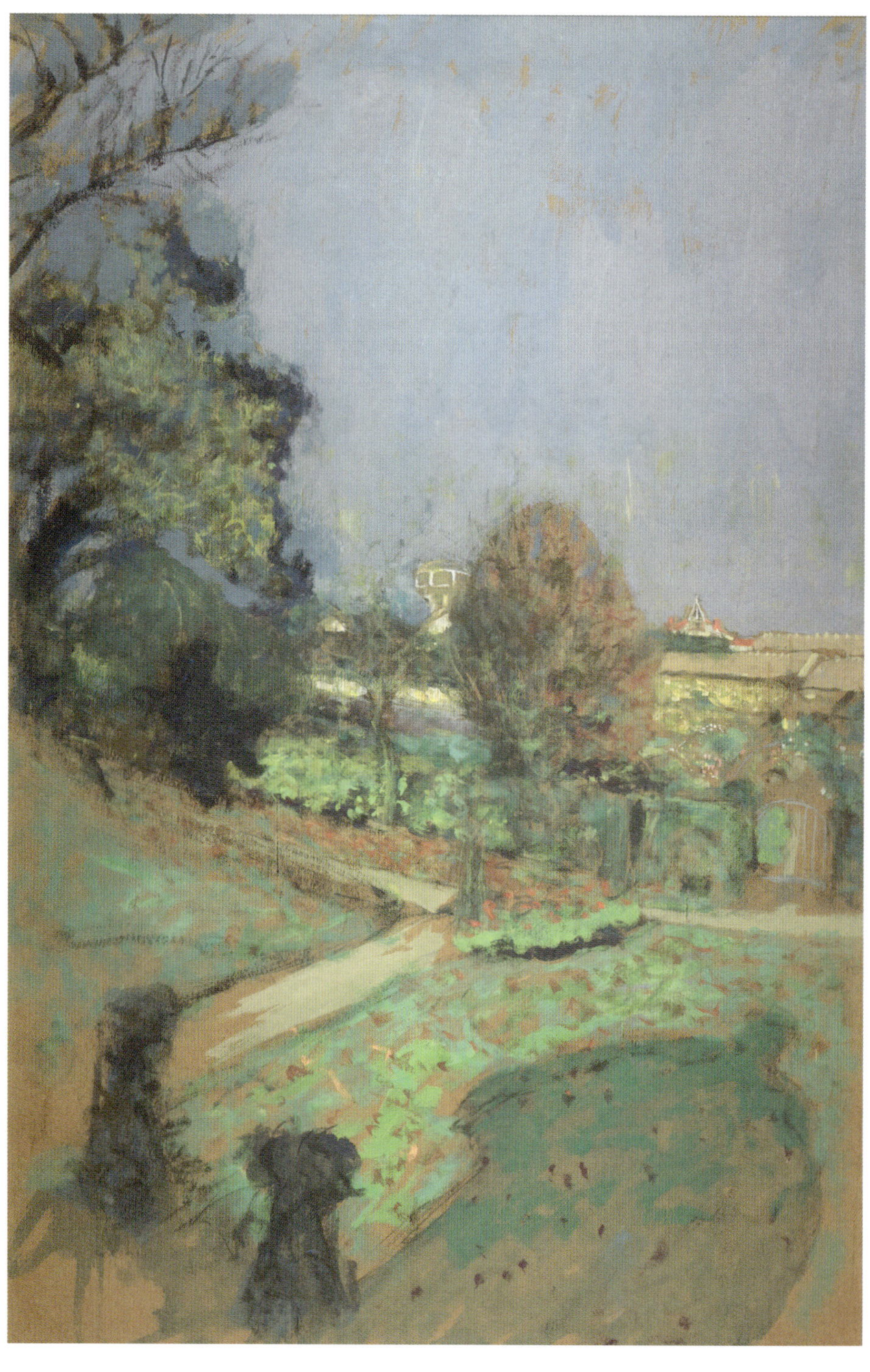

Ker-Xavier Roussel

54. *Le Parc*, 1911
Huile sur toile / Oil on canvas
153 x 296 cm
Signé et daté 1911 en bas à gauche / Signed and dated 1911 on the bottom left
Association des Amis du Petit Palais, Genève
Inv. 12517

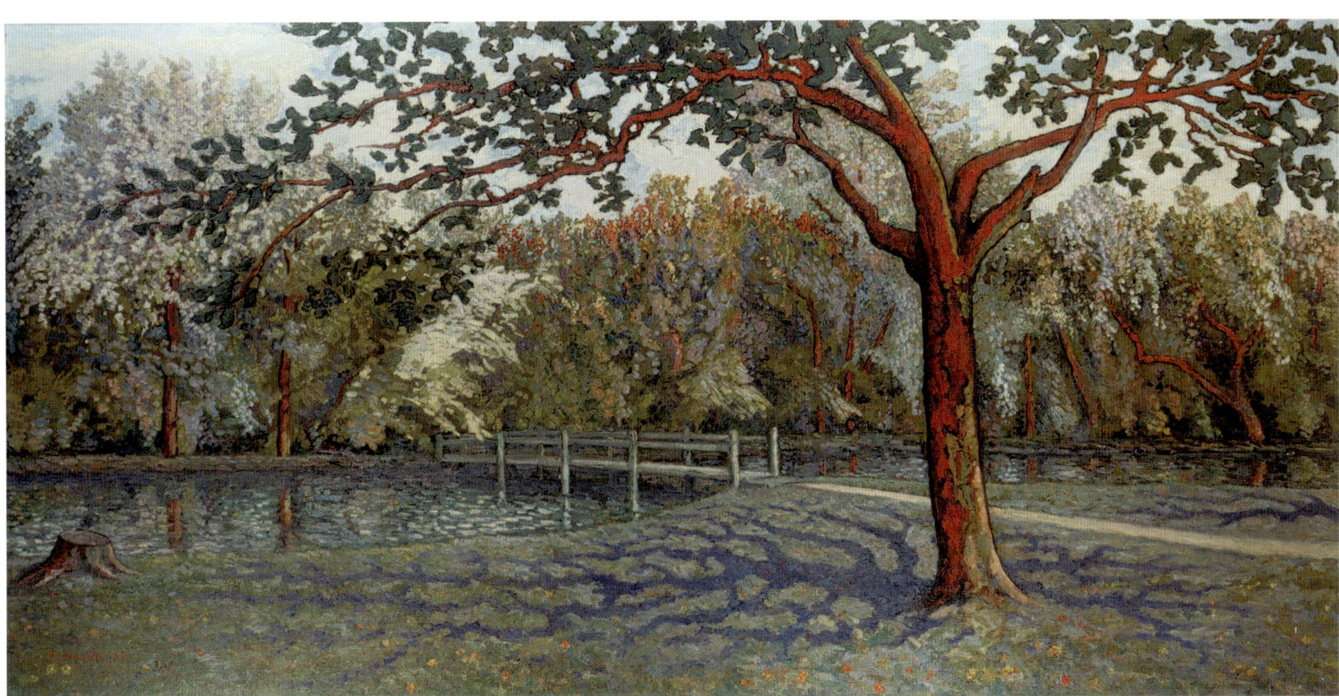

Ker-Xavier Roussel

55. *Paysage*, c. 1912-1914
Pastel sur papier / Pastel on paper
30 x 44,5 cm
Signé en bas à droite / Signed on the bottom right : *k.x. roussel*
Collection particulière / Private collection

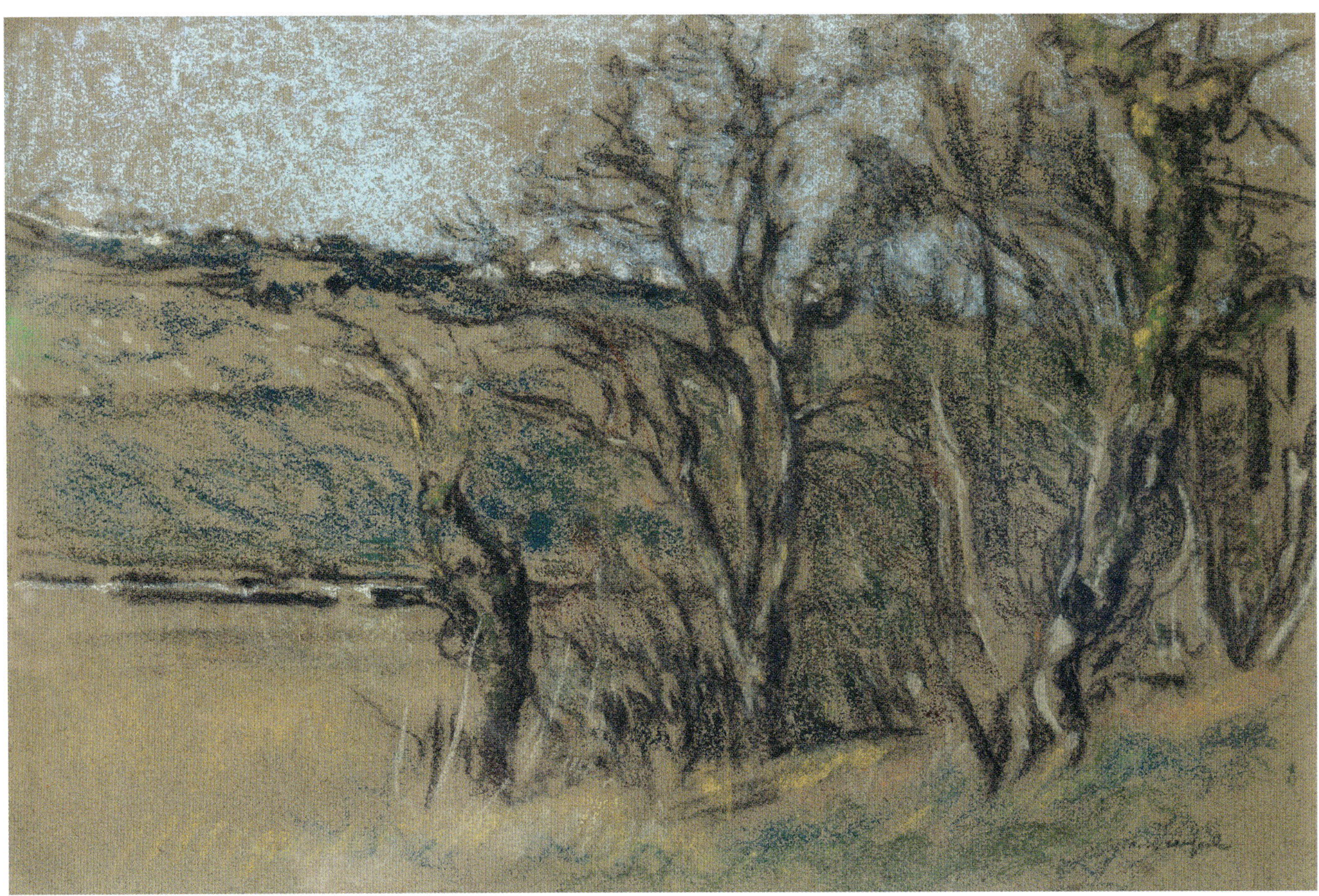

Ker-Xavier Roussel

56. *L'Arbre à L'Étang-la-Ville*, c. 1910-1912
Pastel sur papier / Pastel on paper
36 x 49 cm
Signé en bas à gauche / Signed on the bottom left : *kxroussel*
Collection particulière / Private collection

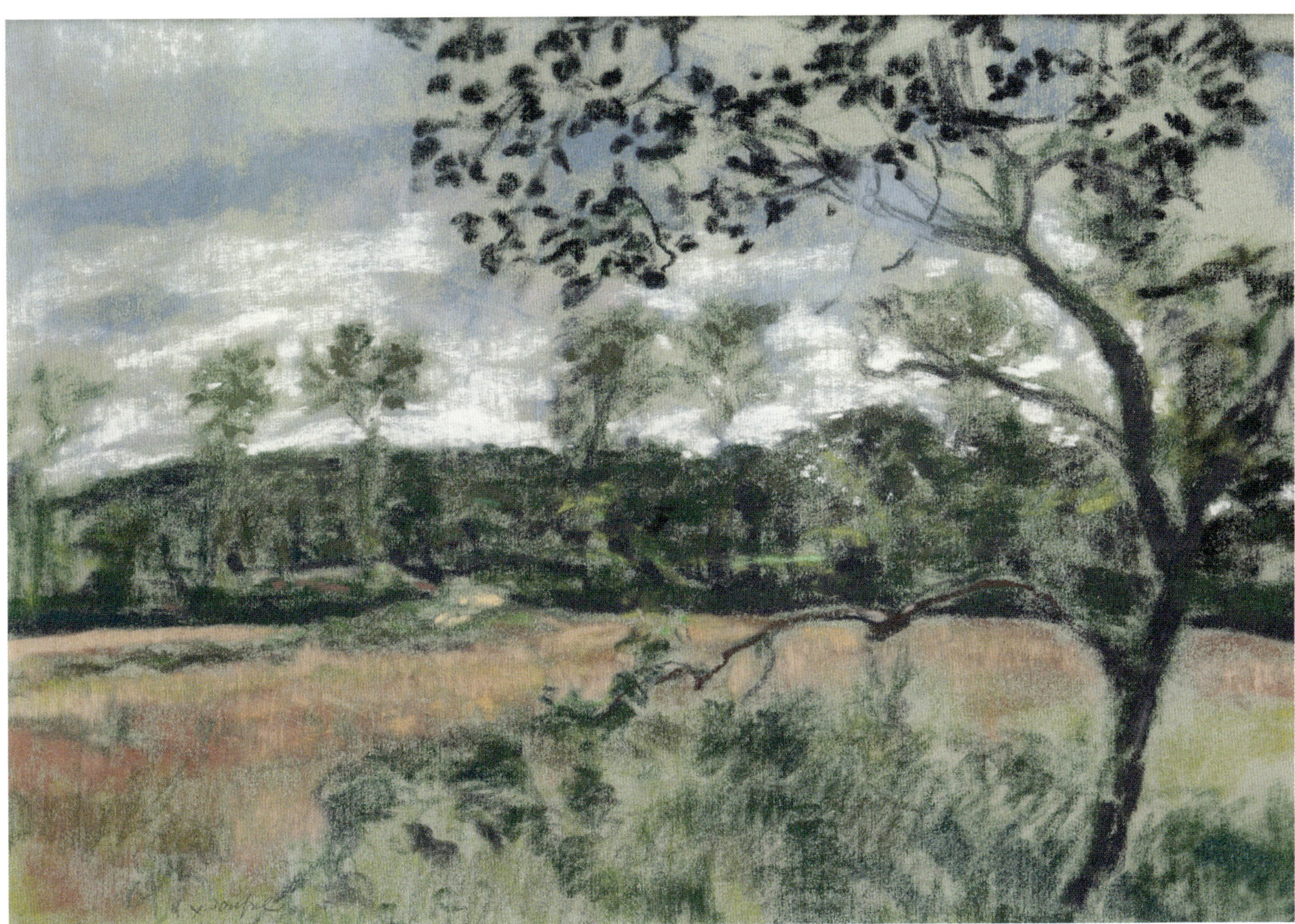

Ker-Xavier Roussel

57. *Paysage*, 1940
Pastel sec sur papier / Soft pastel on paper
22,4 x 35,8 cm
Signé en bas à droite / Signed on the bottom right : *Kx. Roussel 1940*
Saint-Claude, musée de l'Abbaye, donation Guy Bardone, 2002
Inv. 2002.1.175

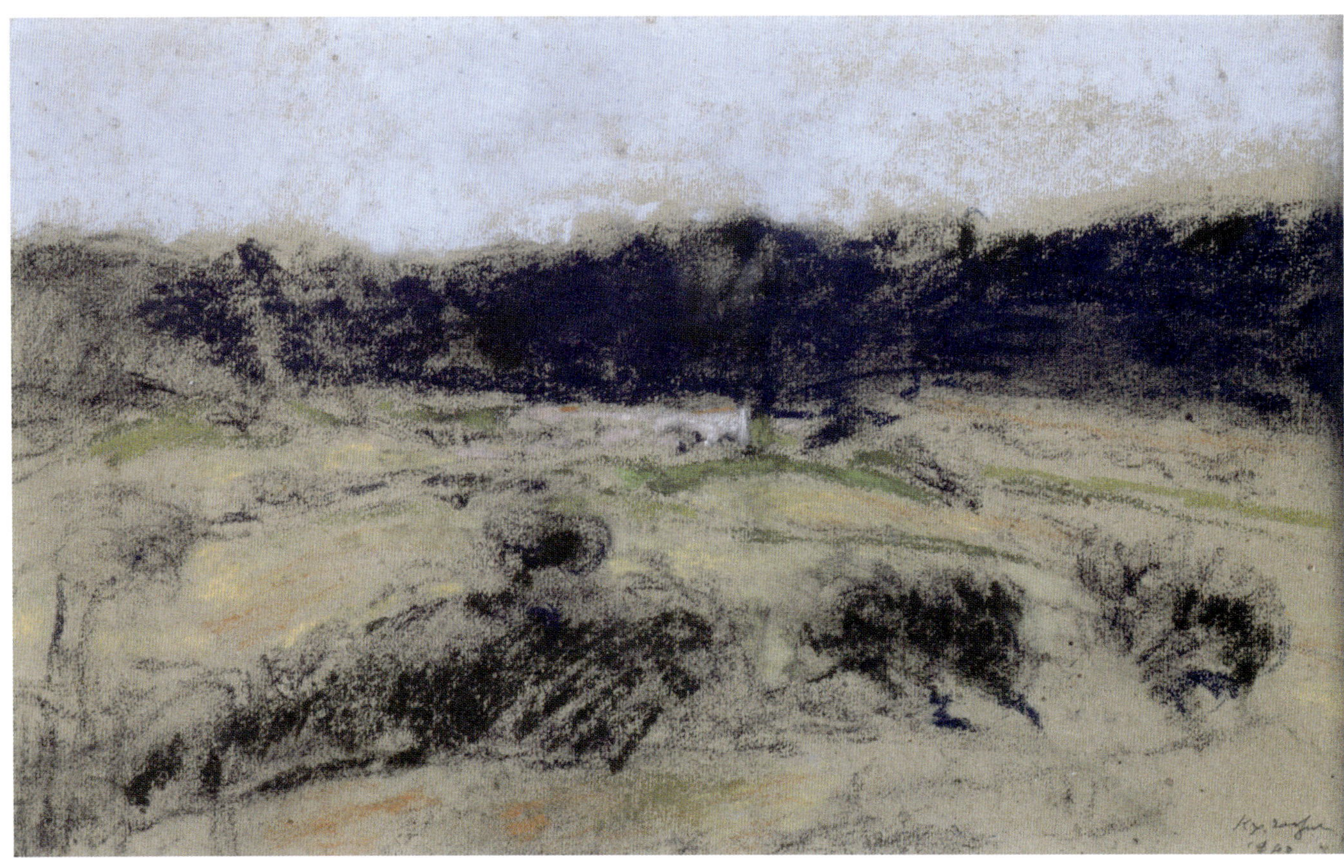

Ker-Xavier Roussel

58. *Paysage d'orage*, 1909
Pastel sur papier / Pastel on paper
28 x 50,5 cm
Signé et daté en bas à droite / Signed and dated on the bottom right : *k.x. roussel.1909*
Collection particulière / Private collection

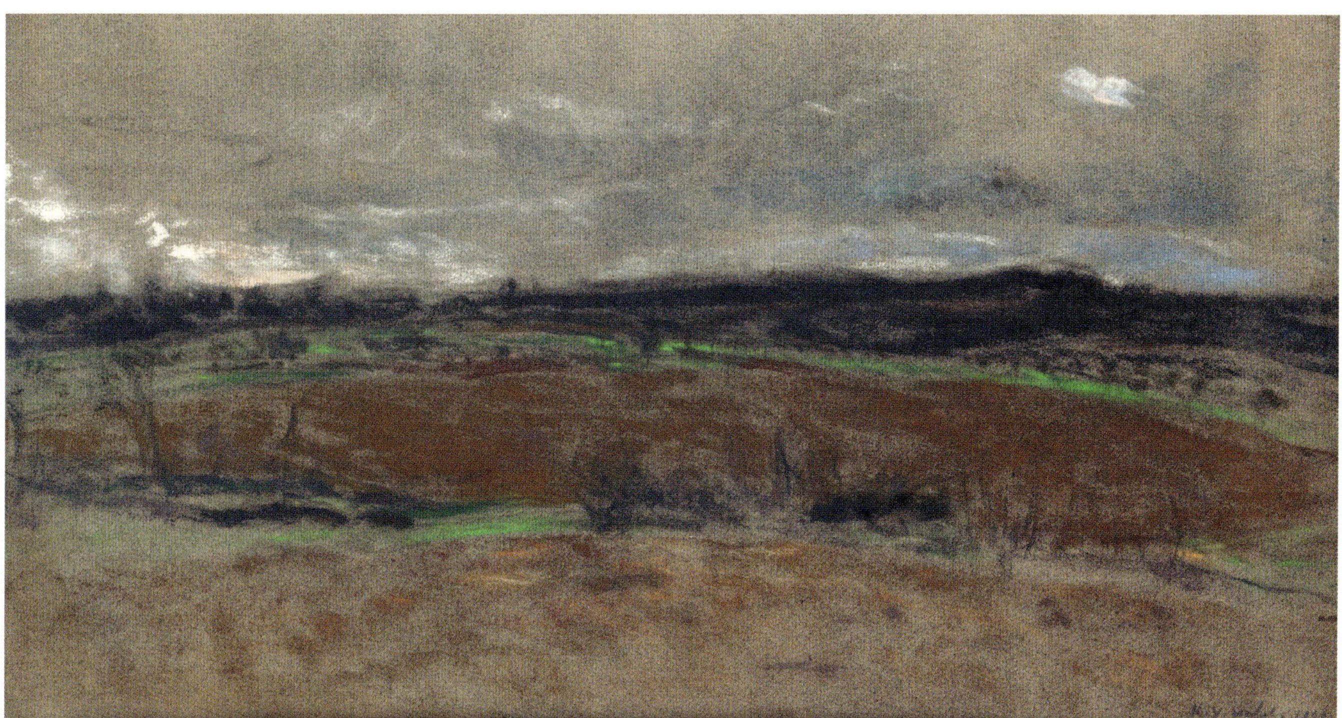

Édouard Vuillard

59. *Le Bassin sous la neige*, c. 1932-1938
Pastel sur papier / Pastel on paper
25,5 x 27,5 cm
Signé en bas à gauche / Signed on the bottom left : *E. Vuillard*
Collection particulière / Private collection

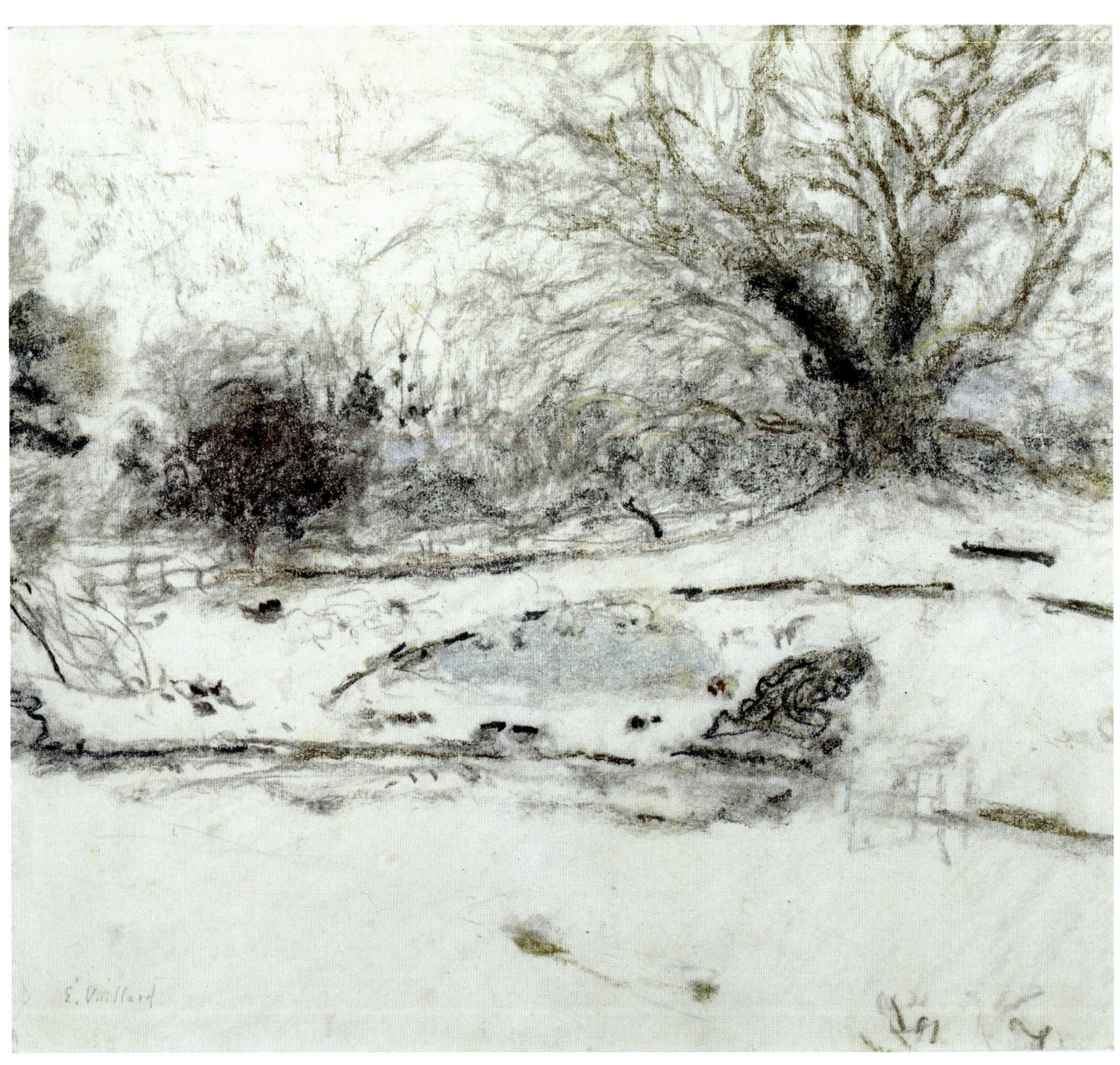

Édouard Vuillard

60. *Le Jardin hivernal au paon*, 1939-1940
Peinture à la colle et gouache sur papier marouflé sur toile /
Distemper and gouache on paper pasted onto canvas
207 x 146 cm
Paris, musée d'Orsay
Inv. AM 2370

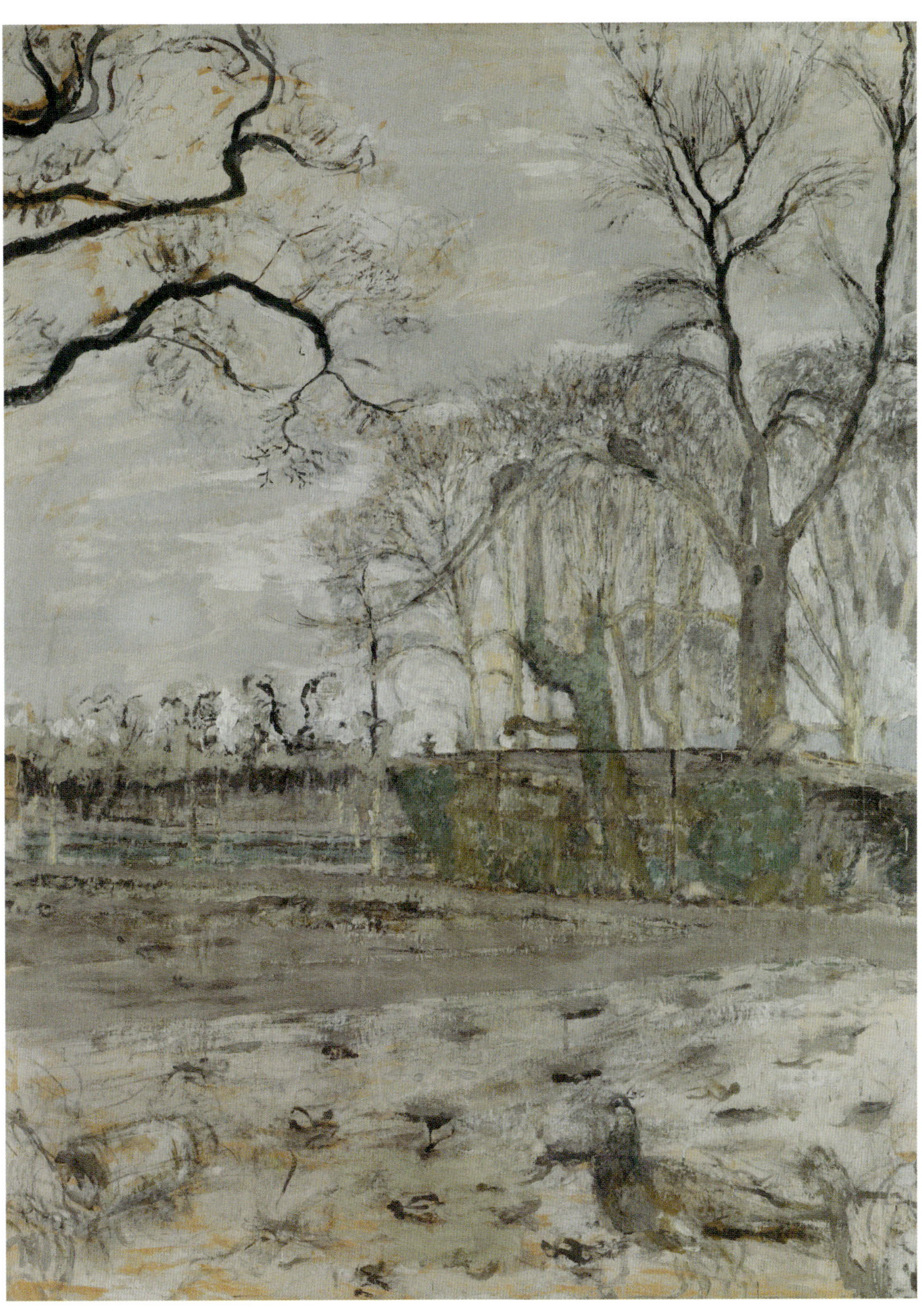

Ker-Xavier Roussel

61. *Le Poirier en fleurs*, 1914
Pastel sur papier / Pastel on paper
45 x 33 cm
Signé, daté et localisé en bas à droite /
Signed, dated and located on the bottom right :
Pâques 1914 / Étang-la-Ville / k.x. roussel
Collection particulière / Private collection

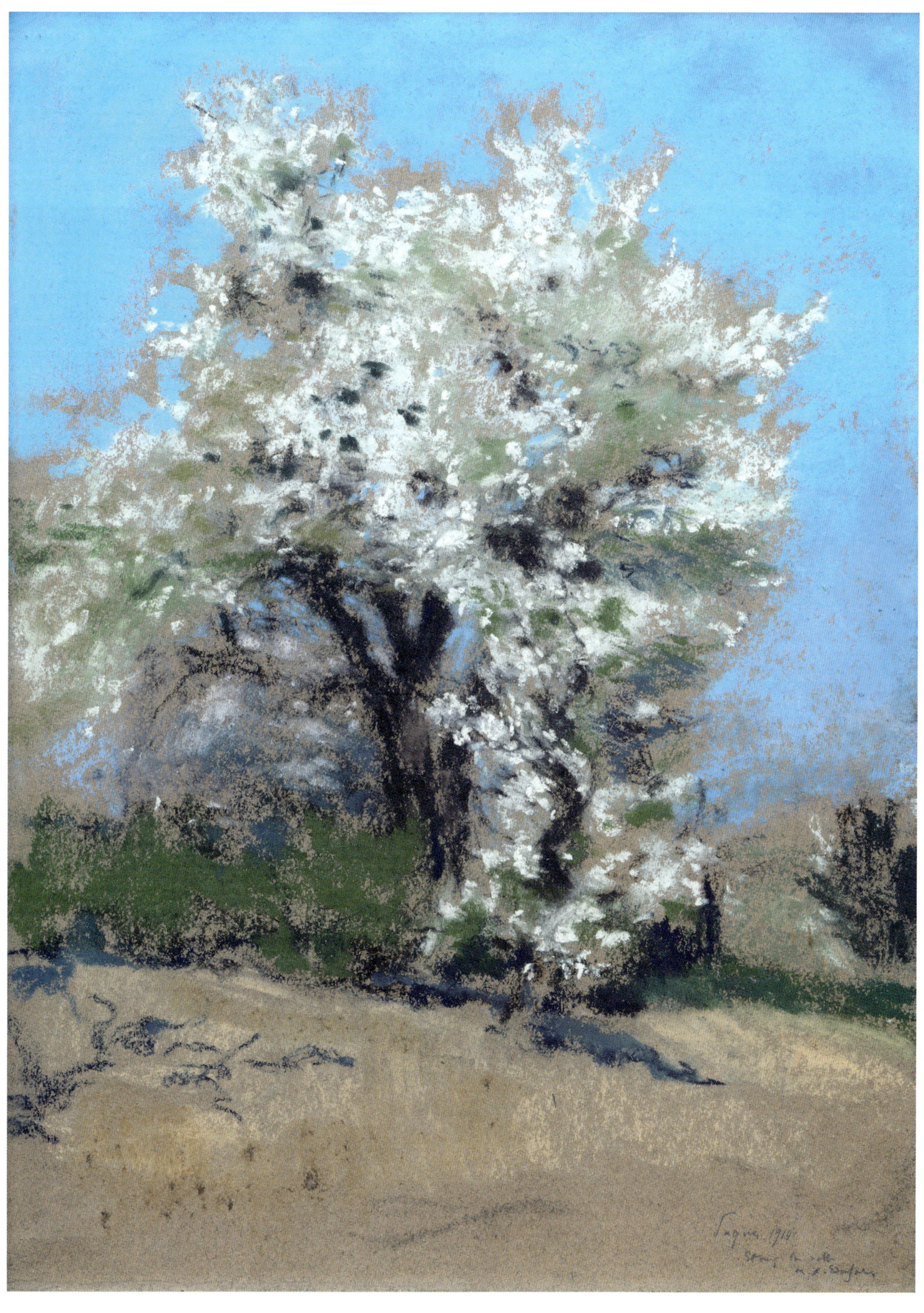

Section 4
Le paysage allégorique : l'inspiration pastorale et le sentiment moderne du symbolique

Au premier regard, Roussel incarne plus que Vuillard la tradition du paysage allégorique. Cependant, dès 1913 avec la construction du théâtre des Champs-Élysées, la commande privée ou publique va donner l'occasion aux deux amis de se retrouver dans l'élaboration de grandes décorations symboliques. La décoration du théâtre de Chaillot demandée par l'État français aux trois amis nabis Bonnard, Roussel et Vuillard en 1937 (*La Danse*, cat. n° 65, *La Comédie*, cat. n° 66) puis la décoration de la grande salle des débats de la Société des Nations à Genève en 1938 (*La Paix protectrice des muses*, cat. n° 67) sont les jalons d'une conception croisée entre les deux artistes.

Il faut pourtant admettre que Roussel, plus que Vuillard, est imprégné de littérature antique et conçoit l'allégorie, ou plutôt le paysage symbolique, comme une extension naturelle de l'œil. Ce paysage idéalisé est l'illustration des idées harmoniques de Roussel qui pense y retrouver les traces d'un paradis terrestre. Comme dans Giorgione mais aussi en consonance avec les milieux anarchistes de la fin du XIXe siècle – Signac et Cross en tête – l'Arcadie figure un âge d'or, un *temps d'harmonie* révolu dont on convoque le souvenir pour espérer une humanité moins laide (*Les Marronniers*, cat. n° 79, *Le Cap d'Antibes*, cat. n° 80). La tradition agreste devient dans la peinture de Roussel l'expression nostalgique de cette transparence première. Car il y a bien un versant atrabilaire à cette peinture éclatante de mythes dionysiaques ; si Roussel adhère complètement à la vision nietzschéenne de l'antiquité, à sa version barbare et flamboyante issue d'un Orient opposé à la Grèce apollinienne, tout un pan de son inspiration s'est laissé imprégner d'églogues virgiliennes et de méditations au crépuscule. *Le Centaure* (cat. n° 76) ou *Le Cap d'Antibes* sont de bons exemples de cette facilité du peintre à capter l'énergie vitaliste pour la glisser dans une atmosphère mélancolique. Ainsi, chaque portion de paysage semble idéalisé : les amants d'*Idylle dans la campagne* (cat. n° 69), les personnages étrangement sourds les uns aux autres de *Bord de mer au crépuscule* (cat. n° 75), mais aussi la Vénus exposée du *Repos de Vénus* (cat. n° 68) semblent tous respirer un air qui n'appartient pas au monde ordinaire. Et pourtant, ils prennent vie dans l'univers quotidien de Roussel qui, par un processus de création très particulier, a transmuté son décor de tous les jours en paysage symbolique. Ainsi, ce n'est pas dans Virgile ou Ovide qu'il faut chercher l'essence des paysages de Roussel, mais à L'Étang-la-Ville ou dans le golfe de Saint-Tropez. Et jusqu'en Suisse, où il travaille entre 1917 et 1926 par intermittence à un cycle décoratif en deux panneaux pour le musée des beaux-arts de Winterthour. D'une végétation banale de climat tempéré, à quelques kilomètres de Paris, il fait une lisière de forêt ancestrale d'où sortent ses figurants comme des enchantements de poésie pastorale. La côte méditerranéenne s'est elle aussi muée en panorama mythifié ; de nombreuses élégies en bord de mer se découpent sur le littoral tropézien dont Roussel a fait le second cadre de son idéal classique (*Projet de décor pour* Pénélope *de Gabriel Fauré*, cat. n° 62).

Et c'est tout naturellement que ses visions s'accordent aux commandes de décors que lui passe l'État français dans les années trente. Sa *Danse*, qui partage le mur du foyer du théâtre de Chaillot avec *La Comédie* de Vuillard et *La Pastorale* de Bonnard, immortalise à la vue de tous la tonnelle champêtre que Roussel a récemment aménagée dans son jardin de L'Étang. C'est d'ailleurs un milieu fertile qu'il partage avec Vuillard : construire ses panoramas allégoriques non pas d'un idéal créé de toutes pièces pour la circonstance, mais à partir d'un sol quotidien, d'un environnement que l'artiste a le loisir d'observer tous les jours. Pour Vuillard, le parc du château des Clayes va constituer la source des deux allégories qu'il réalise entre 1937 et 1939 : *La Comédie* et *La Paix protectrice*

Section 4
Allegorical Landscape: Pastoral Inspiration and Modern Feelings for Symbolism

At first glance, Roussel appears to embody the allegorical landscape tradition more than Vuillard. However, from 1913 on, with the construction of the *Théâtre des Champs-Élysées*, both private and public commissions gave the two friends the possibility of working together again to create two large symbolic decorations. The one for the Chaillot theatre commissioned by the French nation from the three Nabis friends Bonnard, Roussel and Vuillard in 1937 (*La Danse* [Dance], cat. 65, *La Comédie* [Comedy], cat. 66) and the decoration for the *Grande Salle des Débats* at the League of Nations in Geneva in 1938 (*La Paix protectrice des muses* [The Protecting Peace of the Muses], cat. 67) are benchmarks of a conception shared by the two artists.

It must be said though that Roussel, more than Vuillard, was impregnated with Antique literature and saw allegory, or rather symbolic landscape, to be the natural extension of the eye. This idealized landscape was the illustration of Roussel's harmonic ideas and his belief that he could find the vestiges of a terrestrial paradise there. Like in Giorgione's work, but also in consonance with the anarchistic milieu of the late nineteenth century – exemplified by Signac and Cross – Arcadia represented a golden age, a *time of bygone harmony* whose memory was evoked in the hope of bettering humanity (*Les Marronniers* [Chestnut Trees], cat. 79, *Le Cap d'Antibes* [The Cap d'Antibes], cat. 80). The rustic tradition in Roussel's painting becomes the nostalgic expression of this original transparency. Because there is clearly an atrabilious side to this sparkling painting filled with Dionysian myth; whilst Roussel completely adhered to a Nietzschean vision of Antiquity, to his barbarous and flamboyant version based on an East opposed to Apollonian Greece, a whole part of his inspiration was pervaded with Virgilian eclogues and twilight meditations. *Le Centaure* (The Centaur, cat. 76) or *Le Cap d'Antibes* are good examples of the painter's facility to capture vital energy and slide it into a melancholic atmosphere. Thus, each section of the landscape appears idealized: the lovers in *Idylle dans la campagne* (Country Idyll, cat. 69), the strange muted characters in *Bord de mer au crépuscule* (Seafront at Dusk, cat. 75), but also the Venus shown in *Repos de Vénus* (Venus Resting, cat. 68), all seem to be breathing an air that doesn't belong to the ordinary world. And nevertheless, they come to life in Roussel's everyday universe through a very specific creative process that transmuted his everyday decor into a symbolic landscape. And so, it is not in Ovid or Virgil that we should look for the essence of Roussel's landscapes, but in L'Étang-la-Ville or on the gulf of Saint-Tropez. And even in Switzerland where he worked intermittently between 1917 and 1926 on a decorative cycle of two panels for the Fine Arts in Winterthur. From the banal vegetation of a temperate climate several kilometres from Paris, he created the edge of an ancestral forest with his characters coming out of it like in an enchanting pastoral poetry. The Mediterranean coast was also transformed into a mythologised panorama; a number of seafront elegies stand out on the Saint-Tropez coastline that Roussel made the second setting for his classical ideal (*Projet de décor pour* Pénélope *de Gabriel Fauré* [Project for the Scenery for *Penelope* by Gabriel Fauré], cat. 62).

And these visions fitted perfectly with the commissions from the French nation in the 1930s. His *Danse*, which shared the foyer wall of the *Théâtre de Chaillot* with *La Comédie* by Vuillard and *La Pastorale* by Bonnard, immortalised for all to see the view of the rustic arbour that Roussel had recently put in his garden at L'Étang. Moreover, it was a fertile environment that he had in common with Vuillard: building these allegorical panoramas not from an ideal completely recreated for the circumstance but that were actually grounded in everyday life, from an environment that the artist could observe at his leisure each day. For Vuillard, the grounds at Château des

des muses. *La Comédie* est une grande décoration de 3,20 x 3,50 mètres pour le tout nouveau palais de Chaillot. Vuillard imagine une représentation symbolique des théâtres shakespearien et moliéresque, dans une vaste composition où les personnages incarnent des figures-types de la comédie. Le fond, une large verdure, est en fait le parc du château des Clayes. Il est intéressant de remarquer que, même pour un sujet métaphorique, et dans le cadre d'une commande publique, Vuillard propose le décor de sa vie privée. Le peintre avait coutume d'exposer le quotidien de ses proches dans les décorations que lui demandait la grande bourgeoisie parisienne ; il utilise le même procédé quand il réalise des décors publics. Ce parti-pris se retrouve dans le grand panneau conçu pour l'*Aula Magna* de la Société des Nations à Genève à partir de 1937, *La Paix protectrice des muses*. L'allégorie des neuf muses se déploie sur onze mètres de haut, en accord avec le programme iconographique de la salle qui décline en quatre panneaux les bienfaits de la paix. Vuillard choisit une allée ombragée du parc des Clayes, qui est explicitement considéré comme un « paradis », ainsi qu'il apparaît dans son *Journal*.

Ces grands panneaux allégoriques sont aussi les plus ambitieux en taille jamais travaillés par l'artiste. Ils prennent tous les deux leur source dans la perception que Vuillard a eue du parc des Hessel. Les taillis du château des Clayes se sont transformés en forêt mythologique par la seule intercession du peintre, comme Roussel le pratique à chaque fois qu'il se saisit d'une toile.

Par son geste créateur, Vuillard élève le cadre de ses promenades quotidiennes au stade de l'idée de Nature. Comme si l'ermite urbain qu'est devenu l'artiste avait trouvé son accomplissement dans la contemplation renouvelée du paysage. Vuillard s'envisage alors dans la grande tradition de la peinture classique française, à l'instar de Roussel. L'artiste accompli qu'il est à la fin de sa vie n'hésite plus à élever son sentiment de la nature vers l'allégorie pure, comme l'ont fait avant lui les peintres décorateurs du Grand Siècle, rejoignant en cela Laurent de La Hyre ou Eustache Le Sueur qu'il a passé sa vie à admirer.

Clayes was to be the source for two allegories that he made between 1937 and 1939: *La Comédie* and *La Paix protectrice des muses*. The *Comedy* was a large work measuring 3.20 x 3.50 m, for the all new Palais de Chaillot. Vuillard designed a symbolic representation of Shakespearian and Molieresque theatres in a vast composition with characters that embodied typical figures from comedy. The background, a wide forest scene, was in fact the grounds of Château des Clayes. It is interesting to note that, even for a metaphorical subject and within the framework of a public commission, Vuillard used a decor from his private life. The painter was familiar with showing the daily life of his friends in the decorations he made for the Parisian *grande bourgeoisie*; he used the same process when making decors for public spaces. He made the same choice for the large panel designed for the *Aula Magna* at the League of Nations in Geneva (1937 on), *La Paix protectrice des muses*. The allegory of the nine muses is spread out over nine-metres high and in complete harmony with the iconographic program of the room, laid out with four panels representing the advantages of peace. Vuillard chose a shady pathway from the gardens at Les Clayes which he outwardly considered as a "paradise" in his *Journal*.

These allegorical panels were also the biggest ones that the artist had ever undertaken. They both use Vuillard's perception of the Hessel's gardens as their source. The coppices at the Château des Clayes were transformed into a mythological forest by the painter's intercession alone, just like Roussel did every time he captured a scene on canvas.

With his creative actions, Vuillard raised the setting of his daily promenades to the status of the idea of Nature. As if the urban hermit turned artist had somehow found fulfilment in this renewed contemplation of landscape. Vuillard saw himself then in the great tradition of classical French painting, just like Roussel. The accomplished artist he had become at the end of his life no longer hesitated to heighten his feelings for nature to pure allegory just as the designers of the *Grand Siècle* had done before him, paralleling in this respect Laurent de La Hyre or Eustache Le Sueur whom he had admired all of his life.

Les incursions de Roussel dans la scénographie sont mal documentées. On sait qu'il a participé avec Vuillard aux décors des pièces jouées au théâtre de l'Œuvre à partir 1893, mais il ne reste rien de cette période car les panneaux, une fois démontés, étaient réutilisés et recouverts par les fonds de la pièce suivante. On a gardé trace de sa participation aux décors de *Paphnutius* au Théâtre des Pantins en décembre 1897, ainsi que de deux autres interventions ultérieures : en 1921 pour les *Scrupules de Sganarelle* d'Henri de Régnier où le peintre collabore avec son ami metteur en scène Aurélien Lugné-Poe et en 1929 pour *Le Paradis de Mahomet* (cat. n° 63), un travail encore mal connu que Vuillard mentionne en avril 1929 dans son *Journal*[1].
Créé à l'Opéra de Monte Carlo en avril 1913, *Pénélope* est repris au Théâtre des Champs-Élysées le mois suivant, en mai 1913, dans les décors de Roussel. Un article du *Bulletin de la vie artistique* de 1920 laisse penser que le travail de l'artiste fut apprécié : « Ils [*les décors*] exprimaient si bien le sens du poème qu'on ne savait, des trois auteurs, lequel était l'écrivain [*le librettiste René Fauchois*], le peintre et le musicien[2] ». La coalescence entre le musicien et le peintre a dû être parfaite car Roussel s'était imprégné des mélodies de Fauré quand il écoutait Misia Natanson au piano, au temps de *La Revue Blanche*, même si l'on ne connaît pas vraiment la musique qu'il aimait écouter. En revanche, on sait que Roussel s'était investi au point qu'il voulait peindre la peau des chanteurs en ocre pour ne pas casser l'équilibre des tons de son décor. « Il avait donc conçu un programme où l'unité régnait, composant les costumes en même temps que les maquettes, afin que les valeurs ne fussent pas dissonantes[3] ». Le peintre atteint avec *Pénélope* la notion d'art total – la *Gesamtkunstwerk* chère à Richard Wagner – en intervenant sur tous les plans de la création scénique. Son inclination germanophile l'a tôt initié aux textes de Nietzsche. Roussel souscrit à l'apologie que le philosophe allemand a faite de l'art total ; réconcilier les différents arts pour permettre de ranimer l'art véritable qu'est la tragédie grecque. *Pénélope* est ainsi l'illustration d'un prisme nietzschéen que Roussel cultive depuis longtemps.
La scène s'ouvre sur un vaste horizon vespéral. Pénélope, au sommet de la colline qui surplombe la mer ionienne, scrute le soir, les bras tendus vers le large d'où elle attend Ulysse. Le vieux berger Eumée chante avec mélancolie en contemplant la mer, assis au fond à gauche devant un feu. Les suivantes de Pénélope à droite ressemblent comme des sœurs à ces danseuses dionysiaques dont Roussel peuple ses pastorales. Mais le véritable sujet de ce tableau reste le ciel, une vastitude turquoise et mauve qui couvre les trois-quarts de la composition.
La musique trouve son exacte correspondance dans la peinture, dans un système cher à Baudelaire. Aux sentiments affligés de Pénélope répond une tonalité en sol mineur *andante moderato*, qui, traduite par le peintre, s'incarne dans des couleurs vespérales. La fiction de la peinture coïncide ainsi parfaitement avec celle de la musique et le sentiment antique de Roussel a trouvé son exacte transcription dans le poème mélodique de Fauré.

[1] « Projet mahométan de Ker », Édouard Vuillard, *Journal*, 28 avril 1929, fol. 57r, III (5).I, Bibliothèque de l'Institut, Paris.
[2] Anonyme (Félix Fénéon ?), « Le décor au théâtre. Une enquête », *Bulletin de la vie artistique*, n° 4, 15 janvier 1920, p. 94-97.
[3] *Ibid.*, p. 96.

Roussel's forays into scenography are rather badly-documented. We know that he participated along with Vuillard in creating sets for plays at the Théâtre de l'Œuvre from 1893 on, but nothing remains of this period as the panels, once dismantled, were reused and covered over by the backgrounds for the next play. We have traces of his participation in the scenery for *Paphnutius* at the Théâtre des Pantins in December 1897, as well as two other later interventions: in 1921 for the *Scrupules de Sganarelle* by Henri de Régnier where the painter worked with his director friend Aurélien Lugné-Poe, and in 1929 for *Le Paradis de Mahomet* (cat. 63), a still little-known play that Vuillard mentioned in April 1929 in his *Journal*.[1]
Created at the Monte Carlo Opera in April 1913, *Penelope* was played again at the Théâtre des Champs-Élysées in the following month, in May 1913, with Roussel's sets. An article from the *Bulletin de la vie artistique* in 1920 allows us to think that the artist's work was appreciated: "They [*the decors*] expressed the meaning of the poem so well that we didn't know which of the three authors was the writer [*the librettist René Fauchois*], the painter and the musician."[2] There must have been a perfect coalescence between the musician and the painter because Roussel was used to hearing Fauré's melodies when he listened to Misia Natanson at the piano (at the time of *La Revue Blanche*), even if we don't really know what kind of music he liked. On the other hand, we know that Roussel was so committed that he wanted to paint the singer's skin ochre in order to maintain the balance in the tones of his decors. "He had thus designed a program in which unity was the key word, creating the costumes at the same time as the models, so that the various elements accorded perfectly with each other."[3] With *Penelope*, the painter attained the notion of total art – the *Gesamtkunstwerk* so dear to Richard Wagner – by being involved in all aspects of the stage creation. His German-loving nature meant that he had learnt Nietzsche's texts very early on. Roussel subscribed to the praise the Germany philosopher had given to complete art; reconciling all of the different arts together allowed the true art of Greek tragedy to be brought back to life. *Penelope* is then an illustration of the Nietzchean prism that Roussel had been cultivating for a long time.
The scene opened onto a vast vesperal horizon. Penelope, on the hill overlooking the Ionian Sea, scrutinizes the night, arms stretched out to the open sea where she waits for Ulysses. The old shepherd Eumaeus, sitting in the background in front of a fire, sings melancholically whilst contemplating the sea. Penelope's followers on the right look just like the Dionysian dancers that Roussel used in his pastoral scenes. But the real subject of the painting remains the sky, a turquoise mauve vastness that covers three quarters of the composition.
Music finds its exact equivalent in painting, in a system so dear to Baudelaire. A note in G minor *andante moderato* echoes Penelope's wounded feelings, which, translated by the painter, are embodied in the evening colours. The fictional story of the painting thus coincides perfectly with the music and Roussel's antique emotion has found its exact transcription in Fauré's melodic poem.

[1] "Projet mahométan de Ker," Édouard Vuillard, *Journal*, 28 April 1929, fol. 57r, III (5).I, Bibliothèque de l'Institut, Paris.
[2] Anonymous (Félix Fénéon ?), "Le décor au théâtre. Une enquête," *Bulletin de la vie artistique*, n° 4, 15 January 1920, pp. 94–97.
[3] *Ibid.*, p. 96.

Ker-Xavier Roussel

62. *Projet de décor pour* Pénélope *de Gabriel Fauré (acte II)*, 1913
Huile sur carton / Oil on cardboard
45 x 69 cm
Signé en bas à gauche / Signed on the bottom left : *k.x. roussel*
Collection particulière / Private collection

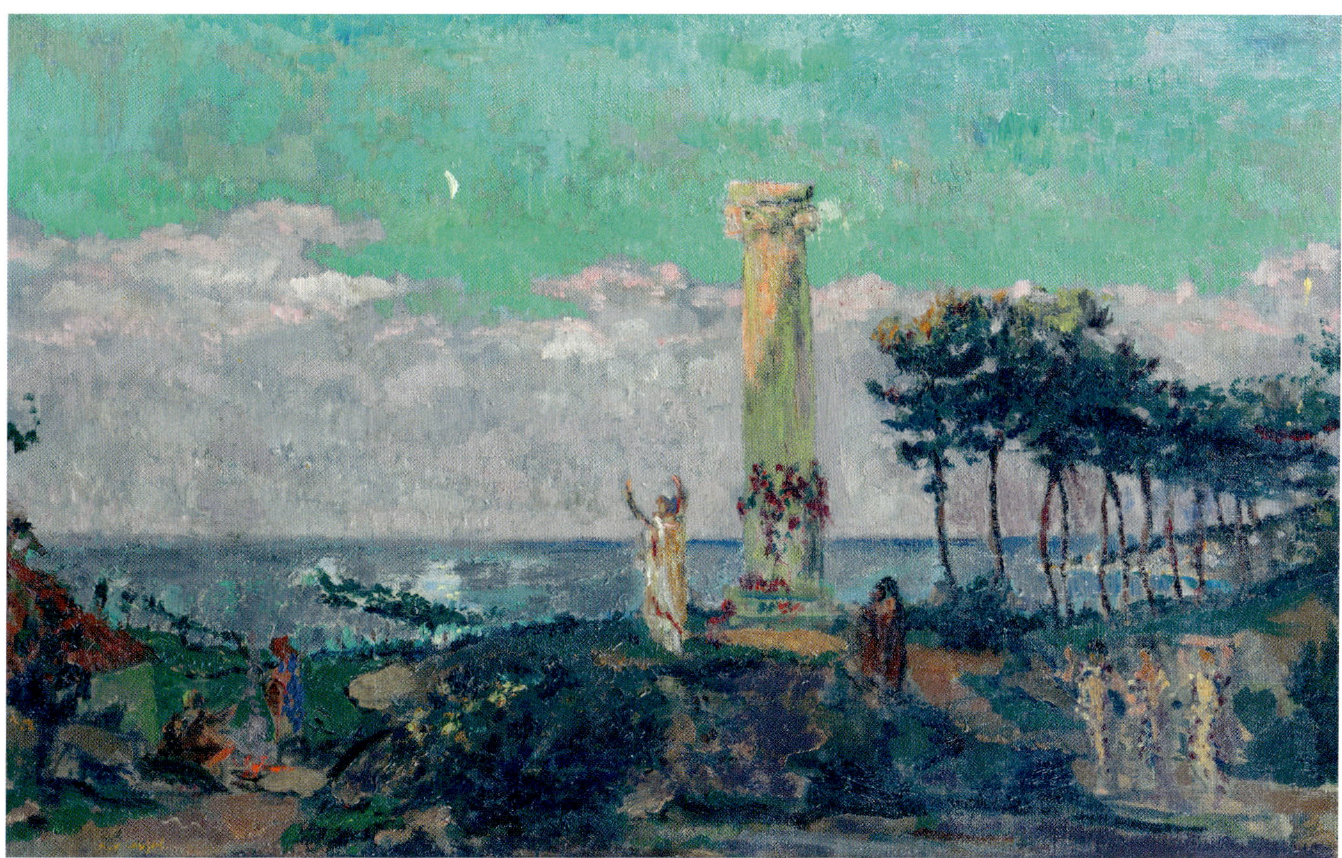

Ker-Xavier Roussel

63. *Projet d'illustration pour / Illustration project for* Le Paradis de Mahomet, c. 1929-1930
Huile sur toile / Oil on canvas
44,5 x 143,5 cm
Collection particulière / Private collection

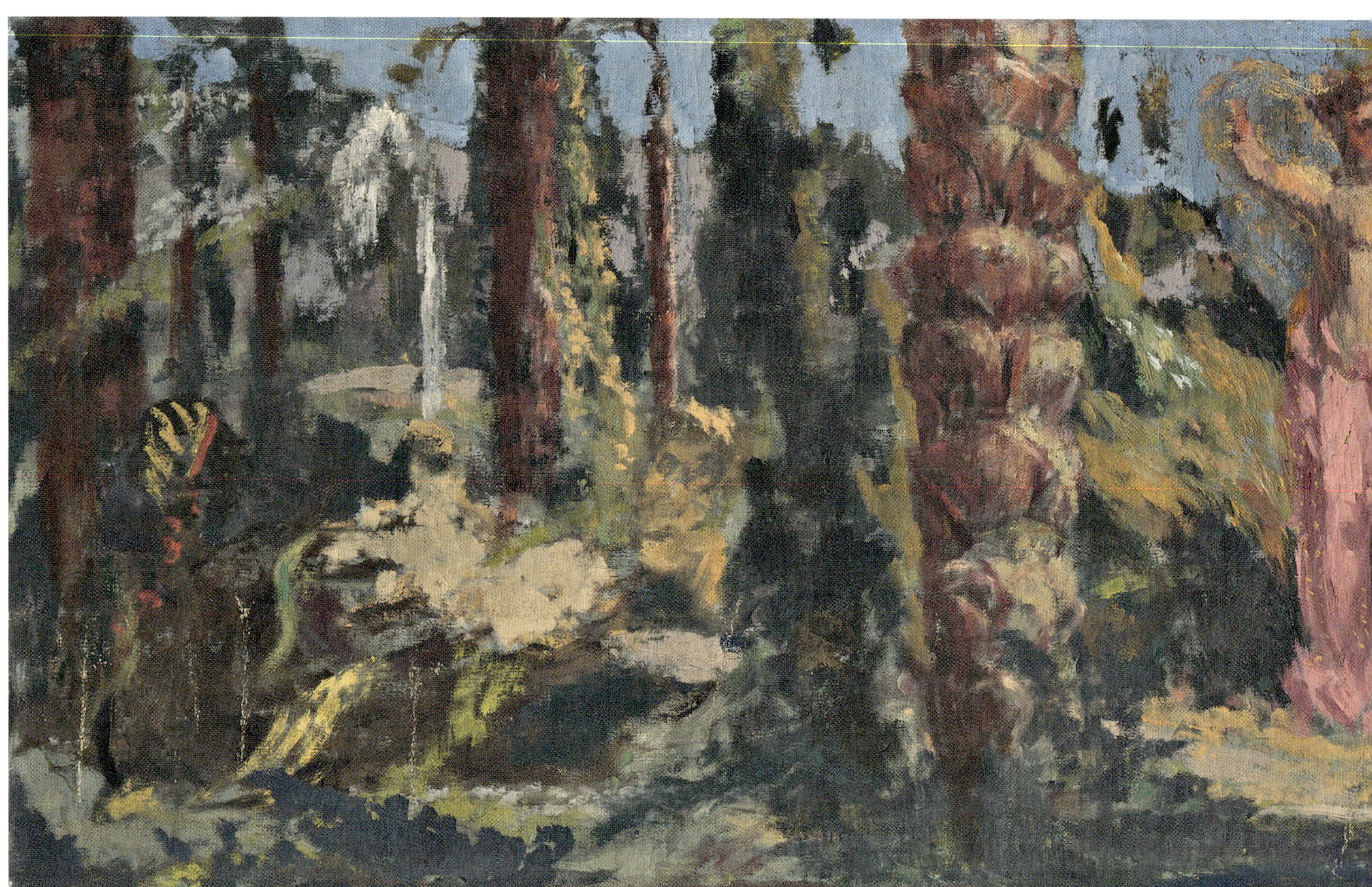

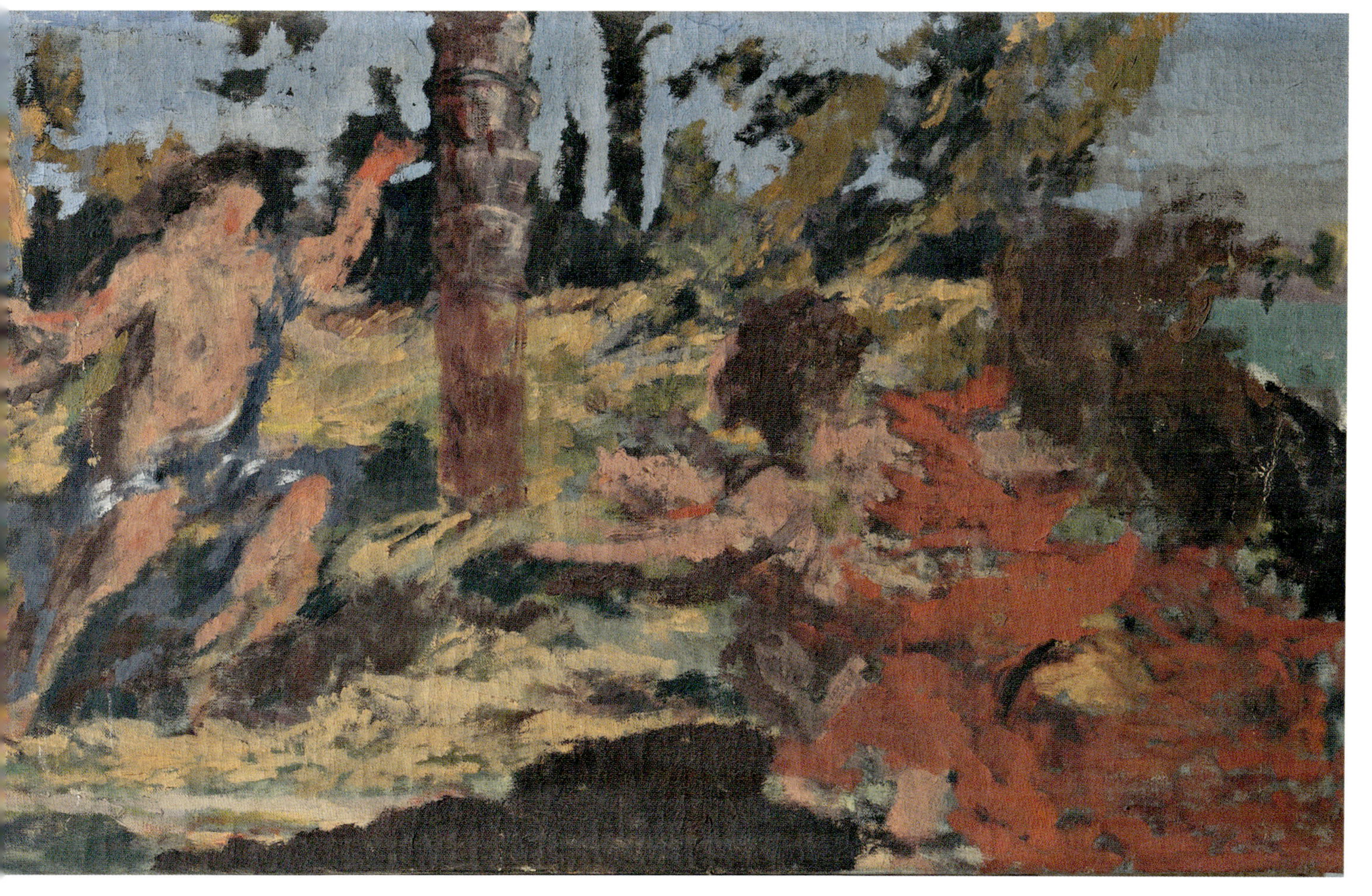

Ker-Xavier Roussel

64. *L'Après-midi d'un faune*, c. 1927
Peinture à la colle sur toile / Distemper on canvas
180 x 227 cm
Collection particulière / Private collection

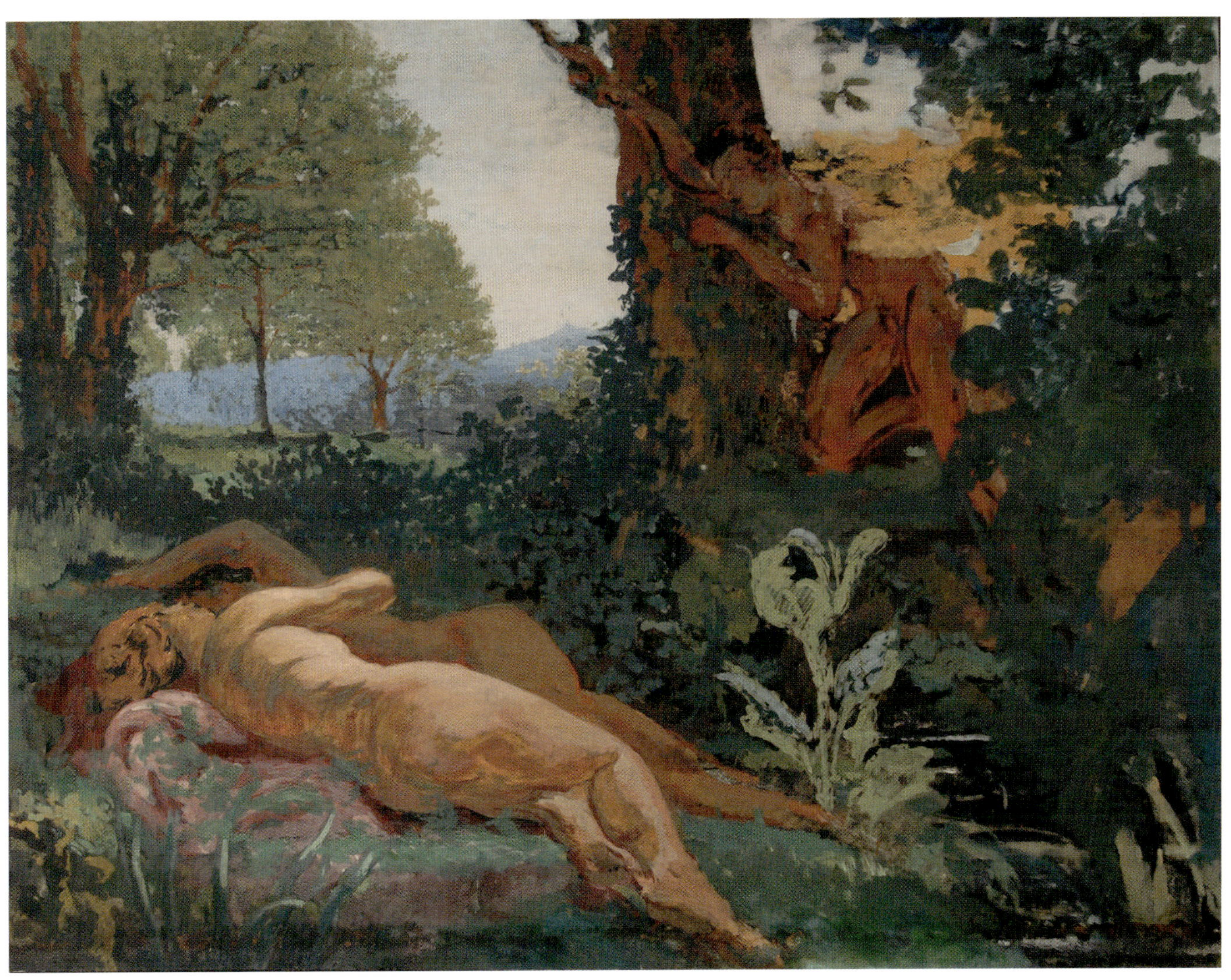

L'Exposition Universelle de 1937 a donné l'occasion à la direction générale des beaux-arts de déployer le talent français. Le palais de Chaillot, construit sur l'emplacement du palais du Trocadéro démantelé en 1935, compte parmi les projets les plus vastes ; son programme décoratif prévoit de faire intervenir une centaine d'artistes (en fait, une liste établit près de 350 décorateurs commissionnés !), de premier et de second ordre, pêle-mêle, sous la direction du directeur des beaux-arts, Georges Huisman. Une place de choix est réservée à Bonnard, Vuillard et Roussel qui se voient attribuer les trois dessus-de-porte du théâtre. D'autres artistes importants figurent aussi dans la décoration du nouveau palais : Maurice Denis réalisera deux panneaux, Maillol livrera *La Montagne* aujourd'hui exposée au musée des beaux-arts de Lyon, Raoul Dufy décorera le bar du théâtre avec *La Seine de Paris au Havre* et Othon Friesz livrera *La Seine de la source à Paris* pour la salle du bar. Les titres des œuvres des trois amis nabis (*La Pastorale* pour Bonnard, *La Comédie* pour Vuillard, *La Danse* pour Roussel) ou encore *L'Été* d'Aronson Naoum et *La Jeunesse* d'Alexandre Descatoire donnent, entre autres, la preuve du goût de l'époque pour le classicisme symbolique et la veine allégorique dans laquelle le palais s'est conçu.

La Danse échoit à Roussel ; il est difficile d'y voir un hasard. Plutôt le fruit d'une réflexion concertée entre le commanditaire et l'artiste, car le thème de la danse traverse son œuvre entier pendant plus de quarante ans. On ne compte plus les rondes de nymphes ; les poursuites de bacchantes par des satyres paraissent être des ballets. Les ménades qui mènent les bacchanales ont les mêmes postures que les Isadorables, les danseuses d'Isadora Duncan. Une comparaison des œuvres de Roussel avec les figures inventées par Isadora Duncan montre en effet une parenté troublante. Il est établi désormais, grâce à la transcription du *Journal* de Vuillard, que Roussel avait rencontré la chorégraphe en février 1914[1]. Mais on peut former l'hypothèse que le succès de la danseuse américaine dès 1902 et le parfum de scandale qui précédait chacune de ses représentations étaient arrivés dès le début du siècle jusqu'à l'attention du peintre, fatalement très sensible au retour à l'antique que proposait la chorégraphe. La liberté spontanée qu'elle avait redonnée au corps coïncidait d'ailleurs parfaitement avec la danse dionysiaque qui sous-tend la pensée de Friedrich Nietzsche, référence essentielle à Roussel.

Une fois encore, l'évocation allégorique s'installe dans la réalité des alentours de Paris, non dans un paysage idéal qui aurait pris soin d'effacer les aspérités anecdotiques. Au contraire, on reconnaît ici sans peine un des bosquets du jardin de l'artiste, encadré d'une treille, éludée ici pour ne laisser apparaître que la guirlande de fleurs rouges qui couronne d'un coloris incandescent la composition circulaire du tableau. Le seul anachronisme, volontaire, de la femme en bleu à gauche, habillée à la mode contemporaine, est là pour souligner l'actualité des mythes antiques.

[1] Édouard Vuillard, *Journal*, 10 fév. 1914 et 17 fév. 1914, vol. II.7, f° 22r-22V, Bibliothèque de l'Institut, Paris.

The 1937 Universal Exhibition was the occasion for the Direction Générale des Beaux-Arts to show off French talent. The Palais de Chaillot, built on the site of the Palais du Trocadéro demolished in 1935, was one of its largest projects. Around a hundred artists were to work on the decoration (in fact, a list shows that nearly 350 designers were commissioned!), better and lesser-known artists, all working pell-mell under the management of the director of the Fine Arts, Georges Huisman. A prominent place was reserved for Bonnard, Vuillard and Roussel who were attributed the three over door panels in the theatre. Some other important artists were also involved in the decoration of the new building: Maurice Denis made two panels, Maillol created *La Montagne* (The Mountain) today exhibited at the Fine Arts Museum in Lyon, Raoul Dufy decorated the theatre bar with *La Seine de Paris au Havre* (The Seine from Paris to Le Havre) and Othon Friesz made *La Seine de la source à Paris* (The Seine from its Source to Paris) for the bar room. The titles of the works by the three Nabis friends (*La Pastorale* [Pastoral] for Bonnard, *La Comédie* [Comedy] for Vuillard, *La Danse* [Dance] for Roussel) or furthermore *L'Été* (Summer) by Aronson Naoum and *La Jeunesse* (Youth) by Alexandre Descatoire reveal, amongst other things, the contemporary taste for classical symbolism and the allegorical vein in which the buidling was designed.

La Danse fell to Roussel; it is hard to imagine this was a coincidence. Rather the result of a dialogue between the commissioner and the artist, as the dance theme had been present in his work for more than forty years. There are countless circles of dancing nymphs and the bacchants being chased by satyrs look rather like ballets. The maenads that lead the bacchanalia have the same postures as the Isadorables, Isadora Duncan's dancers. Comparing Roussel's work with the figures created by Isadora Duncan indeed reveals a troubling relationship. Thanks to a transcription of Vuillard's *Journal*, it has been established that Roussel met the choreographer in 1914.[1] But we can assume that the success of the American dancer from 1902 onwards and the whiff of scandal that preceded each of her performances must have caught the painter's attention at the turn of the century, inevitably attracted to this return to Antiquity proposed by the choreographer. Her body's spontaneous freedom moreover coincided perfectly with the Dionysian dances underlying Friedrich Nietzsche's theories, an essential reference for Roussel.

Once again, the allegorical evocation is set in the reality of the Paris area, and not in an idealised landscape where all anecdotal asperities have been erased. On the contrary, we can easily recognise here one of the copses in the artist's garden, framed with the suggestion of an arbour that allows us to see just the garland of red flowers that crowns the circular composition with its incandescent colour. The only anachronism, an intentional one, is the woman in blue on the left dressed in contemporary style, put there to highlight the renewed interest in myths from Antiquity.

[1] Édouard Vuillard, *Journal*, 10 February 1914 and 17 February 1914, vol. II.7, f° 22r–22V, Bibliothèque de l'Institut, Paris.

Ker-Xavier Roussel

65. *La Danse*, étude pour la décoration du palais de Chaillot, c. 1936-1937
Pastel sur papier marouflé sur toile / Pastel on paper glued onto canvas
111 x 111 cm
Signé en bas à gauche / Signed on the bottom left : *k.x. roussel*
Collection particulière / Private collection

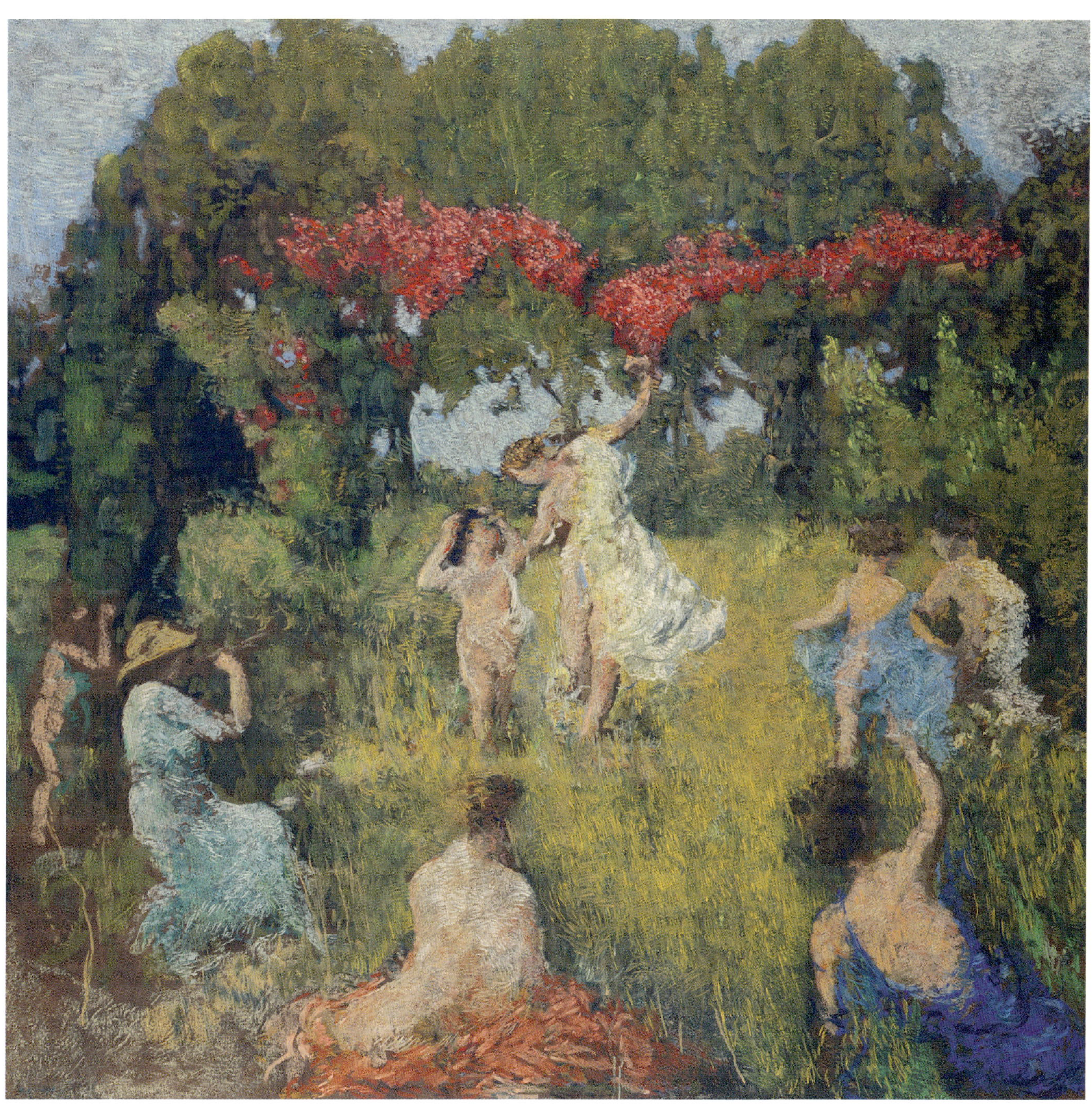

La commande passée en 1936 par l'État pour la décoration du palais de Chaillot réunit, bien au-delà de l'époque nabie, les trois amis Bonnard, Roussel et Vuillard.
Comme pour *La Paix protectrice des muses* un an plus tard, Vuillard choisit de montrer sa vie privée pour décorer un bâtiment public. Il semble qu'il ait rapidement choisit le parc des Clayes comme fond pour son panneau. Il commence dès juillet 1936 à esquisser la végétation du sous-bois : « dimanche 5 aux Clayes pense au Troc. croquis assez poussé d'arbres[1] ». Il gardera dans chacun des projets, jusqu'à la version finale, les deux grands platanes à l'écartement reconnaissable.
Dans cette version qui est une première pensée pour sa décoration, Vuillard crée un espace profond, limité par une bordure tout autour de la scène. Faite de végétation esquissée et des animaux de la basse-cour des Clayes – on distingue un dindon, un canard ou encore un âne –, cette guirlande signale le caractère allégorique de la scène. Elle joue un rôle de limitation entre l'espace profane – celui du spectateur – et l'espace symbolique – celui de la scène qui se joue.
Comme leur décor, les personnages de ce petit spectacle sont identifiables. Lucie Hessel occupe le centre, en cheveux blancs et jupe beige ; sa nièce Berthe Keller est certainement la jeune femme en jupe rouge assise sur un pliant. Le personnage en robe rayée, au premier plan, pourrait être Lulu, la fille adoptive de Lucie, mais les doutes ne sont pas encore levés sur cette hypothèse. En effet, une photographie de Vuillard, prise à l'été 1936, montre Lulu et une de ses amies en maillot de bain, dans la pose des deux personnages du dernier plan et dans le décor exact qui servira de fond à notre esquisse.
La version finale effacera les détails trop personnels de la scène pour privilégier l'allégorie de la comédie. Le peintre fera cohabiter les personnages du théâtre molièresque avec ceux des pièces célèbres de Shakespeare. La frise latérale sera gardée et les rais de lumière, qu'il fera nets et très jaunes, seront accentués pour signifier l'éclairage artificiel. Pour la version définitive, l'âne quittera sa bordure ; Vuillard le déplacera dans l'espace allégorique et le transformera en Bottom pour citer le *Songe d'une nuit d'été*. Les femmes qui peuplent la « bande à Lucie » (sa cousine Marcelle, sa nièce Marthe, son amie Miche ou les femmes de ses neveux), écartées de la version finale, montrent par leur présence dans cette esquisse les tâtonnements de l'artiste à définir son sujet. Son point de départ est en tous cas *ce qu'il a sous les yeux*, « là où nous retrouvons vraiment Vuillard, bien plus que (…) dans les oripeaux de théâtre sortis du magasins de décors[2] » selon l'expression acide de Claude Roger-Marx qui, comme pour *La Paix protectrice des muses*, goûte peu l'exercice symbolique dans la peinture de Vuillard.
Dans cette œuvre, c'est à la nature qu'est donné le premier rôle. Vuillard a transmué le parc des Clayes en forêt légendaire. C'est le procédé le plus direct qu'il ait trouvé pour suspendre le temps et le décor où il se déroule.

[1] Édouard Vuillard, *Journal*, 5 juillet 1936, fol. 12r, ms. IV-10, Bibliothèque de l'Institut, Paris.
[2] Claude Roger-Marx, *Vuillard et son temps*, Paris, Éditions Arts et métiers graphiques, 1946, p. 169.

The 1936 commission from the French nation for the decoration at the Palais de Chaillot brought together the three friends Bonnard, Roussel and Vuillard long after the end of the Nabis period.
Just like *La Paix protectrice des muses* (Peace Protecting the Muses) one year later, Vuillard chose to disclose his private life to decorate a public building. It appears that he quickly decided upon the gardens of Les Clayes for the background of his panel. He began in July 1936 by sketching the vegetation in the underwood: "Sunday 5 at Les Clayes think of the Troc. Quite detailed sketch of trees."[1] In each of the projects (including the final version), he kept the two large plane trees, with the easily-recognizable gap between them.
In this version, which is one of his initial ideas for the decor, Vuillard creates a deep space enclosed by a border running all the way round the scene. Made up of sketches of vegetation, poultry and rabbits from the farmyard at Les Clayes – we can make out a turkey, a duck and a donkey –, this garland reflects the allegorical nature of the scene. It plays a role in delimiting the profane space – the one where the spectator is – and the symbolic space – the one where the scene is taking place.
Just like the setting itself, the characters of this little scene are also identifiable. Lucie Hessel is in the centre, with white hair and a beige skirt; her niece Berthe Keller is almost certainly the young woman with the red skirt sitting on a folding stool. The character with the striped dress in the foreground might be Lulu, Lucie's adopted daughter, but there is still some doubt on this hypothesis. Indeed, a photograph taken by Vuillard in the summer of 1936 shows Lulu and one of her friends in swimming costumes, in the same pose as the two characters in the background and with the exact same decor as the backdrop in our sketch.
In the final version, the overly-personalised details have been removed from the scene privileging the allegory of comedy. The painter manages to place Molieresque characters side by side with those from famous Shakespearian plays. Vuillard retained the lateral frieze and the rays of light, more distinct and very yellow, to signify the artificial lighting. For the definitive version, the donkey has been removed from the border; Vuillard placed it in the allegorical space and transformed it into Bottom thus quoting *Midsummer Night's Dream*. The women in "Lucie's group" (her cousin Marcelle, her niece Marthe, her friend Miche or her nephews' wives), omitted from the final version, show by their presence in this sketch just how much the artist relied on trial and error in defining his subject. His starting point was in any case *what was there in front of him*, "there where we really recognise Vuillard, much more so than (…) in the ragged costumes straight out of the prop room"[2] according to Claude Roger-Marx's harsh expression who, as with *La Paix protectrice des muses*, little appreciated the symbolic practice in Vuillard's painting.
In this work, nature has the starring role. Vuillard has transformed the gardens at Les Clayes into a legendary forest. It was the most direct way he had found of suspending time and the setting in which it unfolded.

[1] Édouard Vuillard, *Journal*, 5 July 1936, fol. 12r, ms. IV–10, Bibliothèque de l'Institut, Paris.
[2] Claude Roger-Marx, *Vuillard et son temps*, Paris, Éditions Arts et métiers graphiques, 1946, p. 169.

Édouard Vuillard

66. *La Comédie*, étude pour la décoration du palais de Chaillot, c. 1936-1937
Huile sur toile / Oil on canvas
53 x 55 cm
Cachet de l'atelier en bas à gauche / Atelier stamp on the bottom left
Collection particulière / Private collection

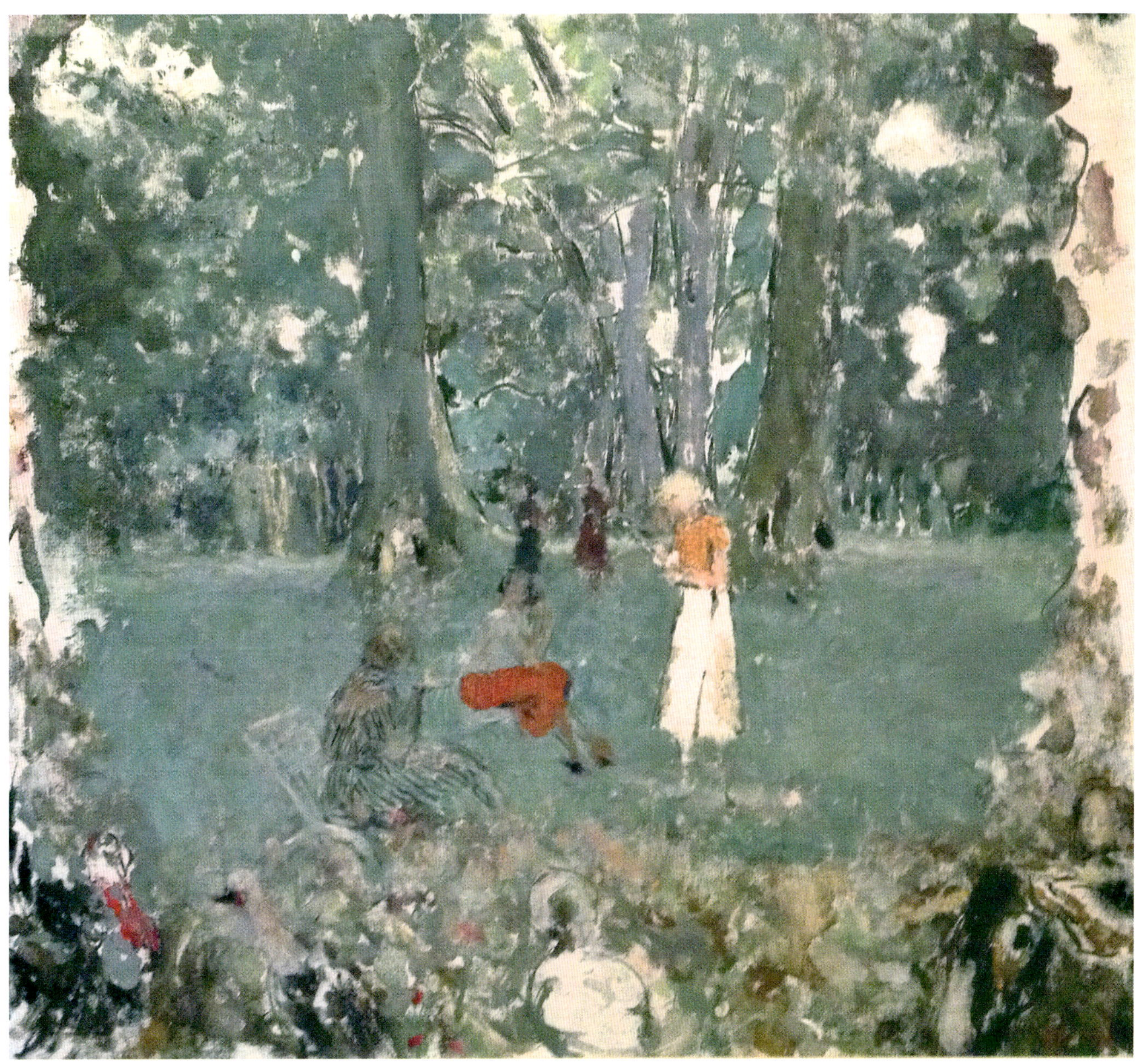

Le programme iconographique défini par la Société des Nations pour décorer les murs de l'*Aula Magna* à Genève décline en quatre panneaux le thème de la paix. La commande devait réunir les amis nabis sous l'impulsion de l'État français, puisque Ker-Xavier Roussel, Maurice Denis et Édouard Vuillard se trouvent réunis. Pierre Bonnard avait prudemment préféré décliner la commande, laissant à Roger Chastel le soin d'une telle tâche. C'est l'œuvre la plus ambitieuse que Vuillard ait jamais réalisée. Le gigantisme des proportions (onze mètres de haut sur sept de large) ne l'a pas rebuté ; il loua même spécialement un atelier rue Frochot dans le 9e arrondissement pour faire face à la logistique que suppose une telle surface à peindre.
Le panneau qui est exposé ici est une des versions préparatoires dans lesquelles Vuillard « installe » ses neuf muses au milieu d'un *bois sacré*, référence directe à Pierre Puvis de Chavannes. Mais la nature allégorique du peintre n'est pas un agencement intellectuel comme les construisait Puvis ; c'est en fait l'allée en sous-bois du parc des Clayes et non une construction mentale. Le quotidien de Vuillard se hisse par cet artifice au niveau de la peinture mythologique. Et accède à la pérennité. La critique, Claude Roger-Marx en tête, ne s'est pas montrée enthousiaste pour l'œuvre finale. « Malheureux dès qu'il ne peut puiser dans ses souvenirs et ses expériences il lui faut demander du secours à l'histoire, à Poussin, à Lesueur. N'est-il pas un peu tard pour se dépayser de la sorte ?[1] » Pour Roger-Marx, c'est encore la partie médiane – l'allée sous les arbres que Vuillard emprunte directement aux sous-bois du parc des Clayes et que l'on distingue dans la présente esquisse par des troncs et un *sfumato* vert – qui reste la meilleure. Cependant, le peintre touche enfin au sommet du dessein qui l'anime depuis près de vingt ans : incarner la continuité de la grande peinture française. Ses visites muséales montrent sa quête d'exemples des grands maîtres du passé. Le 12 février 1937, il note ainsi : « Après déjeuner au Louvre, les Lesueur Prud'hon (pour le projet SDN)[2] ». Il a certainement dû examiner les décorations que Lesueur avait exécutées pour l'hôtel Lambert à Paris et dont le Louvre conserve des panneaux. On sait, encore par le *Journal*, que Vuillard commence sa réflexion sur le panneau de la Société des Nations autour du 10 février 1937. Mais ce n'est réellement qu'en mars 1938 que le peintre engage le travail de façon continue, à échelle réelle.
Le brouillard coloré qui enveloppe le pastel fait écho à une remarque de Vuillard : « entrain dans l'abstrait Genève[3] ». Cette esquisse, la plus délicate de l'ensemble, montre les premières pensées que Vuillard a eues et qui subiront par la suite des changements. Il n'y a pas encore la grande figure de Clio, muse de l'Histoire, qui fera disparaître le grand arbre aux ramages penchés à droite de la composition. Déjà visible, l'encadrement de la grande double porte au milieu en bas laisse une idée des proportions de la toile finale.

[1] Claude Roger-Marx, *Vuillard et son temps*, Paris, Éditions Arts et métiers graphiques, 1946.
[2] Édouard Vuillard, *Journal*, 12 février 1937, f° 5r, ms. IV.11, Bibliothèque de l'Institut, Paris.
[3] *Ibid.*, 23 mars 1938, fol. 8r

The iconographic program laid out by the League of Nations to decorate the walls of the *Aula Magna* in Geneva was made up of four panels around the theme of peace. The commission from the French nation should have reunited the Nabis friends once again, as Ker-Xavier Roussel, Maurice Denis and Édouard Vuillard all worked on the project, but Pierre Bonnard wisely declined the commission, leaving Roger Chastel with the task. It was the most ambitious piece that Vuillard had ever made. The huge proportions (eleven metres high and seven metres wide) did not deter him; nevertheless, he rented a special studio in Rue Frochot in the 9th arrondissement to face up to the logistics required for painting such a large surface.
The panel shown here is one of the preparatory versions in which Vuillard "installed" his nine muses in the middle of a *sacred wood*, a direct reference to Pierre Puvis de Chavannes. But the painter's allegorical nature was not an intellectual arrangement like the ones that Puvis constructed; it was in fact the pathway in the underwood at Les Clayes and not a construction of his own imagination. Through this stylistic device, Vuillard's everyday life was raised to the level of mythological painting and rendered it eternal. The critics, and foremost Claude Roger-Marx, were not very enthusiastic about the final work. "Unfortunately, as soon as he can no longer draw on his memories and experiences he has to turn to history for help, to Poussin, to Lesueur. Isn't it a bit late in the day for him to be changing habits in this way?"[1] For Roger-Marx, it was the middle – the pathway under the trees that Vuillard borrowed directly from the underwood at Les Clayes and that can be made out in this sketch as some tree trunks and a green *sfumato* – that is the best part. Nevertheless, the painter had finally reached the climax of the objective that had been motivating him for nearly twenty years: embodying the continuity of great French painting. His museum visits show his quest for works by the great masters from the past. On 12 February 1937, he thus noted: "After lunch at the Louvre, the Lesueur Prud'hon (for the LON project)".[2] He must have almost certainly taken a closer look at the decorations that Lesueur had done for Hôtel Lambert in Paris as the panels were housed in the Louvre. We know, once again thanks to his *Journal*, that Vuillard had started thinking about the panel for the League of Nations somewhere around 10 February 1937. But it was only in March 1938 that the painter worked full time and in full scale on the project.
The coloured mist that engulfs the pastel echoes Vuillard's comment: "Spirit in the Geneva abstract."[3] This sketch, the most delicate of the ensemble, reveals the initial ideas that Vuillard had and which later underwent some changes. There isn't yet the large figure of Clio, muse of History that would replace the big tree with its leaning branches to the right of the composition. Already visible, the frame of the big double door on the bottom middle gives an idea of the proportions of the final canvas.

[1] Claude Roger-Marx, *Vuillard et son temps*, Paris, Éditions Arts et métiers graphiques, 1946.
[2] Édouard Vuillard, *Journal*, 12 February 1937, f° 5r, ms. IV.11, Bibliothèque de l'Institut, Paris.
[3] *Ibid.*, 23 March 1938, fol. 8r.

Édouard Vuillard

67. *La Paix protectrice des muses*, projet / project, 1937
Pastel sur papier / Pastel on paper
109 x 70 cm
Cachet de l'atelier en bas à droite / Atelier seal on the bottom right
Collection particulière / Private collection

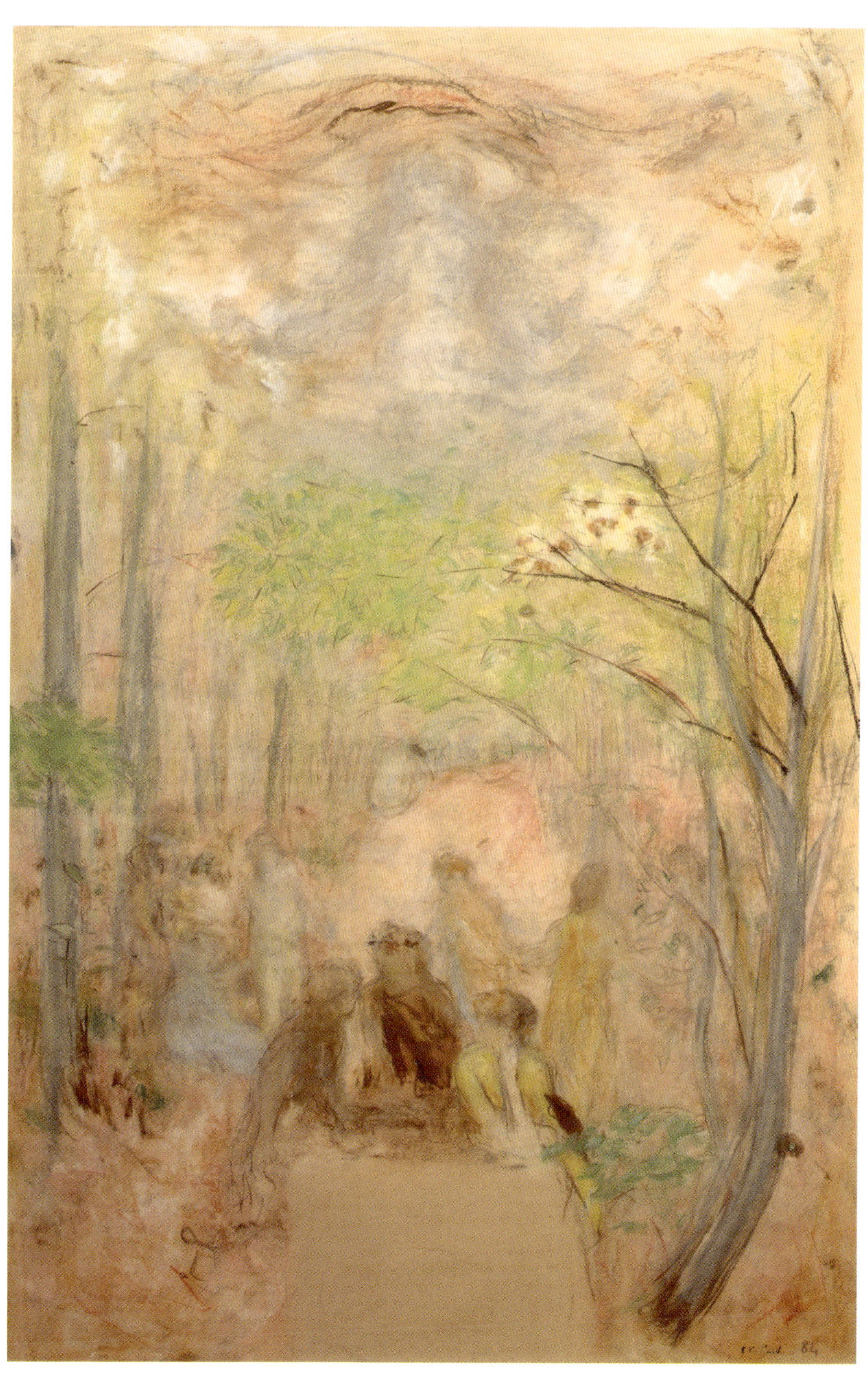

Ker-Xavier Roussel

68. *Le Repos de Vénus*, esquisse / sketch, c. 1920
Huile sur toile / Oil on canvas
19 x 31,3 cm
Signé en bas à droite / Signed on the bottom right : *kxr.*
Collection particulière / Private collection

Ker-Xavier Roussel

69. *Idylle dans la campagne*, c. 1920
Peinture à la colle sur papier marouflé sur toile /
Distemper on paper glued onto canvas
99 x 63 cm
Signé en bas à gauche / Signed on the bottom left : *kx roussel*
Collection particulière / Private collection

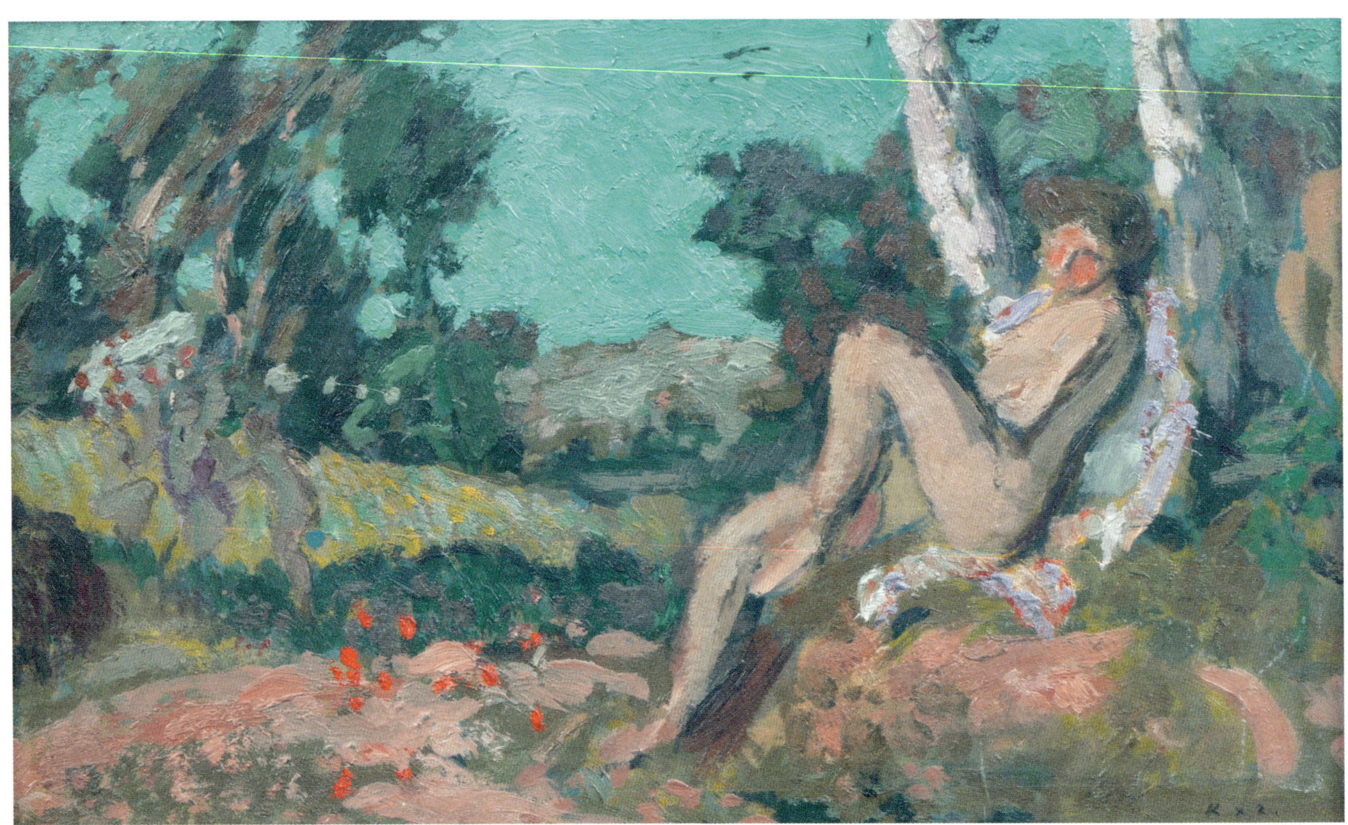

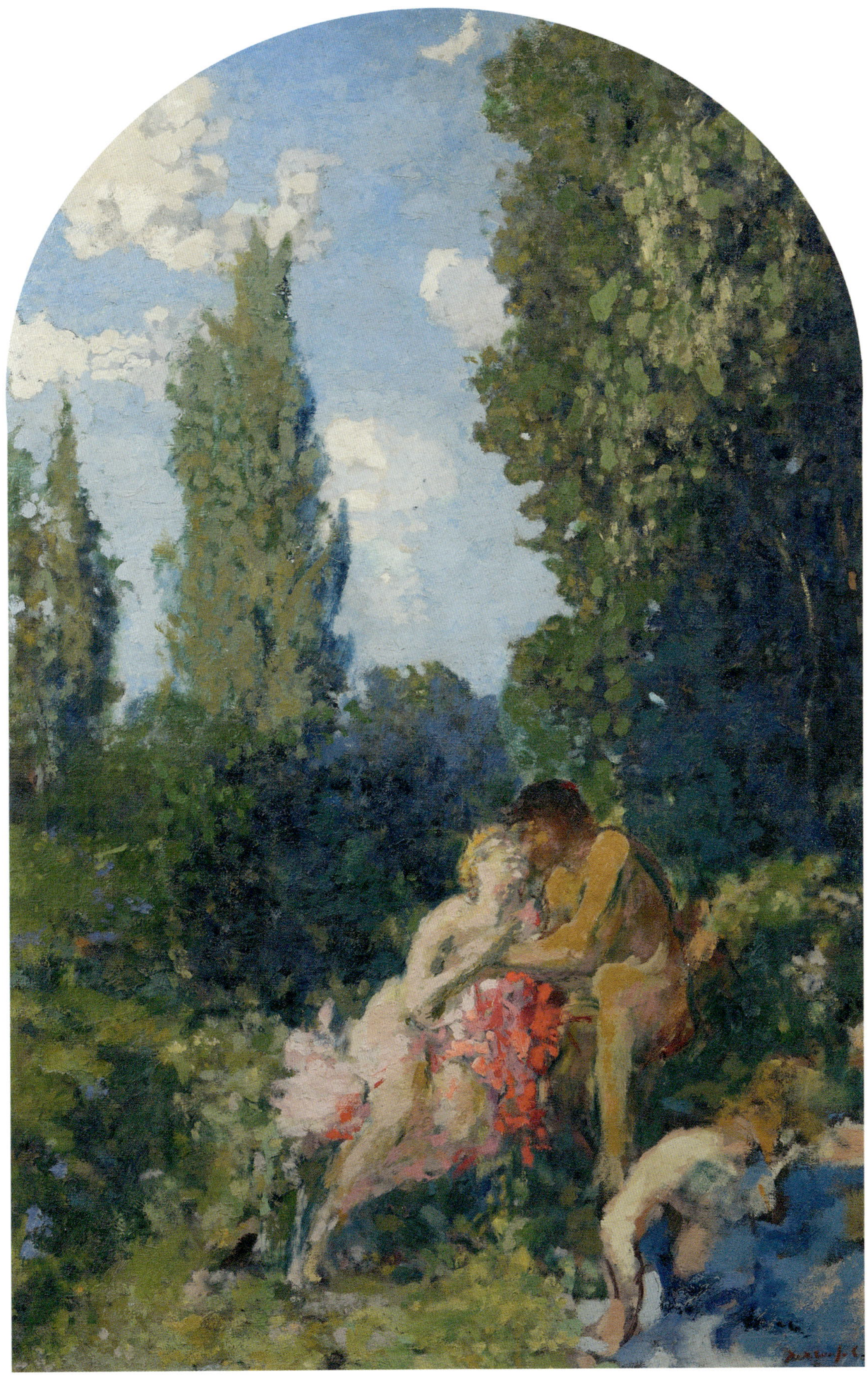

Ker-Xavier Roussel

70. *Femme et enfant*, c. 1935
Pastel sur papier / Pastel on paper
23 x 36 cm
Signé en bas à gauche / Signed bottom left
Collection particulière / Private collection

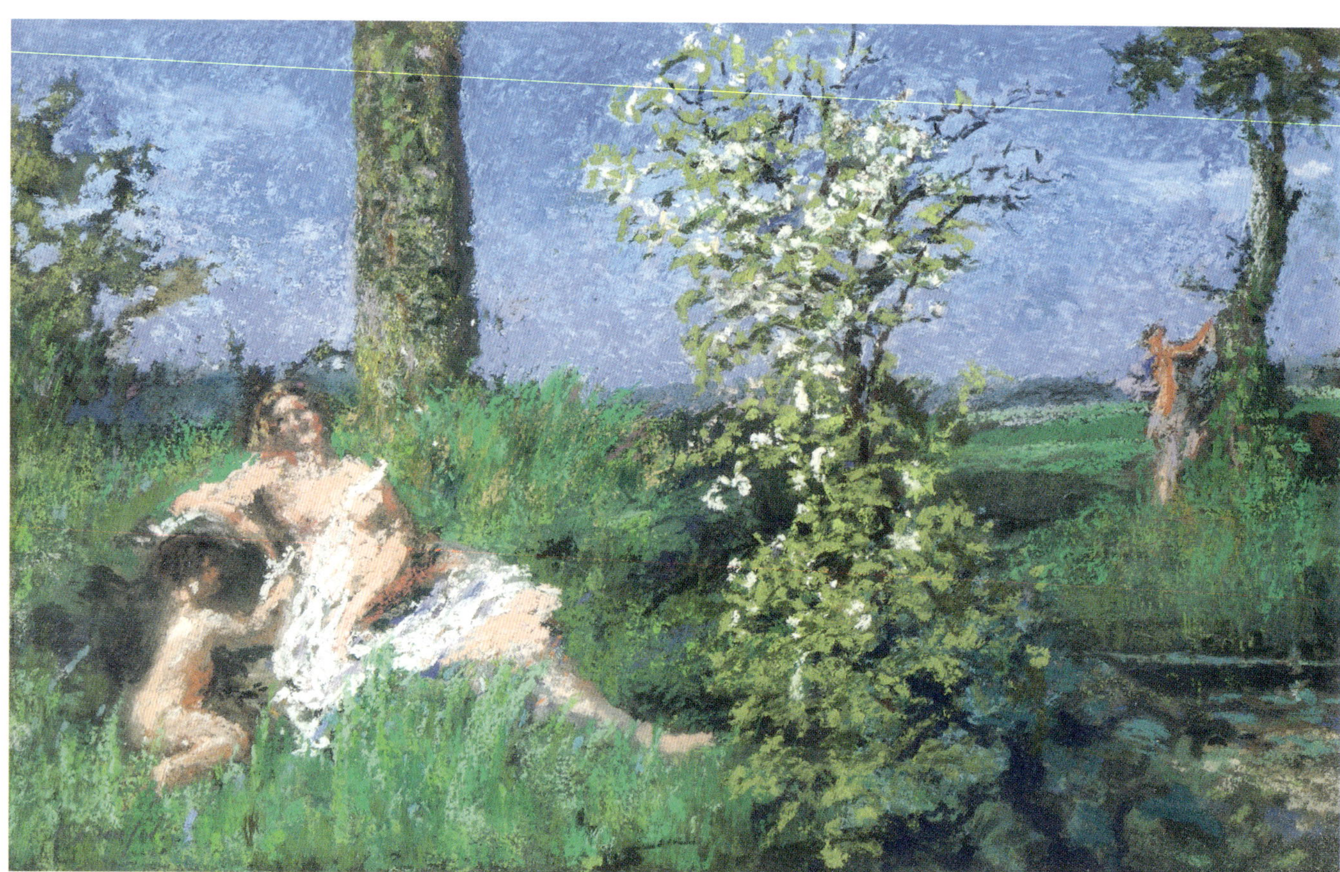

Ker-Xavier Roussel

71. *Deux femmes au bord de l'étang*, c. 1941-1944
Pastel sur papier / Pastel on paper
28 x 38,5 cm
Signé en bas à gauche / Signed bottom left : *kxr*
Collection particulière / Private collection

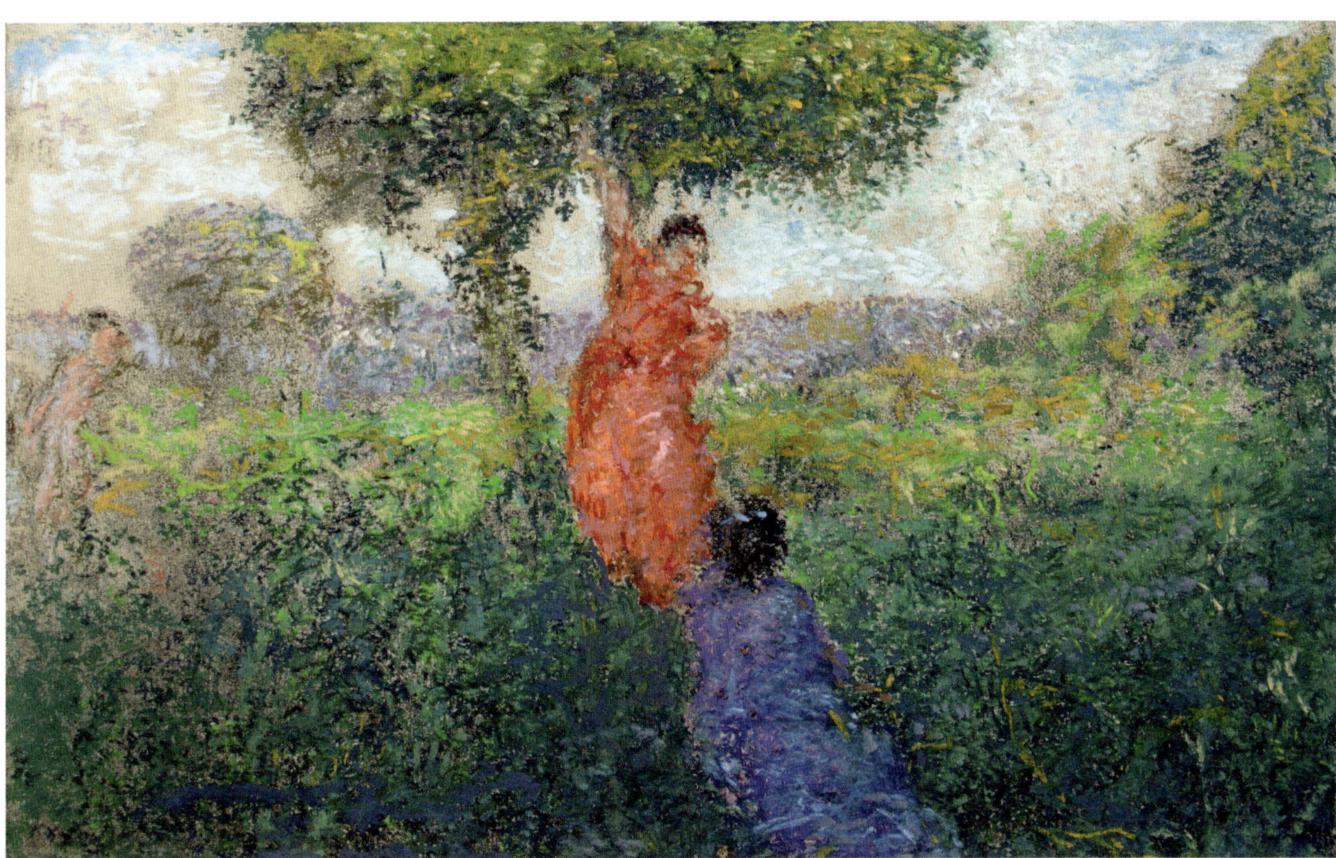

Ker-Xavier Roussel

72. *Deux nymphes dans un paysage*, c. 1905-1906
Huile sur toile / Oil on canvas
33,5 x 50 cm
Collection particulière / Private collection

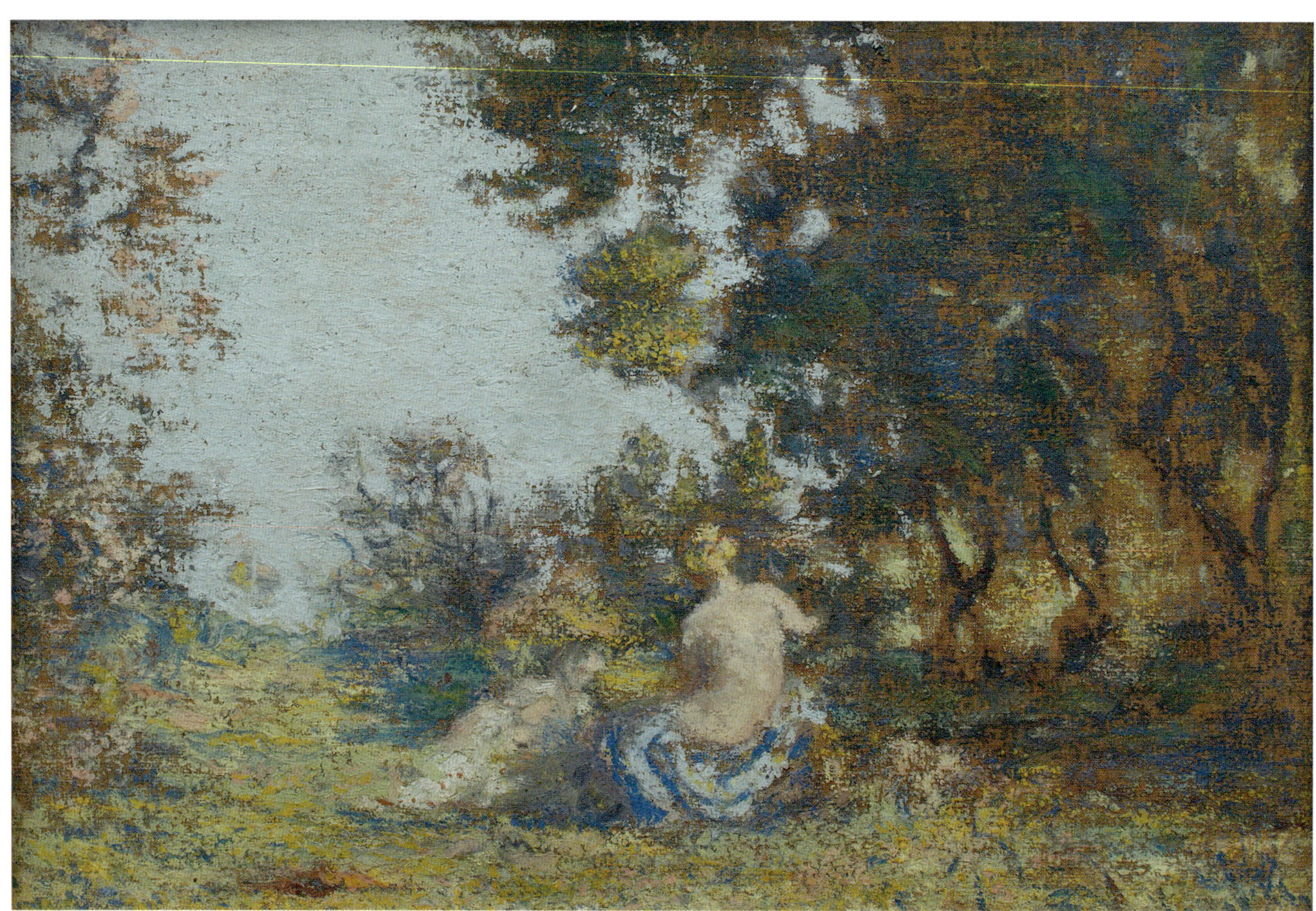

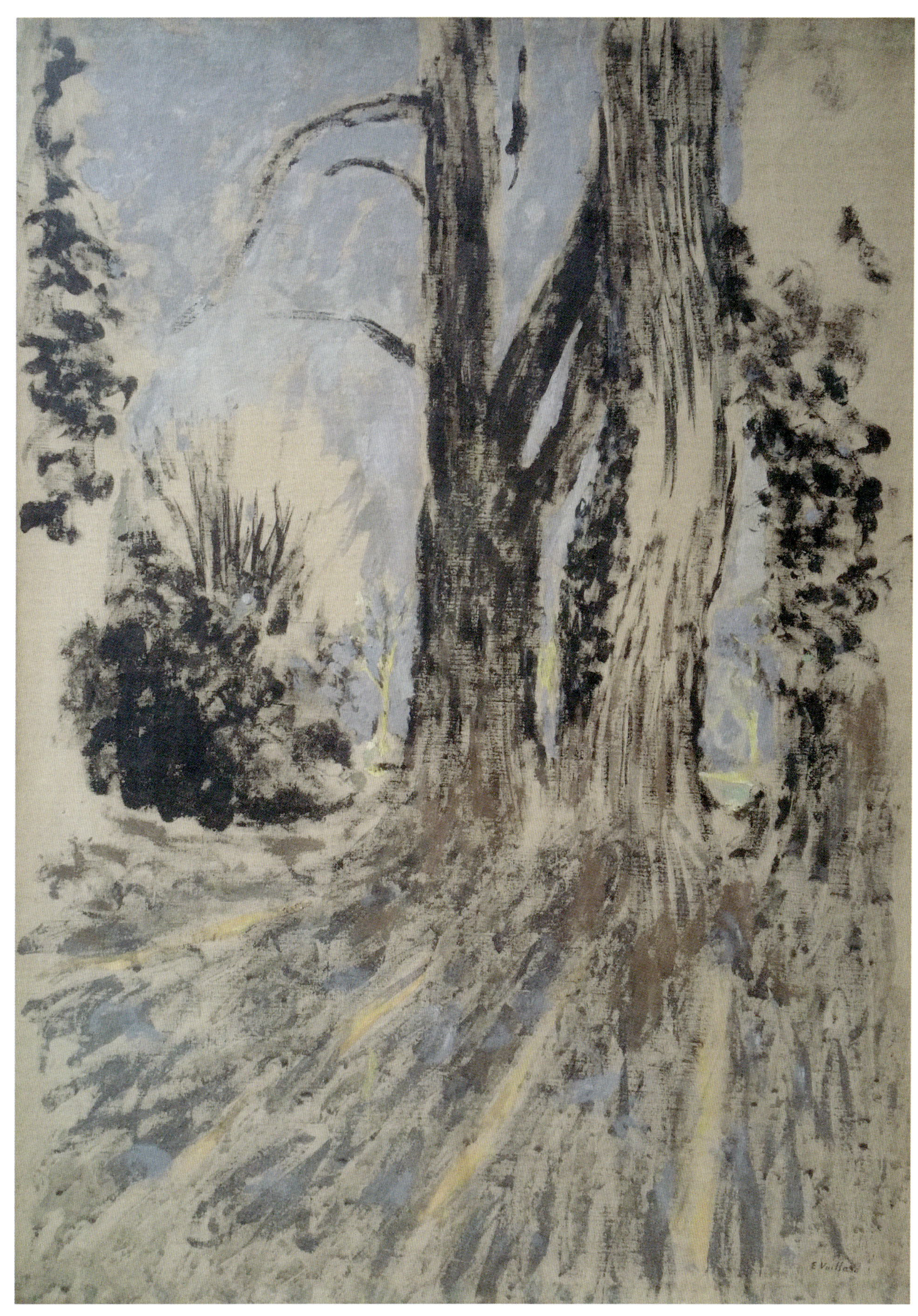

Ker-Xavier Roussel

75. *Bord de mer au crépuscule*, c. 1939
Huile sur toile / Oil on canvas
21 x 63 cm
Collection particulière / Private collection

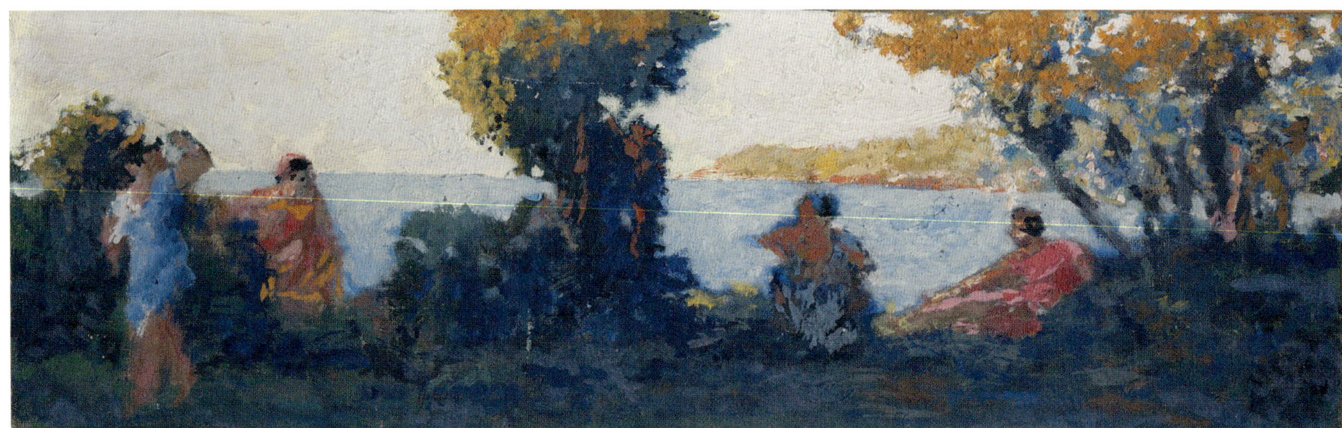

Ker-Xavier Roussel

76. *Le Centaure*, c. 1940-1944
Pastel sur papier / Pastel on paper
14,9 x 21,2 cm,
Signé en bas à droite / Signed bottom right : *k.x. roussel*
Collection particulière / Private collection

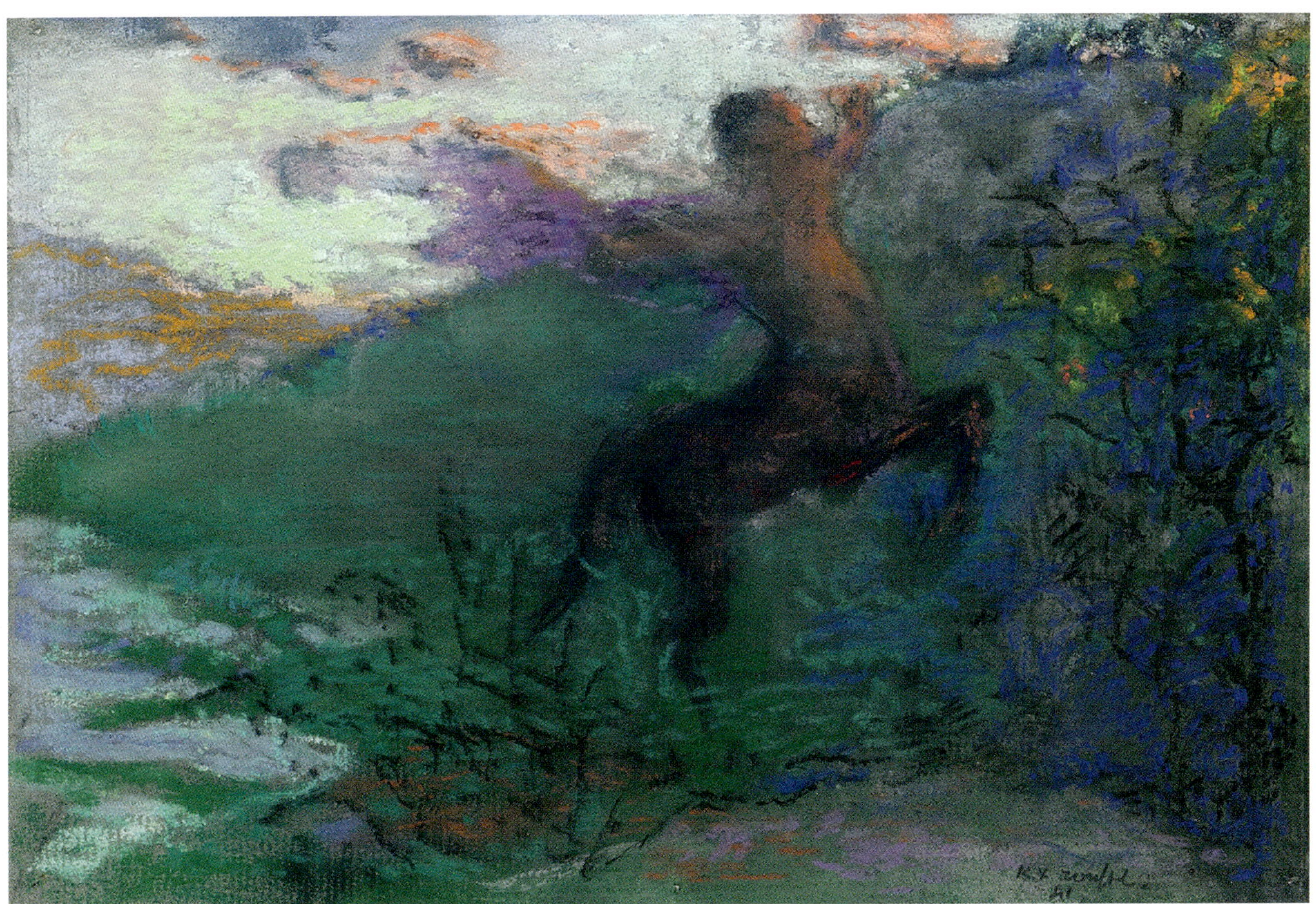

Paysage au volcan appartient à une série de pastels que l'artiste exécute dans les quatre dernières années de sa vie.
Ce groupe d'œuvres, dont le nombre est aujourd'hui évalué à une cinquantaine, est essentiellement constitué de pastels. Leur style est très reconnaissable et tend de plus en plus vers l'abstraction. Des photographies prises exactement pendant cette période montrent l'artiste diminué, penché sur son œuvre, concentré à utiliser ses dernières forces avec une sorte d'obstination somnambulique, ne dessinant qu'avec les quelques morceaux de pastels qu'il lui reste. Sa santé, déjà fragilisée par le décès de Vuillard en juin 1940, est encore affaiblie par les privations dues aux restrictions de la guerre. La pénurie l'oblige à réutiliser des papiers destinés à la lithographie, comme celui-ci, marqué du « R » en bas à gauche qui indique les supports utilisés par Auguste Clot, le graveur d'Ambroise Vollard.
L'artiste n'a pourtant rien perdu de son agilité à couvrir le papier de ses stries colorées. La tendance au hachurage s'est encore renforcée ; elle est devenue programmatique et son maillage s'étend de plus en plus comme un réseau de verre filé. La réalité du peintre s'incarne maintenant à travers les clignotements de masses légères dont les contours parviennent à peine à être identifiés. Un œil averti reconnaît pourtant les dispositifs qui forment les habituelles pastorales et les horizons méditerranéens. Mais il n'en reste que l'idée, que les contours, rabotés jusqu'à leur expression la plus élémentaire. Sur certaines œuvres, des volumes indéterminés, zébrés de jaune citron ou de rouge cerise, papillotent sur un fond de hachures bleues et mauves ; on discerne l'agencement déjà connu d'une « Élégie au crépuscule » ou d'une « Poursuite ».
Cette tangente vers l'abstrait a commencé dans les années 1930, avec son travail lithographique pour le poème en prose de Maurice de Guérin, *Le Centaure et la bacchante*, puis, de 1941 à 1943, avec une suite d'estampes pour *Les Bucoliques* de Virgile. Ces lithographies « tardives » schématisent, aplanissent, enrobent de grandes nuées grises ou noires les papiers report et les calques de travail.
Les pastels de cette époque prolongent par les poudres colorées les compositions lithographiées de la même époque. Une exposition à la galerie Louis Carré entre janvier et février 1942 avait montré vingt-cinq de ces petites œuvres explosives et avait recueilli les éloges de la critique. Pierre du Colombier, dans la revue *Beaux-Arts*, avait été sensible à la technique de Roussel, « un pastel dense, grenu » et sa préférence allait alors aux « plus petites de ces feuilles, où les corps plus indiqués qu'affirmés laissent à l'imagination son travail d'achèvement[1] ». Il remarquait surtout, en préambule, que l'âge n'avait pas émoussé, chez Roussel, « son émerveillement panique devant la nature ». On reste sans voix, en effet, devant l'éblouissement que procure ce voyage ininterrompu en marge du réel, vers un monde autre, l'Antiquité, un monde fabuleux et englouti, inatteignable sauf à se mettre en retrait du quotidien.

[1] Pierre du Colombier, « Les dieux et K.-X. Roussel », *Beaux-Arts*, n° 54, 23 janvier 1942, p. 7.

Paysage au volcan (Landscape with Volcano) belongs to a series of pastels that the artist did during the last four years of his life. This group of works, estimated at around fifty today, is essentially made up of pastels. Their style is easily recognisable and had become increasingly abstract. Photographs taken precisely during this period show the artist diminished, bent over his work, concentrating with a kind of somnambulistic obstinacy on using the energy he had left, drawing with his last bits of pastel. His health, already fragile due to Vuillard's death in June 1940, was further weakened by the hardships of war. Shortages forced him to reuse bits of paper that were meant for lithographs, like this one, stamped with an "R" at the bottom left indicating that it was one of the supports used by Auguste Clot, Ambroise Vollard's engraver.
However, the artist still hadn't lost his ability to cover the paper with coloured streaks. He used hatching with greater insistence; it became programmatic and the meshed effect spread out over the paper like a network of spun glass.
The painter's reality was now embodied in the flickering of the hazy forms with their barely identifiable outlines.
A well-informed eye can still recognise the arrangement normally used to make up a pastoral or Mediterranean horizon. But all that remains here is the idea, the outlines, planed down to their most elementary form. In some works, indeterminate volumes, striped with lemon yellow or cherry red, flicker on a background of blue and mauve hatching; we can also make out layouts that had been previously used in "Élégie au crepuscule" (Elegy at Dusk) or "Poursuite" (Pursuit).
This tangent towards abstraction began in the 1930s with his lithographs for the prose poem by Maurice de Guérin, *Le Centaure et la bacchante*, then, from 1941 to 1943, with a series of prints for Virgil's *Eclogues*. These "late" lithographs simplified, flattened, and enshrouded the transfer and tracing paper with vast and intense grey or black clouds.
The pastels from this time are a prolongation of the coloured powders used in the lithographic compositions of the same period. An exhibition at the Louis Carré gallery between January and February 1942 showed 25 of these small highly-charged works which received the critics' praise.
In *Beaux-Arts* magazine, Pierre du Colombier was sensitive to Roussel's technique, "a dense grainy pastel" and his preference was for the "smallest of these works, where the bodies were suggested more than clearly drawn, allowing the imagination to do the rest."[1] Above all, he noticed, as a preamble, that age hadn't dulled Roussel's work, "he was fazed by his own wonderment when faced with nature." Indeed, we are speechless at the emotion caused by this uninterrupted journey to the edge of reality, towards another world. A mythical and long-lost Antiquity, attainable only by withdrawing ourselves from everyday life.

[1] Pierre du Colombier, "Les dieux et K.-X. Roussel", *Beaux-Arts*, n° 54, 23 Jan. 1942, p. 7

Ker-Xavier Roussel

77. *Paysage au volcan*, c. 1940-1944
Pastel sur papier / Pastel on paper
32,5 x 39,5 cm
Cachet de l'atelier en bas à gauche / Atelier seal on the bottom left
Collection particulière / Private collection

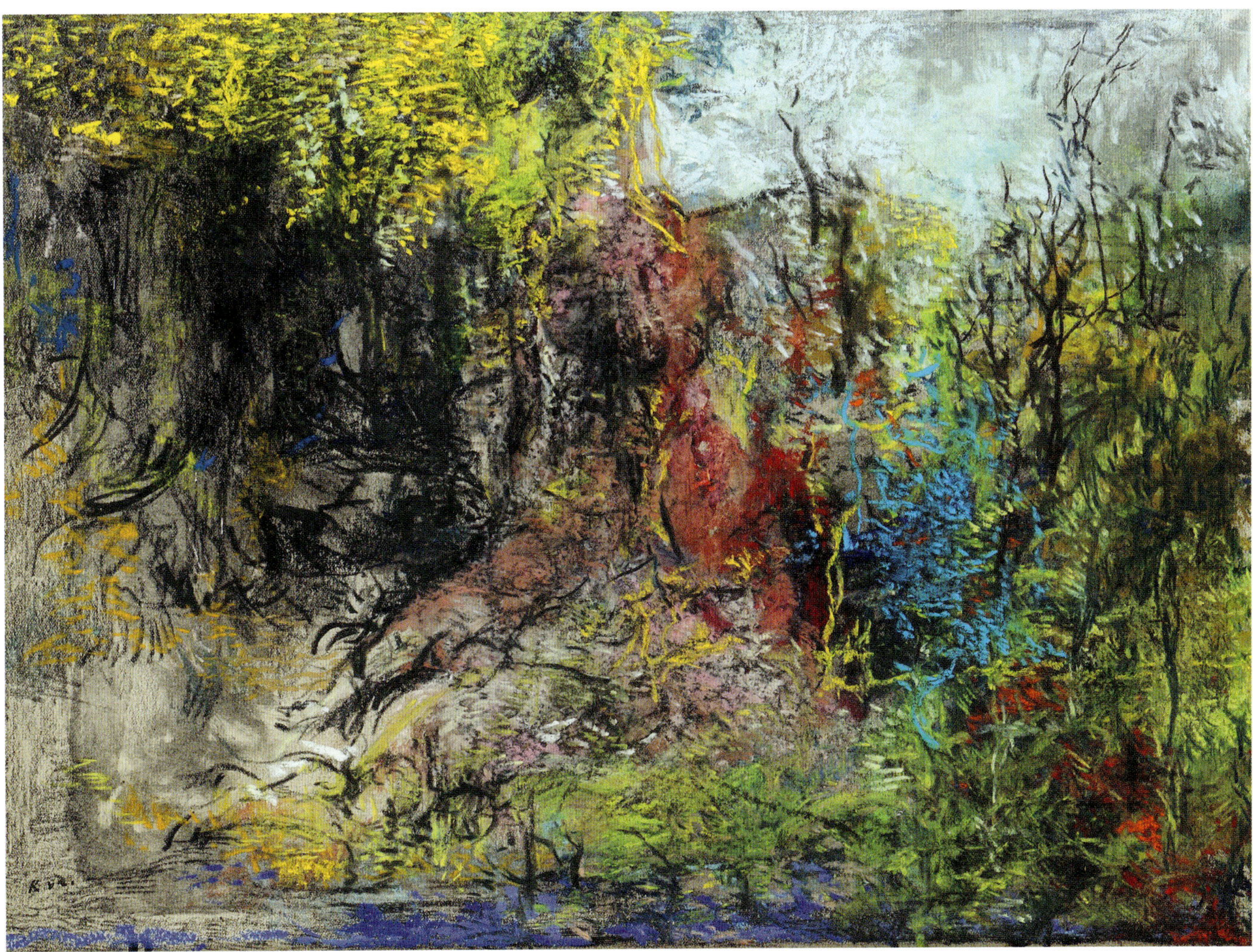

Ker-Xavier Roussel

78. *Bacchantes au bord de l'eau*, s.d. / n.d.
Pastel sur papier / Pastel on paper
15 x 65 cm
Collection particulière / Private collection

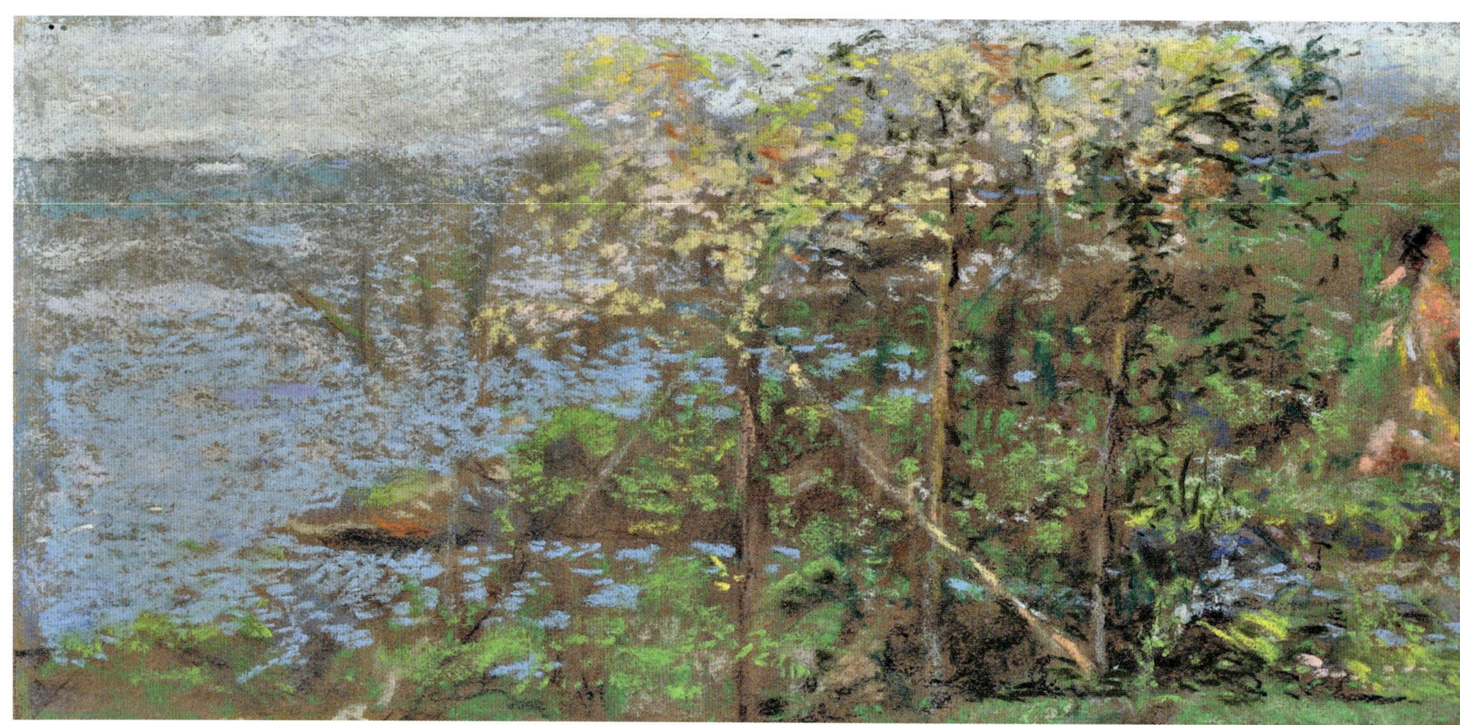

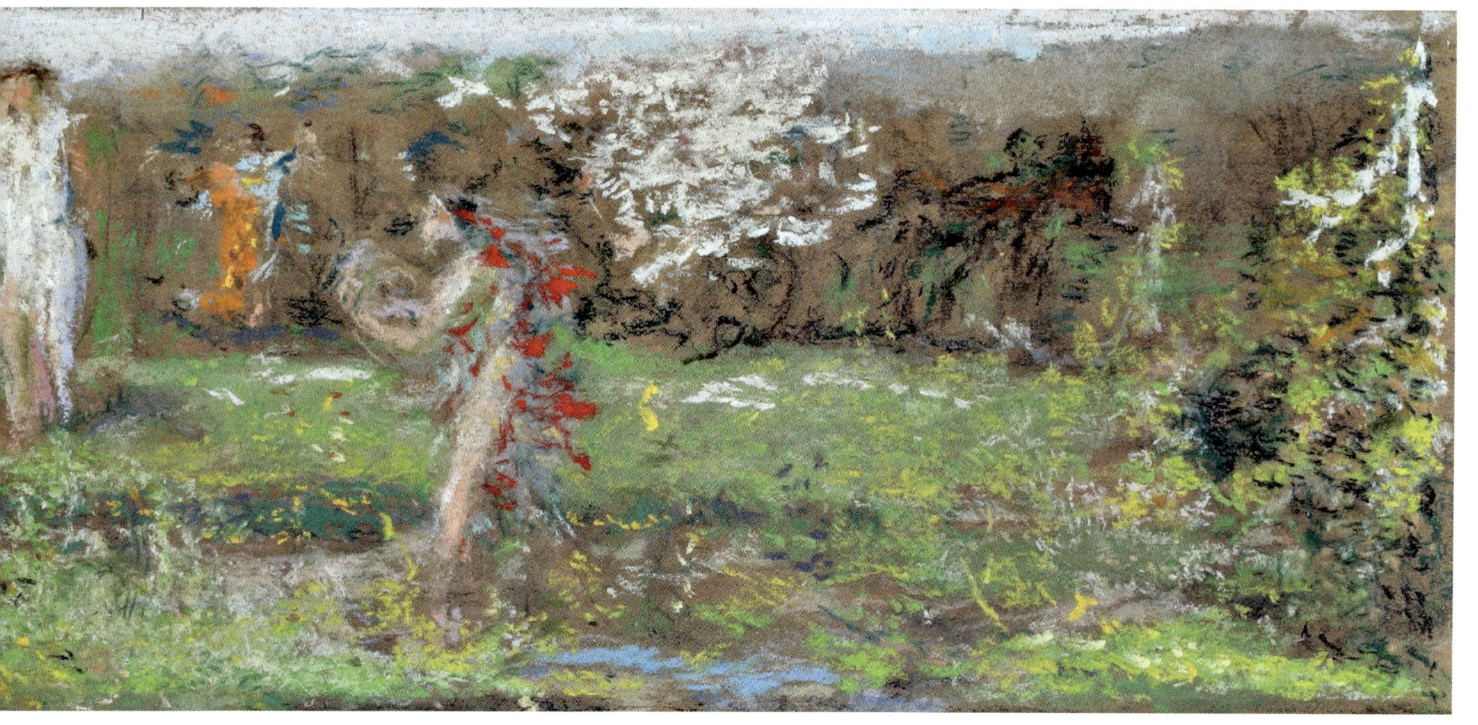

Cat. n°s 79 et 80

Les Marronniers et *Le Cap d'Antibes*, exécutés à une dizaine d'années de distance, ont des affinités réelles de faux jumeaux. Tous deux sont conçus, dans des proportions similaires, comme de grands panneaux décoratifs sans que l'on sache vraiment s'ils étaient destinés à l'être. Tous deux présentent une même grandeur apaisée, en marge des habituels sujets dionysiaques. Ils répondent à un classicisme achevé, bien construit, qui se retrouve dans plusieurs des grands projets décoratifs de Roussel comme *L'Après-Midi d'un faune*[1] ou *Le Repos de Diane*[2]. La critique a pu parfois reprocher à l'artiste son penchant pour l'inachevé, son goût pour l'évocation au détriment de la construction. Il est clair que dans ces deux panneaux, Roussel a su mettre en œuvre des règles classiques de conception pour servir un dessein d'harmonie. Maurice Denis remarque dans ses *Théories* que, « dans le vocabulaire des critiques d'avant-garde, le mot 'classique' est le suprême éloge, et sert par conséquent à désigner les tendances avancées[3] ». L'hellénisme de Roussel, loin d'être retardataire, s'accorde ainsi à partir des années vingt avec les formes nouvelles d'un certain type de « retour à l'ordre ». Il utilise subtilement le lexique de Poussin ou du Lorrain pour suggérer la notion de *locus amoenus* – littéralement « lieu amène » utilisée par la littérature gréco-latine – que Roussel cite en filigrane dans ces deux œuvres. Ce lieu protégé, idéal de calme et incarnation de la beauté, est un topos de la culture renaissante et classique ; il est le lieu symbolique des élégies et des pastorales, un lieu dont les frondaisons et la fraîcheur sont propices à la pensée et en font un paysage de l'esprit. Avec *Le Cap d'Antibes* et *Les Marronniers*, Roussel s'éloigne du registre narratif pour privilégier une méditation poétique sur la nature. Sa réflexion est le résultat d'une synthèse heureuse entre les idylles de Théocrite, les églogues de Virgile, la poésie de Mallarmé, les baigneuses de Cézanne ou les nymphes de Corot.

Un certain mystère vient parfois troubler la surface de cette quiétude, comme dans les tableaux de Giorgione où sourd toujours le sens caché des choses. Tous les éléments qui nourrissent les délices mélancoliques de Roussel se retrouvent dans *Le Cap d'Antibes* et *Les Marronniers* : une nature grandiose et sereine, des figures absorbées dans une contemplation énigmatique, des nudités néo-platoniciennes. On sent nettement que l'essence perpétuelle de la nature survivra aux figures transitoires qui la peuplent et c'est certainement le constat de cette fatalité ontologique qui teinte les deux scènes d'une méditation saturnienne. Roussel, disposé à l'humeur noire, tempère cependant souvent son asthénie par un penchant spontané pour le bien-être, voire l'allégresse. Et ce n'est pas un paradoxe. Ses visions d'harmonie ne sont pas le symptôme de phases psychiques ascendantes ; elles expriment un sentiment élaboré, une conception philosophique de l'humanité. La Méditerranée est le cadre de ses mises en scène mythologiques. Il la voit comme le lieu privilégié pour faire revivre une antiquité engloutie. C'est aussi un sentiment que partage une partie de la droite anti-républicaine comme l'Action française qui, derrière Charles Maurras, voit dans l'héritage gréco-latin le berceau de l'Occident, refusant le tropisme germano-celte. Cependant, c'est également le pourtour méditerranéen qu'une partie des peintres sympathisants de l'anarchisme va choisir comme l'incarnation parfaite d'une liberté primordiale retrouvée ; le littoral et sa beauté sauvage s'emboîtent parfaitement avec l'idée d'une humanité du retour aux origines. Cette région cristallise donc deux projections politiques opposées, deux cadres conceptuels contraires sous une même physionomie : la Méditerranée classique ou un rêve de retour aux sources. Dans ce contexte, le syncrétisme arcadien de Roussel, candide en apparence, se double d'une lecture politique dont les accents anarchistes prennent le pas sur la rhétorique maurassienne à laquelle il n'adhèrera jamais, bien qu'il en partage que le substrat culturel. On sait au contraire que le peintre a été sensible aux discours libertaires de ses amis Signac, Cross ou Luce qu'il visite régulièrement dans le Midi de la France à partir de 1899. Et, sans jamais s'être engagé ou avoir formulé clairement ses idées politiques, Roussel a été attiré par l'idée d'un âge d'or à retrouver. L'utopie

libertaire entretient le mythe d'une humanité originellement libre, harmonieuse par nature et sans contrainte, qui a préexisté à l'organisation coercitive de l'État. Dans ce sens, *Les Marronniers* et *Le Cap d'Antibes* sont un écho lointain d'*Au temps d'harmonie*[4] et de *L'Air du soir*[5], comme une rémanence pointilliste dont les corrélations anarchistes auraient survécu au nouveau siècle. Car Roussel pratique une sorte de cloisonnisme amplifié, comme vu à travers une lentille grossissante : il recouvre sa toile de petits coups de pinceaux parallèles fixés à la peinture à la colle ou au pastel. Chaque touche de couleur s'allonge, comme une pixellisation extrême du principe divisionniste ; l'ensemble des stries donne à la surface peinte une « qualité tissée et texturée[6] ». La remarque vaut pour les deux œuvres : le ciel qui passe à travers les frondaisons des marronniers roses semble surajouté aux feuilles mais nullement un fond, et les hachures mauves dispersées dans les feuillages ont la même valeur au premier plan qu'au second, tant elles sont ostensiblement *posées a posteriori*, sans souci de profondeur. L'herbe du *Cap d'Antibes* se rythme de petites striures nerveuses qui parcourent de la même manière le dos du grand nu au premier plan. Les ciels des deux pastels vibrent de vaguelettes plus claires qui animent les grandes étendues bleues. Tout en effet suggère la texture, le tissage des valeurs entre elles, comme une tapisserie dont Roussel a recherché l'effet ; on y décerne une réminiscence des cours de Diogène Maillart que le peintre suivait en 1887 à l'école des Gobelins.

Il est fréquent, dans ses œuvres, de remarquer ce type de survivance d'une époque à l'autre. Le peintre a l'esprit de conservation, jusqu'à une franche disposition au réemploi. Les figures chez Roussel circulent d'un tableau à l'autre et s'utilisent comme des gabarits interchangeables. On peut suivre la faveur d'un modèle au nombre de fois qu'il a été repris par l'artiste. Dans *Le Cap d'Antibes* par exemple, le nu de dos, s'il fait penser à Rubens ou Poussin au premier abord, est aussi une figure bien connue du lexique rousselien. À quelques variantes près, elle est déjà présente dans des œuvres autour de 1901-1904[7]. La nymphe allongée vers la gauche constitue dans d'autres œuvres le centre de composition comme *L'Été*[8], avec de légères variations, ou des *Bacchanales* des années 1926-1928 ; elle peut aussi être rapprochée, inversée, de certaines versions du *Repos de Diane*[9]. La jeune femme au voile soufflé par la brise est aussi une itération dans l'art tardif de Roussel[10] mais on peut aussi y voir un hommage à l'art de François Perrier où, comme dans *Acis et Galatée*[11] ou *Le Triomphe de Neptune*, les drapés se gonflent comme des voiles pour signifier la mobilité.

Roussel élabore ici une frontalité d'une grande sobriété. Ces deux œuvres semblent reliées entre elles par une continuité musicale – celle d'une hallucination antique prolongée – mais l'unification se fait également par la lumière – une brume opaline qui accentue les lumières de contre-jour. Le peintre est parvenu à abolir le temps et effacer la narration. Il est alors au faîte de son époque classique.

[1] K.-X. Roussel, *L'Après-Midi d'un faune*, huile sur toile, 200 x 320 cm, musée départemental de l'Oise, Beauvais.

[2] K.-X. Roussel, *Le Repos de Diane*, peinture à la colle et huile sur toile, 212 x 200 cm, ancienne collection Walter P. Chrysler, Provincetown (MA).

[3] Maurice Denis, *Théories*, Paris, Rouart et Watelin, 1920, p. 25.

[4] Paul Signac, *Au temps d'harmonie*, 1893-1895, huile sur toile, 300 x 400 cm, mairie de Montreuil.

[5] Henri-Edmond Cross, *L'Air du soir*, c. 1893, huile sur toile, 116 x 166 cm, musée d'Orsay, Paris.

[6] L'expression est de Gloria Groom dans le cat. expo. *Beyond the Easel*, Chicago - New York, New Haven and London, Yale University Press, 2001, p. 223.

[7] Elle apparaît, inversée, dans *Vénus au bord de la mer*, c. 1904, huile sur toile, 73 x 86 cm, musée d'Orsay, Paris ou dans *Devant la mer (paysage à Varengeville)*, c. 1900-1903, huile sur toile, 81,5 x 117 cm, musée du Petit Palais, Paris.

[8] Un des quatre panneaux – chacun figurant une saison – exécuté pour l'industriel Lucien Rosengart en 1925. Ce panneau a aujourd'hui disparu avec *L'Hiver*, certainement pendant la Seconde Guerre mondiale.

[9] Cf. note 2.

[10] On retrouve ce motif notamment dans *La Danse*, c. 1930, huile sur toile, 61 x 75 cm, collection particulière, qui fut exposée à Pont-Aven en 2011 sous le n° 87.

[11] François Perrier, *Acis et Galatée*, c. 1645-1650, huile sur toile, 97 x 133 cm, musée du Louvre ; *Le Triomphe de Neptune*, c. 1639-1643, huile sur toile, 173 x 257 cm, collection particulière.

Cats. 79 and 80

Les Marronniers (Chestnut Trees) and *Le Cap d'Antibes* (The Cap d'Antibes), which were made around a dozen years apart, are somewhat like non-identical twins. Both were designed with similar proportions, like large decorative panels even though we don't know if that was what they were really intended to be used for. Both have the same appeased grandeur and are not concerned with the usual Dionysian themes. They resonate with an accomplished and well-structured classicism that can be found in several of Roussel's large decorative projects such as *L'Après-midi d'un faune* (Afternoon of a Faun)[1] or *Le Repos de Diane* (Diana Resting).[2] Critics sometimes reproached the artist for his liking for incompleteness, his taste for evocation to the detriment of construction. It is clear that in these two panels, Roussel skilfully masters the classical rules of composition in order to serve his harmonious scheme. Maurice Denis noted in his *Théories* that, "in the vocabulary of avant-garde critics, the word 'classical' is of the highest praise and is consequently used to designate advances trends."[3]
From the 1920s on, far from being behind the times, Roussel's Hellenism harmonised with the new forms of a certain "return to order." He subtly used Poussin's or Lorrain's aesthetic vocabulary to suggest the idea of a *locus amoenus* – literally meaning a "pleasant place" used in Greco-Latin literature – and that Roussel implicitly cites in these two works. This protected place, an ideal of calm and the embodiment of beauty, is a topos of Renaissance and classical culture; it is the symbolic site of elegies and pastorals, a place where foliage and freshness are propitious to contemplation and create a landscape of the mind. With *Le Cap d'Antibes* and *Les Marronniers*, Roussel moves away from the narrative register in favour of a poetic meditation on nature. His reflection is the result of a happy synthesis between Theocritus's idylls, Virgil's eclogues, Mallarmé's poetry, Cézanne's bathers or Corot's nymphs.
A certain mystery sometimes disturbs the surface of this tranquillity, like in Giorgione's paintings where the hidden meaning of things always seeps out. All of the elements that enrich Roussel's melancholic delights can be found in *Le Cap d'Antibes* and *Les Marronniers*: grandiose and serein nature, figures absorbed in enigmatic contemplation, neo-platonic nudity. We can clearly feel that the perpetual essence of nature will outlive the transitory figures that inhabit it and it is almost certainly the analysis of this ontological fatality that taints the two scenes with a Saturnine meditation. Roussel, who had a black sense of humour, nonetheless often tempered his asthenia with a natural penchant for well-being, even joy. And this is not a paradox. His harmonious visions were not symptomatic of his ascending psychological phases; they expressed complicated feelings, a philosophical notion of Humanity. The Mediterranean is the framework for staging his mythological scenes. He saw it as the privileged site for reviving lost Antiquity. This was also a feeling shared by some of the right-wing anti-republicans such as the members of Action Française who, behind Charles Maurras, saw the birthplace of the west in Greco-Latin heritage, refusing the Germanic-Celtic tropism. However, it was equally the area around the Mediterranean that some of the painters and anarchist sympathisers chose as the perfect embodiment of a re-found primordial freedom; the coastline and its wild beauty fitted perfectly with the idea of a Humanity who had returned to its origins. This region crystallised then two opposing political projects, two contrasting conceptual frameworks with the same physiognomy: the classical Mediterranean and the dream of returning to the source.
In this context, Roussel's seemingly naïve Arcadian syncretism has an underlying political reading whose anarchist accents override the Maurras-style rhetoric which he never agreed with even though he shared the same cultural substratum. We know that on the contrary the painter was sensitive to the libertarian discourse of his friends Signac, Cross or Luce whom he regularly visited in the South of France from 1899 on. And, without ever having committed to or clearly formulating his political beliefs, Roussel was drawn to the idea of a re-found Golden age. Libertarian Utopia maintained the myth of humanity that was originally free, harmonious by nature and without constraints, one that had

pre-existed the coercive organisation of the State. In this way, *Les Marronniers* and *Le Cap d'Antibes* are a distant echo of *Au temps d'harmonie* (A Time of Harmony)[4] and *L'Air du soir*[5], like a persistent pointillism whose anarchist correlations had survived the new century. Because Roussel used a kind of amplified cloisonnism, as if seen through a magnifying lens: he covered his canvases with lots of tiny parallel brushstrokes fixed with tempera or pastel. Each touch of colour is drawn out, like an extreme pixelisation of divisionnist principles; the ensemble of strokes gives the painted surface "a woven and textured quality."[6] This remark applies to both of these pastels: the sky showing through the foliage of the pink chestnut trees appears to add something to the leaves but has nothing of a background about it, and the mauve hatching dispersed amongst the leaves has the same tonal values in the foreground as in the background, as they were obviously laid on *a posteriori* with no concern for depth. The grass in *Cap d'Antibes* is dotted with lively little strokes which run in a similar fashion across the back of the nude in the foreground. The sky in the two pastels vibrates with lighter-coloured ripples that bring the vast blue stretches to life. Indeed everything suggests texture, the way the tonal values are woven together, as if Roussel had tried to create a tapestry effect. We can make out an echo of the lessons the painter took with Diogène Maillart in 1887 at the École des Gobelins. It is commonplace, in his works, to notice this kind of legacy from one era to another. The painter certainly had the spirit of conservation, to the point of having a tendency to re-use elements. Roussel's figures move from one work to another and are used like interchangeable patterns. We can follow his preference for a certain model by observing the number of times the artist used it. In *Le Cap d'Antibes* for example, the nude seen from behind, whilst at first glance making us think of Rubens or Poussin, is also a well-known figure in Roussel's aesthetic vocabulary. With just a few slight differences, it was already present in his works from around 1901-1904.[7] The nymph stretched out on the left is the central figure of the composition in other works such as *L'Été* (Summer)[8], with slight variations, or in the *Bacchanals* from 1926-1928; it can also be compared, inverted this time, to certain versions of *Repos de Diane* (Diana Resting).[9] The young woman with her veil blowing in the breeze is also an iteration in Roussel's later works[10] but we can see too a homage to the art of François Perrier where, as in *Acis et Galatée* (Acis and Galatea)[11] or *Le Triomphe de Neptune* (The Triumph of Neptune), the draperies swell like sails to symbolize mobility.

Roussel develops a frontality with great sobriety here. These two works seem to be linked together by a musical continuity – a prolonged Antique hallucination – but the unification is also created by the light – an opal-coloured mist that accentuates the back-lighting. The painter has succeeded here in abolishing time and erasing narration. He is at the height of his classical period.

[1] K.-X. Roussel, *L'Après-midi d'un faune*, oil on canvas, 200 x 320 cm, Musée Départemental de l'Oise, Beauvais.
[2] K.-X. Roussel, *Le Repos de Diane*, distemper and oil on canvas, 212 x 200 cm, former Walter P. Chrysler Collection, Provincetown (MA).
[3] Maurice Denis, *Théories*, Paris, Rouart and Watelin, 1920, p. 25.
[4] Paul Signac, *Au temps d'harmonie*, 1893–1895, oil on canvas, 300 x 400 cm, Montreuil town hall.
[5] Henri-Edmond Cross, *L'Air du soir*, c. 1893, oil on canvas, 116 x 166 cm, Musée d'Orsay, Paris.
[6] This expression is from Gloria Groom in the *Beyond the Easel* exhibition catalogue, Chicago – New York, New Haven and London, Yale University Press, 2001, p. 223.
[7] She appears, inverted, in *Vénus au bord de la mer* (Venus on the Shore), c. 1904, oil on canvas, 73 x 86 cm, Musée d'Orsay, Paris or in *Devant la mer (paysage à Varengeville)* (Facing the Sea [Landscape at Varengeville]), c. 1900–1903, oil on canvas, 81,5 x 117 cm, Musée du Petit Palais, Paris.
[8] One of four panels – each showing a season – carried out for the businessman Lucien Rosengart in 1925. This panel has today disappeared along with *L'Hiver*, certainly during the Second World War.
[9] Cf. note 2.
[10] We also find this motif in *La Danse* (The Dance), c. 1930, oil on canvas, 61 x 75 cm, private collection, that was exhibited in Pont-Aven in 2011, n° 87.
[11] François Perrier, *Acis et Galatée*, c. 1645–1650, oil on canvas, 97 x 133 cm, the Louvre; *Le Triomphe de Neptune*, c. 1639–1643, oil on canvas, 173 x 257 cm, private collection.

Ker-Xavier Roussel

79. *Les Marronniers*, c. 1932-1935
Pastel sur papier / Pastel on paper
85 x 97 cm
Collection particulière / Private collection

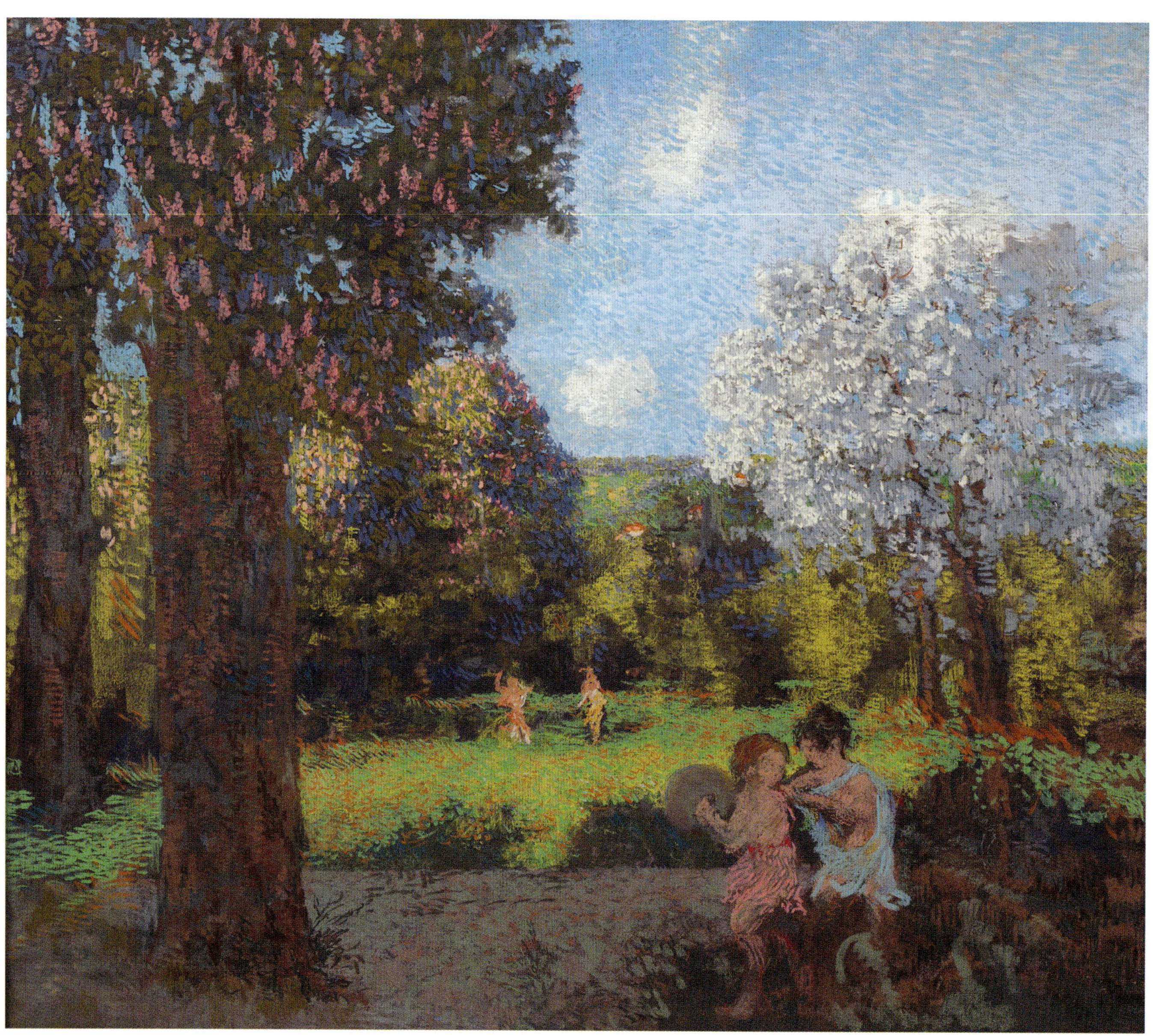

Ker-Xavier Roussel

80. *Le Cap d'Antibes*, c. 1926
Peinture à la colle, pastel et fusain sur papier monté sur toile /
Distemper, pastel and charcoal mounted onto canvas
82 x 124 cm
Signé en bas à droite / Signed on the bottom right : *k.x. roussel*
Collection particulière / Private collection

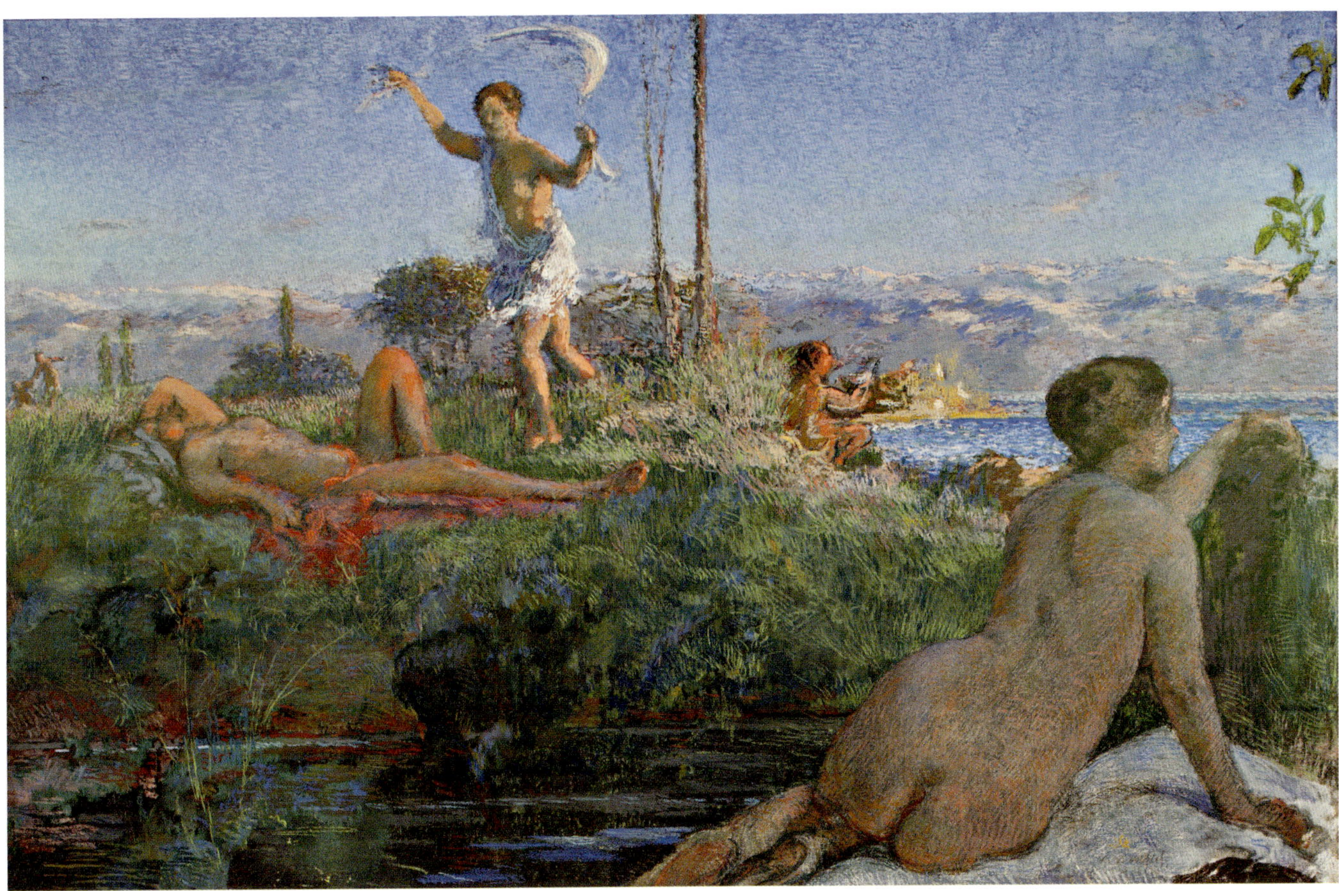

Bibliographie / Bibliography

MONOGRAPHIES / MONOGRAPHS

André Chastel, *Vuillard. 1868-1940*, Paris, Floury, 1946.

Guy Cogeval, *Vuillard. Le temps détourné*, Découvertes, n° 178, Paris, Gallimard, avec la Réunion des musées nationaux, 1993.

Lucie Cousturier, *K.X. Roussel*, Paris, Bernheim-Jeune, 1927.

Gisela Götte, *Ker-Xavier Roussel 1867-1944*, Brême, Christian Albrechts Universität, 1982 (thèse soutenue en / dissertation presented in 1967).

Claude Roger-Marx, *L'Œuvre gravé de Vuillard*, Monte-Carlo, A. Saurets, 1948.

Antoine Salomon et Guy Cogeval, avec la collaboration de Mathias Chivot, *Édouard Vuillard. Le Regard innombrable, catalogue critique des peintures et pastels*, Milan, Skira, 2003.

Jacques Salomon, *Vuillard, témoignage*, Paris, Albin Michel, 1945.

Jacques Salomon, *K.-X. Roussel*, avant-propos de / foreword by Günter Busch, Paris, La Bibliothèque des Arts, 1967.

Jacques Salomon, *Vuillard*, collection « NRF », Paris, Gallimard, 1968.

Jacques Salomon, *Introduction à l'œuvre gravé de K. X. Roussel*, Paris, Mercure de France, 1968.

Jeanne Gas Stump, *The Art of Ker-Xavier Roussel*, thèse / dissertation, The University of Kansas, 1972.

Belinda Thomson, *Vuillard*, Oxford, Phaidon, 1988.

Léon Werth, *K.X. Roussel*, Paris, G. Grès, 1930.

OUVRAGES GÉNÉRAUX / GENERAL PUBLICATIONS

Janine Bailly-Hezberg, Paris, *L'Art du paysage en France au XIXe siècle. De l'atelier au plein air*, Paris, Flammarion, 2000.

Georges Bernier, *La Revue Blanche*, Paris, Hazan, 1991.

Jean-Paul Bouillon, *La Promenade du critique influent. Anthologie de la critique d'art en France. 1850-1900*, Paris, Hazan, 1990.

Caroline Boyle-Turner, *Les Nabis*, Lausanne, Edita, 1993.

Charles Chassé, *Le mouvement symboliste dans l'art du XIXe siècle*, Paris, Floury, 1947.

Charles Chassé, *Les Nabis et leur temps*, Lausanne, La Bibliothèque des Arts, 1960.

Louis Cheronnet, *Le Palais de la Société des Nations*, Paris, L'Illustration, 1938.

Kenneth Clark, *L'Art du paysage*, traduit par André Ferrier, Paris, Arléa, 2014.

Gustave Coquiot, *Cubistes, Futuristes, Passéistes*, Paris, Librairie Ollendorff, 1914.

Gustave Coquiot, *Les Indépendants, 1884-1920*, Paris, Librairie Ollendorff, 1920.

Henry Dauberville, *La Bataille de l'impressionnisme*, Paris, J. et H. Bernheim-Jeune, 1967.

Maurice Denis, *Théories 1890-1910. Du symbolisme et de Gauguin vers un nouvel ordre classique*, 4e édition, Paris, L. Rouart et J. Watelin Éditeurs, 1920.

Maurice Denis, *Nouvelles Théories sur l'Art moderne, sur l'Art sacré*, 1914-1921, Paris, L. Rouart et J. Watelin Éditeurs, 1922.

Maurice Denis, *Journal*, 3 vol., Paris, Vieux Colombier, 1957.

Bernard Dorival, *Les Étapes de la peinture française contemporaine*, vol. 1 : *De l'impressionnisme au fauvisme, 1833-1905*, Paris, Gallimard, 1943.

Félix Fénéon, *Œuvres plus que complètes*, édité par / edited by Joan U. Halperin, 2 vol., Genève / Paris, Librairie Droz, 1970.

Claire Frèches-Thory, Antoine Terrasse, *Les Nabis*, Paris, Flammarion, 1990.

Jean Giraudoux, *Tombeau d'Édouard Vuillard*, Paris, Daragnès, 1944.

Taube Greespan, « Les Nostalgiques » re-examined. *The Idyllic Landscape In France, 1890-1905*, New York University, thèse / dissertation, 1981.

Aurélien Lugné-Poe, *La Parade. Le Sot du tremplin – Souvenirs et impressions de théâtre*, Paris, Gallimard, 1930.

Octave Maus, *Trente Années de lutte pour l'art*, 1884-1914, Bruxelles, Librairie l'Oiseau bleu, 1926.

Alain Mérot, *Du paysage en peinture dans l'Occident moderne*, Paris, Gallimard, 2009.

Thadée Natanson, *Peints à leur tour*, Paris, Albin Michel, 1948.

Ovide, *Les Métamorphoses*, édition de / edited by J.-P. Néraudeau, Paris, Gallimard Folio, 1992.

John Rewald, *Le Post-impressionnisme*, Paris, Albin Michel, 1988.

Robert Rey, *La Renaissance du sentiment classique*, Paris, G. van Oest, 1931.

Claude Roger-Marx, *Vuillard et son temps*, Paris, Éditions Arts et métiers graphiques, 1946.

Claude Roger-Marx, *Avant la destruction d'un monde (De Delacroix à Picasso)*, Paris, Plon, 1947.

Claude Roger-Marx, *Le Paysage français, de Corot à nos jours*, Paris, Plon, collection « Messages », 1952.

Édouard Schuré, *Les Grands Initiés. Esquisse de l'histoire secrète des religions*, Paris, Perrin, 1921.

Segard, Achille, *Peintres d'aujourd'hui. Les Décorateurs*, Paris, Ollendorf, 1914.

Paul Sérusier, *ABC de la peinture*, correspondance / letters, Paris, Floury, 1950.

Paul Signac, *D'Eugène Delacroix au Néo-impressionnisme*, Paris, Floury, 1911.

Willibrord Verkade, *Le Tourment de Dieu. Étapes d'un moine peintre*, traduit par / translated by Marguerite Faure et corrigé par l'auteur / and proofread by the author, Paris, Rouart et Watelin, 1923.

Virgile, *Les Bucoliques*, trad. de / translated by X. de Magallon, lithographies de / lithographs by K.-X. Roussel, Paris, Les Bibliophiles Franco-Suisses, 1943.

Ambroise Vollard, *Souvenirs d'un marchand de tableaux*, Paris, Albin Michel, 1948.

CATALOGUES D'EXPOSITIONS / EXHIBITION CATALOGUES

1893, Galerie Le Barc de Boutteville, *Quatrième Exposition des Peintres Impressionnistes et Symbolistes*, Paris.

1899, Galerie Durand-Ruel, *Exposition de groupe*, Paris.

1906, Galerie Bernheim-Jeune, *K. X. Roussel*, Paris.

1908, Galerie Bernheim-Jeune, *Vuillard*, Paris.
1911, Galerie Bernheim-Jeune, *K. X. Roussel*, Paris.
1912, Galerie Giroux, *Roussel, Rodin, Smeers*, Bruxelles.
1930, Seligmann Gallery, *Bonnard, Vuillard, Roussel*, New York.
1932, Kunsthaus, *Pierre Bonnard. Édouard Vuillard*, Zürich.
1934, Arthur Tooth & Sons Gallery, *Paintings and Pastels by E. Vuillard*, London.
1936, Galerie Les Cadres, *Les Peintres de La Revue Blanche*, Paris.
1937, Musée du Petit Palais, *Les Maîtres de l'art indépendant*, Paris.
1938, Musée des Arts Décoratifs, Paris, *É. Vuillard*, Paris.
1942, Galerie Louis Carré, *K.X. Roussel. Mythologies. Petites variations au pastel. Œuvres récentes*, Paris.
1947, Galerie Charpentier, *K.-X. Roussel*, Paris.
1948, Galerie Charpentier, *Vuillard*, Paris.
1954, Musée Jenisch, *Paris 1900*, Vevey.
1954, The Cleveland Museum of Art, *Édouard Vuillard*, Cleveland.
1954, Marlborough Gallery, *Roussel-Bonnard-Vuillard*, London.
1954, Wildenstein Gallery, *Paris in the Nineties*, Londres
1957, Galerie Huguette Berès, *Bonnard, Roussel, Vuillard*, Paris
1959, Palazzo Reale, *Édouard Vuillard*, Milan
1965, Brême, Kunsthalle, *Ker-Xavier Roussel, 1867-1944*, textes de Gunter Büsch, Jacques Salomon, Arsène Alexandre et Claude Roger-Marx
1963, Kunsthalle Mannheim, *Die Nabis und Ihre Freunde*, Mannheim
1964, Wildenstein Gallery, *K.X. Roussel*, Londres
1964, Kunstverein (Hambourg) – Kunstverein (Francfort-sur-le-Main) – Kunsthaus (Zurich), *Vuillard. Gemälde, Pastelle, Aquarelle, Zeichnungen, Druckgraphik*,
1965, Musée National d'Art Moderne, *Bonnard, Vuillard et les Nabis*, Paris
1966, Galerie Maeght, « Autour de la Revue Blanche », *Derrière le Miroir*, Paris
1968, Haus der Kunst Munich, *Édouard Vuillard – K.X. Roussel*, Munich
1968, Orangerie des Tuileries, *Édouard Vuillard - K.-X. Roussel*, Paris, notices de Bernard Dorival, Paris
1969, Galerie Bernheim-Jeune, *Coup de chapeau à Édouard Vuillard et hommage à K.X. Roussel*, Paris
1974, Galerie Durand-Ruel, *K.X. Roussel, Édouard Vuillard*, Paris
1981, Grenier à Sel, *K.-X. Roussel*, Honfleur
1985, Tolarno Galleries - Holdsworth Contemporary Galleries, *Édouard Vuillard – K.-X. Roussel*, Malbourne - Sydney.
1993, L'Annonciade - Musée de Saint-Tropez, *K.X. Roussel*, Saint-Tropez.
1994, Le Prieuré - Musée départemental Maurice Denis, *K.X. Roussel*, Saint-Germain-en-Laye, textes et notices de / texts and antries by Agnès Delannoy.
1998, Palazzo Reale - Musée des Beaux-Arts de Montréal, *Il Tempo dei Nabi (Le Temps des Nabis)*, Firenze-Montréal, textes de / texts by Guy Cogeval, Claire Frèches.
2001, The Art Institute, Chicago - The Metropolitan, New York, *Beyond the Easel, Decorative Paintings by Bonnard, Vuillard, Denis and Roussel, 1890-1930*, textes et notices de / texts and entries by Gloria Groom, Nicholas Watkins.
2003-2004, National Gallery of Art, Washington - Musée des Beaux-Arts, Montréal - Galeries Nationales du Grand Palais, Paris - The Royal Academy, London, *Édouard Vuillard*, textes de / texts by Mathias Chivot, Guy Cogeval, Laurence des Cars, Dario Gamboni, Kimberly Jones, MaryAnn Stevens.
2010, Jill Newhouse Gallery, New York, in association with / in collaboration with Neffe-Degandt Fine Art, London, *Bonnard – Roussel – Vuillard, Paintings and Drawings*
2010, Musée de Pont Aven, *Ker-Xavier Roussel (1867-1944). Le Nabi bucolique*.
2016, Cuiseaux, *La Belle Nature d'Édouard Vuillard*, textes par / texts by Mathias Chivot, introduction de / introduction by Gilles Ortlieb.
2016-2017, *Ker-Xavier Roussel. L'Après-midi d'un faune*, Winterthour, musée des Beaux-Arts de / Fine Arts Museum of Winterthour, textes de / texts by Mathias Chivot, Dieter Schwarz.

ARTICLES

Alain, « K.X. Roussel », *Le Mercure de France*, 1er mai / 1st May 1953, p. 5-15.
Claude Anet, « And at Jacques Seligmann – Bonnard, Vuillard and K.-X. Roussel », *Parnassus*, II, octobre / October 1930, p. 19-20.
Claude Anet, « K.X. Roussel est mort », *Beaux-Arts*, LXXX, 16 juin / June 1944, p. 4.
G.-Albert Aurier, « Le symbolisme en peinture. Paul Gauguin », *Mercure de France* 2, n° 15, mars / March 1891, p. 155-165.
Albert Aurier, « Les Symbolistes », *Revue Encyclopédique*, II, n° 32, avril / April 1902, p. 474-486.
Jean Babelon, « Les donations Vuillard », *Beaux-Arts*, n.s., 78, n° 47, 5 décembre 1941, p. 3.
Edgar Base, « Le Paysage du Naturisme », *La Plume*, IX, 1er novembre / 1st November 1897, p. 677-678.
Germain Bazin, « Peintures décoratives de Bonnard, Roussel, Vuillard », *L'Amour de l'Art*, XVI, janvier / January 1935.
Germain Bazin, « Les Nabis et le groupe Bonnard-Vuillard-Roussel », 3e partie / part, « Vuillard », in *Histoire de l'art contemporain. La peinture*, édité par / edited by René Huyghe, Paris, Félix Alean, 1935, p. 90-93. Première publication dans *L'Amour de l'art* 14, n° 4, avril / April 1933, p. 90-93.
Tristan Bernard, « Jos Hessel », *La Renaissance de l'Art français et des Industries du luxe*, XIII, janvier / January 1930, p. 1-42.
Richard Bretell, « Landscape by Édouard Vuillard is Major Addition to Nineteenth Century French Collection », *Bulletin of The Art Institute of Chicago* 75, n° 4, octobre-décembre / October-December 1981, p. 7-8.

Romain Coolus, « Le Château des Clayes », *La Renaissance de l'Art français et des Industries du luxe*, XIII , juillet / July 1930, p. 180-198.

Lucie Cousturier, « L'Atelier de K.-X. Roussel », *Le Bulletin de la vie artistique*, V, 1er mai / 1st May 1924, p. 198-202.

Maurice Denis, « L'Époque du symbolisme », *Gazette des Beaux-Arts* 76, n° 854, mars / March 1934, p. 165-179.

Félicien Fagus, « Bonnard, Maurice Denis, Maillol, Roussel, Vallotton, Vuillard », *La Revue Blanche*, XXVIII, 1er juin 1902, p. 215-217.

Claire Frèches-Thory, « Roussel et Vuillard à la comédie des Champs-Élysées. Histoire d'une décoration », in *1913. Le Théâtre des Champs-Élysées*, p. 90-103. Les dossiers du musée d'Orsay, n° 15, Paris, Réunion des musées nationaux, 1987.

Reynaldo Hahn, « La Musique - Théâtre des Champs-Élysées - Pénélope », *Le Journal*, 11 mai / May 1913.

Paul Jamot, « Le Théâtre des Champs-Élysées », *Gazette des Beaux-Arts*, IX, avril / April 1913, p. 261-294.

Tristan Leclère, « K.X. Roussel », *Art et Décoration*, XXXIX, mars / March 1921, p. 89-96.

George Mauner, « The Nature of Nabi Symbolism », *Art Journal* 23, n° 2, hiver / winter 1963-1964, p. 96-103.

Thadée Natanson, « Près de Mallarmé. Le paysage à Valvins et les peintres », *Maanblad voor Beeldende Kunsten* 24, n° 10, octobre / October 1948, p. 242-245.

Ursula Perucchi-Petri, « Les Nabis et le japonisme », in *Nabis, 1888-1900*, catalogue d'exposition / exhibition catalogue, Paris, Réunion des musées nationaux, 1993, p. 33-59.

Ursula Perucchi-Petri, « 'Le paysage des grandes villes' Rues, places et jardins publics », in *Nabis, 1888-1900*, catalogue d'exposition / exhibition catalogue, Paris, Réunion des musées nationaux, 1993, p. 75-89.

Henri Puvis de Chavannes, « Un entretien avec M. Édouard Vuillard, contribution à l'histoire de Puvis de Chavannes », *La Renaissance de l'art français et des industries de luxe*, n° 2, février / February 1926, p. 87-90.

Robert Rey, « Un Don de la France à la S.D.N. », *Art et Décoration*, XLIII, mai / May 1939, p. 98, 99, 102.

Claude Roger-Marx, « L'organisation du tableau et la mémoire visuelle chez Vuillard », *Arts*, n° 32, 7 septembre / September 1945, p. 3.

Claude Roger-Marx, « Édouard Vuillard et son beau-frère, K.-X. Roussel », *Jardin des Arts*, avril / April 1968, p. 75-85.

Jacques Salomon, « Ma Visite à Claude Monet », *Les Cahiers français* 1, n° 8, novembre / November 1936, p. 4-8.

Jacques Salomon, « Propos sur l'amitié de Vuillard et de Roussel », catalogue d'exposition / exhibition catalogue, *Édouard Vuillard - K.X. Roussel*, Munich, Haus der Kunst, 1968 .

Annette Vaillant, « Vuillard, Roussel - Les Expositions salle par salle », *Les Nouvelles Littéraires*, XLVI, 5 septembre / September 1968.

Pierre Veber, « Mon ami Vuillard », *Les Nouvelles Littéraires, Artistiques et Scientifiques*, n° 811, 30 avril / April 1938, p. 6.

Édouard Vuillard, « Envois des pensionnaires de l'Académie de France à Rome, 1939. Rapport de la section de peinture sur les envois des pensionnaires peintres », in *Comptes-rendus des séances. Années 1938-1940*, édité par le / edited by the Institut de France, Académie des beaux-arts, Paris, Académie des beaux-arts en association avec Maurice Rousseau, 1944, p. 97-98.

George Waldemar, « La Sculpture et la Peinture au Palais de Chaillot », *La Renaissance* 21, n° 4, août / August 1938, p. 29-38.

George Waldemar, « Le Théâtre du Palais de Chaillot », *La Renaissance de l'Art français et des Industries du luxe*, XXI, août / August 1938, p. 36-38.

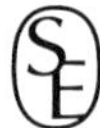

Silvana Editoriale

Direction éditoriale / Direction
Dario Cimorelli

Directeur artistique / Art Director
Giacomo Merli

Coordination d'édition / Editorial Coordinator
Sergio Di Stefano

Rédaction / Copy Editor
Clelia Valentina Palmese, Paola Rossi

Mise en page / Layout
Donatella Ascorti

Organisation / Production Coordinator
Antonio Micelli

Secrétaire de rédaction / Editorial Assistant
Ondina Granato

Iconographie / Photo Editor
Alessandra Olivari, Silvia Sala

Bureau de presse / Press Office
Lidia Masolini, press@silvanaeditoriale.it

ISBN édition Silvana Editoriale : 9788836636365

Available through ARTBOOK | D.A.P.
155 Sixth Avenue, 2nd Floor, New York, N.Y. 10013
Tel: (212) 627-1999 Fax: (212) 627-9484

Dépôt légal / Legal Deposit
Juillet / July 2017

Silvana Editoriale S.p.A.
via dei Lavoratori, 78
20092 Cinisello Balsamo, Milano
tel. 02 453 951 01
fax 02 453 951 51
www.silvanaeditoriale.it

Les reproductions, l'impression et la reliure ont été réalisées en Italie
Reproductions, printing and binding in Italy

Achevé d'imprimer en Juillet 2017
Printed July 2017

En couverture / Cover
1re de couverture / Cover: Édouard Vuillard, *Antoinette David-Weill et son neveu Maurice Lambiotte à Mareil-le-Guyon*, cat. 44.

4e de couverture / Back cover : Ker-Xavier Roussel, *Paysage aux arbres jaunes*, cat. 5.

Rabat de 1re de couverture / Cover flap : Alfred Natanson, *Portrait d'Édouard Vuillard*, c. 1896-1898, tirage argentique sur papier cartonné / silver print on cardboard, 11 x 17,5 cm, collection particulière / private collection.

Rabat de 4e de couverture / Back cover flap : Anonyme / Anonymous, *Ker-Xavier Roussel dessinant dans un champ*, c. 1920, tirage argentique sur papier / silver print on paper, 12,3 x 18,2 cm, collection particulière / private collection.

Crédits photographiques / Photo credits

© Bagnols-sur-Cèze, musées / photo RMN-Grand Palais – Benoît Touchard, p. 189.

© Anne-Claude Barbier, p. 2, 10, 82, 83, 85, 88, 90, 95, 96, 99, 100, 101, 104, 115, 118, 121, 127, 129, 130, 131, 138, 139, 140, 141, 148, 149, 151, 152, 154, 156, 160, 161, 163, 164, 167, 173, 174, 179, 181, 183, 184, 185, 186, 187, 188, 191, 192, 193, 195, 196, 202, 203.

© Besançon, musée des beaux-arts et d'archéologie / Charles Choffet, p. 91.

© Châlon-sur-Saône, musée Denon / Phil Bernard, p. 153.

© Clermont-Ferrand, MARQ / Amandine Royer, p. 22.

© Clermont-Ferrand, MARQ / Jacques-Henri Bayle, p. 23.

© Genève, Association des Amis du Petit-Palais / Monique Bernaz, p. 102, 159.

© Genève-MAH / photo Jean-Marc Yersin, p. 123.

© Lausanne, photo Claude Huber, p. 107.

© Le Havre MuMa / David Fogel © ADAGP, Paris, p. 109.

© Limoges, musée des beaux-arts - palais de l'évêché / G.Vergnenègre, p. 137.

© Paris, Archives Roussel / Vuillard, p. 32, 33, 35, 36, 38, 39, 40, 41, 42, 44, 45, 46, 47, rabats de couverture / cover flaps.

© Paris, Galerie Berès, p. 103.

© Paris, Les Arts Décoratifs, p. 132.

© Paris, musée d'Orsay, dépôt musée d'Allard – Ville de Montbrison, p. 157.

© Pont-Aven, musée de l'école de Pont-Aven / photo Jean-Louis Coquerel, p. 177.

© RMM-Rouen Normandie / Catherine Lancien, p. 94.

© RMN-Grand Palais (Musée d'Orsay) / Hervé Lewandowski, p. 89, 106, 119, 120, 125, 133, 134, 135, 158.

© RMN-Grand Palais (Musée d'Orsay) / Thierry Ollivier, p. 165.

© Roubaix, musée La Piscine, dist. RMN-Grand Palais / Arnaud Loubry, p. 147.

© Saint-Claude, musée de l'Abbaye, donations Guy Bardone et René Genis / Jean-Marc Beaudet, p. 18 (ill. 4).

© Saint-Claude, musée de l'Abbaye, donations Guy Bardone et René Genis / Pierre Guenat, p. 17, 87.

© Saint-Claude, musée de l'Abbaye, donations Guy Bardone et René Genis / Daniel Louvard, p. 16.

© Saint-Claude, musée de l'Abbaye, donations Guy Bardone et René Genis / Patrice Schmidt, p. 18 (ill. 3), 19, 20, 21, 93, 162.

© Saint-Tropez, musée de l'Annonciade / Pierre-Stéphane Azéma, p. 97.

© Zürich, 2017, Kunsthaus, p. 114.